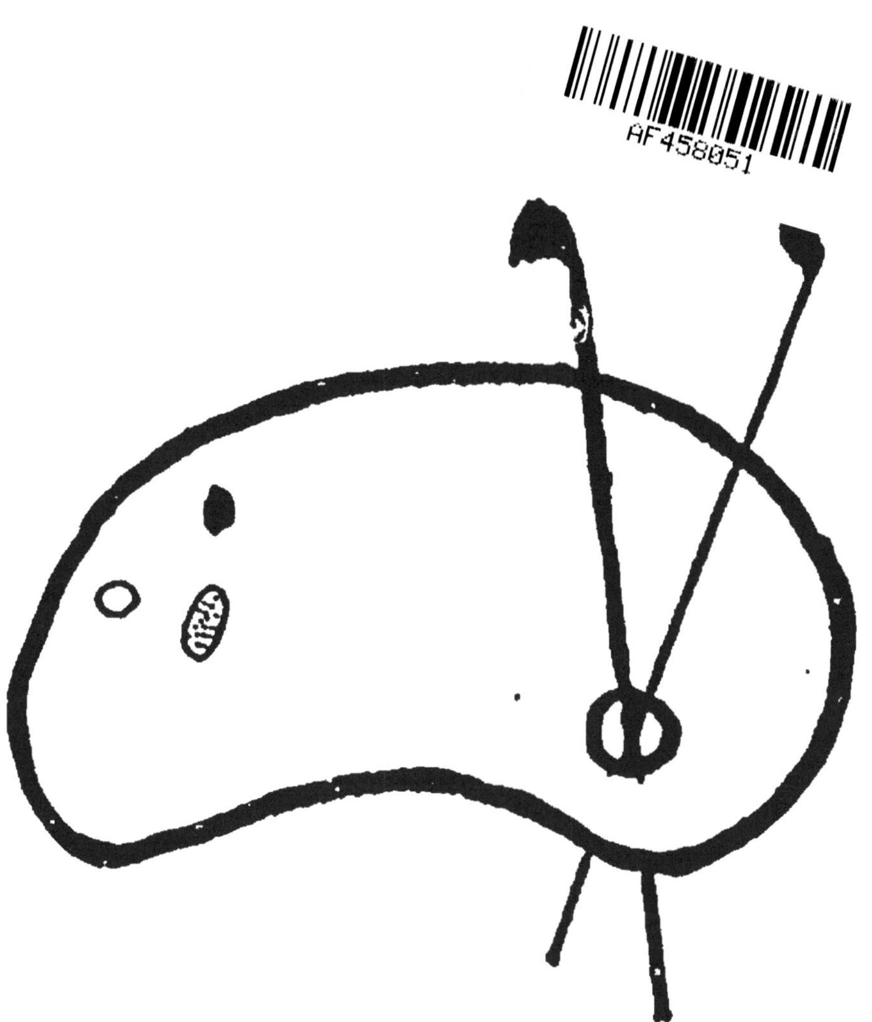

Prix : 1 fr. 50

PARIS
Librairie d'Éducation Nationale
11, 18 ET 20, RUE SOUFFLOT

JEAN LAVENIR

COLLECTION ÉDOUARD PETIT

Jean Lavenir

Éducation du Sentiment.
Science et progrès pratiques. — Vie sociale.
Mutualité. — Solidarité.

Livre de Lectures courantes

Cours Moyen et Supérieur. — Cours d'Adultes

PAR

EDOUARD PETIT
Inspecteur général
de l'Enseignement primaire.

GEORGES LAMY
Ancien Inspecteur d'Académie.
Professeur au lycée Carnot.

165 gravures expliquées. — 45 sujets de rédaction

PARIS
Librairie d'Éducation Nationale
ALCIDE PICARD ET KAAN, ÉDITEURS
11, 18 ET 20, RUE SOUFFLOT.

Jean Lavenir

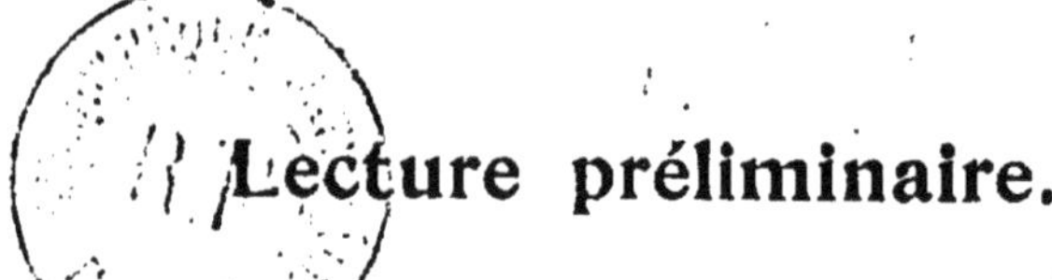

Lecture préliminaire.

« Vous serez content de la vie, si vous en faites un bon usage. »

RENAN.

FIG. 1. — Petit Jean.

Mes chers amis, ce petit livre n'est pas seulement à vous : il a été écrit pour vous. Parti de très bas, plus pauvre que la plupart d'entre vous, orphelin à l'âge où un enfant a plus que jamais besoin de l'affection et des conseils d'une mère et d'un père, j'ai pu, jeune encore, arriver à l'aisance, me créer une nouvelle famille et assurer le sort de ceux qui me sont chers.

Tout cela, je le dois un peu à moi-même — car on est toujours responsable de sa destinée — mais beaucoup plus à ceux qui m'ont instruit, élevé, guidé de leurs conseils et de leur exemple. En vous disant qu'ils m'ont fait ce que je suis, je veux d'abord leur témoigner ma reconnaissance, mais je veux aussi et surtout vous faire profiter de mon expérience, vous engager à faire comme moi, certain que vous trouverez le bonheur là où je l'ai trouvé.

Chacun pour tous, tous pour chacun : telle doit êtr notre devise. J'ai travaillé pour moi jusqu'ici, et j'ai réussi grâce à l'aide que les autres m'ont prêtée. A mon tour de travailler pour les autres : j'ai essayé de payer ma dette en écrivant ce livre pour vous, avec la pensée de vous être utile. Puissiez-vous, en le lisant, sentir qu'il a été écrit par quelqu'un qui vous aime, qui veut votre bien comme un frère aîné, et qui sera le plus heureux des hommes si vous payez de retour par votre confiance

Votre ami,

JEAN LAVENIR.

I (1). — En famille

« L'âme du foyer est douce et bienfaisante à ceux qui en gardent l'amour et le respect. »

O. GRÉARD.

Je la revois encore, avec mes yeux d'enfant, l'antique maison du seizième siècle, où s'écoulèrent les années les plus heureuses de mon enfance.

FIG. 2. — **Saint-Etienne.** — Les vieilles maisons du quartier des Gauds.

C'était dans une rue montante, tortueuse du vieux quartier des Gauds, à Saint-Étienne : nous y habitions, au second étage, un modeste logement qui comprenait, sur la rue, une grande pièce où nous nous réunissions pour les repas, une petite chambre pour grand'mère, puis, au fond, une grande chambre que je partageais avec mon père et qui s'ouvrait sur un jardinet ensoleillé, d'où montaient jusqu'à nous, au printemps, des bouffées d'air tiède et embaumé.

Ma mère était morte au lendemain de ma naissance... Que de fois mon cœur s'est serré à la vue des caresses que d'autres enfants, ignorants de leur bonheur, recevaient de leur mère ! Que de fois, les voyant s'arracher, comme avec impatience, à la tendresse d'une mère inquiète pour courir à leur plaisir, ne les ai-je pas suivis des yeux, le cœur gros, en me disant : « Que ne donnerais-je pas pour être à leur place ! »

Fig. 3. — On appelle *eustache* un petit couteau grossier, à manche de bois, à lame sans ressort; ces couteaux sont un produit spécial de l'industrie française.

Et pourtant cette mère que je n'ai jamais connue et qui manqua tant à mon cœur, j'eus le bonheur de la retrouver dans ma grand'mère paternelle. Seule fille survivante d'une famille de cultivateurs et veuve d'un de ces ouvriers en coutellerie qui fabriquent chaque semaine à Saint-Étienne plus de douze mille douzaines de ces couteaux à bon marché connus sous le nom d'*eustaches*, ma grand'mère avait été longtemps citée comme l'une des meilleures ouvrières passementières de Saint-Étienne. Ses doigts agiles excellaient dans cet art délicat de la fabrication de la passementerie qui exige autant de goût que d'habileté professionnelle.

A la mort de ma mère, grand'mère avait abandonné son métier et était venue habiter avec nous, pour se consacrer à la direction du ménage de son fils.

Autant qu'une mère peut être remplacée, ma grand'mère me tint lieu de mère. Elle n'entoura pas seulement mon enfance des soins les plus tendres : elle imprima à mon esprit et à mes sentiments ces premiers plis qui sont ineffaçables. En l'aimant, j'appris à aimer, et par elle je connus ce qui est digne d'être aimé. Elle avait la repartie vive et était la gaieté même. Dans notre intérieur un peu sombre, sa bonne humeur mettait comme un rayon de joie et de jeunesse... Oui, de jeunesse, car malgré ses cheveux blancs, je n'imaginais ni qu'elle fût vieille ni qu'elle pût vieillir encore.

II (2). — Un père.

« On ne vit pleinement qu'en vivant pour beaucoup d'autres. »

GUYAU.

Mon affection pour mon père n'était pas faite seulement de confiance, mais encore d'une espèce de déférence particulière. Je le voyais moins souvent, son rude travail de mineur — il était *piqueur* au puits Chatelus — le retenant fréquemment loin de nous à l'heure du repas de midi. Grand, maigre, sec, légèrement voûté, il ne s'était jamais consolé de la mort de ma mère. Il parlait peu, lisait beaucoup et souvent interrompait sa lecture pour réfléchir sur ce qu'il avait lu.

FIG. 4. — Mon père était *piqueur* au puits Chatelus.

Peu liant, souriant rarement, ne plaisantant jamais, il exerçait sur ses camarades de la mine une influence étrange. Aux heures de crise, dans le tumulte des réunions qui précèdent les grèves, on allait à lui, on lui demandait son avis, et nul n'était plus écouté.

Quand il parlait, ces jours-là, il n'était plus le même homme. Son visage, habituellement voilé de tristesse, s'animait, ses yeux brillaient :

— Camarades, disait-il, nous sommes plus heureux que n'étaient nos parents, et nos fils seront plus heureux que nous s'ils méritent de l'être, c'est-à-dire s'ils valent mieux que nous. Un jour viendra où les fruits du travail appartiendront aux travailleurs, comme les fruits de la terre appartiennent déjà à l'ouvrier agricole qui exploite son champ. Un jour viendra où, dans l'industrie, les ouvriers seront les associés des patrons; où chacun aura sa juste part dans les bénéfices de l'entreprise commune à proportion de sa valeur propre et des services rendus par lui à ses associés... Nous avons pour nous le nombre, le droit. Ne compromettons pas par l'injustice, par la violence, notre cause, la meilleure des causes, la sainte cause de tous les travailleurs nos frères. Patientons : le temps travaille pour nous... En attendant, préparons l'avenir en nous instruisant, en nous rendant plus capables de faire valoir nos droits et plus dignes de les posséder. car l'avenir sera aux meilleurs, c'est-à-dire aux plus justes et aux plus éclairés...

L'avenir ! A voir les yeux ardents, comme illuminés, de mon père quand il prononçait ce mot, il semblait qu'il l'entrevît à travers le nuage qui le dérobe aux yeux des autres hommes. Il avait foi dans l'avenir, dans un avenir de justice et de bonté, où tous les hommes vivraient entre eux intimement unis, comme les membres d'une même famille, chacun ayant sa place au foyer commun. Lui, si avare de paroles, quand, dans ses conversations avec ses camarades, il parlait de l'avenir, il ne s'arrêtait plus, oublieux du temps, semblant continuer le rêve qu'il avait commencé dans ses lectures et dans ses réflexions.

— Tiens, voilà Lavenir ! s'écria un de ses camarades, le père Simon, le joyeux boute-en-train de la mine, en voyant un matin mon père arriver près du puits.

Le sobriquet fit fortune et lui resta. Les compagnons de mon père ne le prononçaient jamais sans une nuance de respect, comme si, sans s'en rendre compte, ils eussent senti en lui cette supériorité que donnent à un homme sur ses égaux l'instruction continuée à travers la vie, l'habitude de la réflexion, le souci des grands problèmes de demain et le désir de rendre les autres meilleurs.

Ce surnom répondait trop bien aux préoccupations de mon père, à ce qui avait été la pensée de toute sa vie, pour qu'il s'en fâchât.

— Quand tu entreras à l'école et qu'on te demandera ton nom, tu répondras que tu t'appelles Jean Lavenir, me dit-il un soir. Je suis fier de ce surnom que mes camarades de la mine m'ont donné, il vaut mieux qu'une particule. Jean, ne le renie jamais : il te portera bonheur. Mais sache à quoi il t'oblige : quand on s'appelle Lavenir, il faut regarder hors de soi, loin devant soi. Souviens-toi qu'en travaillant pour ton avenir, tu travailleras pour l'avenir des autres.

SUJET A DÉVELOPPER

Influence de l'exemple. — Que pensez-vous de l'influence de l'exemple en général, et, en particulier, de l'influence de l'exemple que les enfants reçoivent à tout moment de leurs parents?

PLAN. — Instinctivement, nous prenons les habitudes du milieu dans lequel nous vivons.

Malgré nous, nous sommes entraînés au mal, nous nous perdons lorsque notre entourage est mauvais.

Nous gagnons au contraire en bonne compagnie. Le bon exemple nous pénètre doucement, mais profondément, et nous rend chaque jour un peu meilleurs.

Recherchons donc les bons milieux. Le meilleur est sans contredit celui que nous offre notre propre famille. Nous ne saurions rencontrer nulle part une atmosphère plus saine, ni plus réconfortante.

Nous nous modelons en quelque sorte sur nos parents ; plus tard, nous retrouvons en nous les qualités que nous avons remarquées et admirées en eux. Nous continuons en quelque sorte leur vie et leur œuvre.

III (3). — La lecture en famille.

« Peu de lectures, mais simples, fortes, qui laissent traces. »

MICHELET.

Je n'eus pas le temps d'oublier ces paroles de mon père, car justement le moment était venu de travailler pour moi, de préparer mon avenir en entrant à l'école primaire. Grande affaire pour un enfant qui n'avait fréquenté jusqu'alors que l'école maternelle, si douce aux petits, où ils apprennent comme en se jouant. L'entrée à l'école primaire ne marque-t-elle pas pour l'enfant le début de sa vie propre, l'instant où, sans s'éloigner du nid, il en quitte l'abri pour essayer ses ailes?

J'avais sept ans. Je devais entrer à l'École primaire du Cours Fauriel le lendemain matin. Une bise précoce d'automne faisait frissonner les feuilles des grands arbres. Ce soir-là, groupés tous les trois autour de la lampe, nous écoutions, grand'mère et moi, la lecture que mon père nous faisait de la *Philosophie du peuple*, de Gache, livre qu'on lui avait prêté la veille à l'Université populaire. Il avait été un des premiers à s'inscrire aux cours de l'Université populaire. Il admirait le dévouement de ces gens de cœur, professeurs, instituteurs, ingénieurs, savants, qui, le soir venu, oubliant les fatigues du jour, s'emploient à instruire le peuple, mettent leurs lumières à sa disposition, lui tendent une main fraternelle pour l'élever jusqu'à leur niveau.

— Voilà bien, disait mon père, la vraie solidarité, celle qui fait qu'on se connaît mieux, qu'on s'apprécie, qu'on s'aime et qu'on se rend mutuellement justice et service entre enfants d'un même pays. Bien ingrats, bien coupables seraient les ouvriers qui, malgré la lassitude des longues journées d'accablant travail, ne feraient pas quelques pas à la rencontre de ceux qui, de si bon cœur, viennent au-devant d'eux.

Lui-même prêchait d'exemple : nul n'était plus assidu

aux cours et aux conférences du soir. Il n'y écoutait pas seulement de toutes ses oreilles ; il y prenait des notes qu'il classait à la maison et que de sa grosse écriture il recopiait sur des cahiers d'écolier, car il professait qu'on s'instruit à tout âge et que ce qui fait la véritable valeur des hommes, ce qui établit entre eux la différence la plus considérable, ce n'est pas ce qu'ils savent au-

FIG. 5. — Pendant que mon père lisait de sa voix grave, j'étais très affairé...

jourd'hui, mais ce qu'ils sauront demain, c'est-à-dire leur désir de s'instruire et leur capacité d'apprendre.

Ce soir-là, je l'avoue, je fus moins attentif que d'habitude à la lecture, faite par mon père. Tandis que grand'mère écoutait la voix grave, lente, un peu monotone de mon père, en reprisant les chaussettes de « ses hommes », comme elle aimait à dire en nous regardant avec son bon sourire, j'étais très affairé à préparer mon beau cartable tout neuf, cadeau de grand'mère, et à recouvrir soigneusement les cahiers que je devais étrenner le lendemain.

Quand mon père eut achevé la lecture de la *Philosophie du peuple,* je me rappelle qu'il s'écria :

— Voilà un bon livre dont on peut dire qu'il est une bonne action.

Puis, remarquant mes yeux gros de sommeil :

— Allons, petit, je crois que la marchande de sable a passé par ici... Dors bien, mon chéri, dit-il en m'embrassant. Le bon sommeil prépare les bons lendemains.

Je ne me le fis pas redire. Je m'endormis rapidement, un peu surexcité à l'avance par les émotions du jour suivant, comme on l'est toutes les fois qu'on franchit une des étapes décisives de la vie, et, la nuit, j'eus un beau rêve. Je rêvai qu'on apprenait à l'école des choses merveilleuses, que mes maîtres et mes camarades m'y faisaient fête à mon arrivée, que j'y trouvais une autre et plus grande famille, et, dans cette famille, un ami comme je n'en avais jamais eu, un frère comme j'aurais voulu en avoir un, l'ami de toute ma vie.

SUJET A DÉVELOPPER

La lecture. — Enumérez les avantages de la lecture. Dites quels plaisirs elle procure, et indiquez, selon vous, comment on doit lire et ce qu'on doit lire.

PLAN. — La lecture est une source inépuisable de distractions. Elle est un remède contre l'ennui et l'oisiveté ; elle repose des préoccupations fatigantes ou pénibles.

Elle est, pour l'esprit, un agrément et un délassement ; elle est, pour le cœur, la cause de douces émotions.

Elle tient l'intelligence toujours en éveil et ajoute aux connaissances qu'on possède. Celui qui aime à lire ne cesse pas de s'instruire.

Il convient de lire attentivement.

Parcourir à la hâte un livre, ce n'est pas le lire.

C'est de même perdre son temps que de faire des lectures insignifiantes, sans bénéfice pour l'esprit et le cœur.

Après une bonne lecture, on doit se sentir meilleur et plus instruit.

IV (1). — L'accueil du maître.

« Fondons des écoles pour éclairer l'intelligence, mais surtout pour fortifier les volontés. »

JULES SIMON.

Je quittais donc l'école maternelle, école si bien nommée, où, pendant trois années, mon enfance avait été entourée des soins les plus dévoués par Mme Baret, une admirable maîtresse dont le cœur toujours jeune s'élargissait chaque année pour aimer les enfants des autres comme les siens mêmes : il me semblait que je montais en grade, que j'étais déjà comme un petit homme.

Quand, par un gai matin du commencement d'octobre, tout pimpant avec mon cartable sur le dos, une belle casquette de drap toute neuve, ma blouse de serge noire ajustée à la taille par un ceinturon de cuir, je fis mon entrée à l'école de M. Legris, je me prenais tout à fait au sérieux, mais — ce qui vaut mieux, — je prenais aussi au sérieux ma situation nouvelle et les obligations qu'elle allait m'imposer. J'étais plein de bonne volonté, mais tout de même un peu inquiet sur ce qui m'attendait.

FIG. 6. — Sur le seuil de l'école, M. Legris recevait les nouveaux venus.

Je fus vite rassuré. Sur le seuil de l'école, M. Legris, avec un sourire engageant, recevait les nouveau-venus, avait un mot accueillant pour chacun. Dans la cour, les anciens renouaient connaissance, échangeaient des poignées de main dans un joyeux brouhaha.

Puis M. Legris fit l'appel. Les instituteurs-adjoints nous rangèrent par classes, et, quand la cloche sonna, je suivis, avec mes camarades les plus jeunes, « les petits », comme nous appelaient dédaigneusement les anciens, l'instituteur-adjoint chargé de la quatrième classe, M. Baron, qui nous conduisit dans une grande salle luisante de propreté. Un des côtés de la salle, presque tout entier en fenêtres, formait comme un vaste vitrage par où entraient à flots l'air et la lumière. Les tables, à deux places, étaient séparées par des couloirs qui rendaient la circulation facile. Je m'assis à une table de la première rangée, en face le tableau noir, pour être plus près du maître et ne rien perdre de ce qu'il dirait.

Puis, tandis que M. Baron inscrivait nos noms sur un cahier, questionnait chacun de nous sur son passé, sur ce qu'il avait fait jusqu'à ce moment, je fis connaissance avec ce qui m'entourait.

V (5). — En classe.

« L'ignorance est la nuit de l'esprit, nuit sans lune et sans étoiles. »

CICÉRON.

Oh ! la belle salle, qu'on y était bien et à l'aise, et qu'il ferait bon y passer de longues heures ! Tout de suite mes yeux se portèrent sur les murs et sur les belles images en couleurs qui les décoraient. A la place d'honneur, au-dessus de la chaire de M. Baron, une femme debout, belle comme une déesse, la tête couronnée de lauriers et couverte du bonnet républicain, encadrait à moitié de son corps et de son bras gauche étendu la *Déclaration des droits de l'homme et du citoyen*.

Au-dessus et sur les deux côtés du tableau noir, une vingtaine d'images murales représentaient la morale par l'exemple. Rien de plus vivant, rien de plus saisissant. En les regardant, il me semblait que j'étais tour à tour chacun des personnages qu'elles figuraient, le bon fils venant en aide à ses parents, le bon camarade toujours prêt à prendre la défense des faibles. « Moi aussi, me disais-je, non sans frissonner un peu, si j'entendais les cris d'une pauvre petite fille poursuivie sur la route solitaire par un gros

FIG. 7. — **Déclaration des Droits de l'Homme et du Citoyen.** — La déclaration des Droits de l'homme fut votée au mois d'août 1789, par l'Assemblée Constituante et mise en tête de la Constitution de 1791. Elle est la base de nos institutions.

chien méchant, je ferais comme l'écolier que représente ce tableau, je m'élancerais au-devant du gros chien qui aboie et veut mordre, et le bâton levé pour lui faire peur, je protégerais la pauvre petite fille.» Je me sentais capable de tous les courages, de tous les dévouements. Un peu plus, je me serais cru un héros...

Je fus tiré de mes rêveries par la voix de M. Baron.

— Attention, mes amis, la classe va commencer. Vous savez tous que nous sommes ici à la ville et vous savez tous ce que c'est qu'une ville? Qu'est-ce qu'on oppose d'habitude à la ville? Qu'est-ce qu'il y a de plus différent de la ville?

— La campagne, Monsieur, répondirent en chœur une quinzaine de voix.

— Eh bien! y en a-t-il parmi vous quelques-uns qui aient vécu à la campagne?

Une dizaine d'élèves, sur une quarantaine que comprenait la classe, levèrent la main. De ce nombre était mon voisin. Je le regardai : avec sa mine éveillée, ses cheveux blonds frisés et un peu ébouriffés, son teint rose, ses grands yeux bleus clairs et francs, il me plut tout de suite.

M. Baron le remarqua.

— Voyons, vous, Marcel Simon, je crois, dit-il en le désignant après avoir consulté les noms inscrits sur son cahier, puisque vous avez vécu à la campagne, voulez-vous nous dire ce que représentent ces deux grands plâtres suspendus au mur, à votre gauche, et qu'on appelle *bas-reliefs*, parce que les personnages qui y figurent y sont en saillie légère?

Marcel rougit, intimidé d'être le point de mire de toute la classe. Puis, dans le silence des élèves attentifs :

— L'un représente des bœufs au labour, l'autre la moisson.

— Bien, et à quoi sert le labourage? Pourquoi remue-t-on la terre avec la charrue?

Toute la classe resta muette. Écoliers de la ville, nous n'entendions rien aux choses de la campagne. Là-dessus M. Baron nous parla de la charrue, des outils du paysan, de sa vie en plein air, solitaire, mais si saine, des braves animaux qui sont ses serviteurs, de ces bons bœufs si forts, si doux, si dociles; du travail des champs qui nourrit non seulement le campagnard, mais le citadin, et sans lequel il n'y aurait ni pain, ni vin, ni fruits; de même que l'ouvrier des villes nous dit-il, fabrique les étoffes qui servent à vêtir les paysans, la bêche, la charrue, la faux, la herse, tous les outils employés à remuer la terre et à lui faire produire et le pain du laboureur et celui de son collaborateur inconnu qui vit dans les cités.

FIG. 8. — **La moisson**, d'après le bas-relief de Belloc. — On appelle *bas-relief* une sculpture exécutée sur une surface plane ou courbe à laquelle elle adhère. On voit des bas-reliefs principalement sur les monuments, les coffrets anciens, les socles de statues : on les fait en bronze ou en pierre.

— Vous le voyez, mes enfants, nous dépendons tous les uns des autres, dit M. Baron. Le proverbe dit vrai : il n'y a pas de sot métier, puisque tous ont leur raison d'être. Tous ceux qui travaillent sont à leur place et rendent service aux autres travailleurs. Aimons-nous donc et aidons-nous mutuellement, puisque nous ne pouvons nous passer les uns des autres.

SUJET A DÉVELOPPER

Rôle de chacun dans la société. — Montrez que dans la société il n'y a pas de bonne volonté qui soit perdue; le moindre effort fait en vue du bien commun a sa valeur et contribue à la prospérité de la société tout entière.

PLAN. — L'homme a des besoins extrêmement divers qu'il ne parviendrait jamais, à lui seul, à satisfaire complètement.

C'est en unissant les efforts de tous qu'une société arrive à procurer à chacun ce qui est nécessaire à l'existence.

Aussi convient-il que tous les hommes qui composent la société apportent à l'œuvre commune le bénéfice de leur bonne volonté et de leur intelligence. C'est la valeur des unités qui assure la prospérité de l'ensemble.

Aucun métier n'est insignifiant. Le moindre artisan, le laboureur le plus modeste accomplissent un rôle utile à tous.

Nous devons, dans notre propre intérêt, et par reconnaissance pour les autres, dont les labeurs nous profitent, nous acquitter en toute conscience de notre besogne, si modeste qu'elle soit.

VI (6). — L'école et la famille.

> **« Maîtres et élèves ont un maître commun : l'affection. »**
>
> LEGOUVÉ.

La glace était rompue : les minutes passaient, et nul de nous n'avait le loisir de s'apercevoir qu'elles passaient. M. Baron avait l'art de nous tenir attentifs, comme en haleine. Il procédait presque toujours par interrogations qui s'adressaient à toute sa classe, et c'était parmi nous à qui répondrait le premier. Jamais un mot de blâme pour les retardataires et les ignorants. Au contraire, il les encourageait, les mettait sur la voie par des questions de plus en plus simples. En redressant ceux qui, croyant savoir, risquaient une réponse hasardée ou incomplète, comme en stimulant ceux qui, doutant d'eux-mêmes, restaient muets, M. Baron nous apprenait à comparer et à juger, c'est-à-dire à réfléchir, et par là nous enseignait qu'on n'est jamais ni si savant ni si ignorant qu'on est tenté de le croire.

Quand M. Baron, après avoir mis au point et complété

nos réponses, les eut résumées en quelques explications précises et bien claires, il s'écria avec une familiarité cordiale :

— Et maintenant, mes petits amis, vous en savez autant que moi.

Vous pensez bien que pas un de nous n'en crut un mot, mais nous étions enchantés et de lui et de nous. Et lorsque la cloche annonça l'heure de la récréation :

— Déjà ! ne pus-je m'empêcher de dire en moi-même, tant la classe m'avait paru courte.

Je sortis avec mon voisin Marcel Simon et je profitai de la récréation pour nouer connaissance avec lui. Même avec moi, il était timide; il se tenait gauche et embarrassé comme une petite fille; mais je ne songeai pas à le taquiner. Au contraire, je me sentis plus porté de sympathie vers mon voisin de classe qui, avec ses traits délicats, sa mine d'oiseau effarouché mis en cage pour la première fois, était si différent de mes bruyants camarades déjà éparpillés, dans une course folle, aux quatre coins de la cour.

FIG. 9. — A la fin de la récréation, nous étions tout à fait amis.

J'eus vite fait de mettre Marcel à l'aise. Nous échangeâmes des confidences ; je lui dis qui j'étais, il m'apprit que son père était un des gardiens du Musée des Arts. A sept ans, on est vite bons amis : nous l'étions tout à fait à la fin de la récréation. Mon rêve avait-il dit vrai, et l'ami qu'il m'avait promis, allais-je le trouver dans ce petit compagnon que le hasard m'avait donné pour voisin et pour lequel j'éprouvais déjà les sentiments pleins de douceur d'un frère aîné attentif et protecteur?

Quand je rentrai dans la classe avec mon ami Marcel, il me sembla que je me retrouvais comme chez moi. Les tableaux et les bas-reliefs en plâtre sur les murs, les pupitres alignés et espacés, tout avait un air familier et accueillant. Avez-vous remarqué que les choses, comme les gens, ont un visage? Il y en a dont la vue glace, gêne ou assombrit, il en est de riantes, avec lesquelles on se sent à l'aise et comme de plain pied. Un palais avec ses ors, ses lambris, ses plafonds moulés et peints, ses meubles bons pour être regardés, mais trop beaux pour qu'on y touche, ne me dira jamais rien qui vaille. J'imagine que vous vous y sentiriez comme moi dépaysés, décontenancés, plus étonnés de vous y voir que de tout ce que vous y verriez, et que vous respireriez plus librement quand vous vous retrouveriez dehors.

VII (7). — L'école et la famille (*suite*).

« Apprenons à vivre d'accord avec nos camarades, si nous voulons savoir vivre plus tard avec les hommes. »

BURDEAU.

Rien de pareil dans notre école : il nous semblait que la maison était à nous, qu'elle était notre maison, et comme chacun, au foyer familial, a un coin préféré, plus à lui, moi, dans cette grande maison pleine d'air et de lumière, j'avais à moi, bien à moi, ma classe où il faisait si bon écouter, regarder, remplir ses yeux, ses oreilles et son esprit des belles choses que nous disait M. Baron ou qu'il nous montrait.

La classe de l'après-midi passa aussi vite que celle du matin. Dès que sonna l'heure de la sortie, je partis d'un pied léger, fier comme un soldat qui a conquis ses premiers galons et qui a hâte de revenir au logis pour les montrer. Mais à peine avais-je mis les pieds dans la rue que je sentis une main se poser sur mon épaule. Je fus stupéfait en voyant mon père, que je croyais à la mine à cette heure.

— Eh oui! c'est moi, mon petit Jean, moi qui suis venu t'attendre... M. le Directeur avait convoqué à trois heures tous les parents de ses élèves. Il a tenu à nous expliquer que les instituteurs sont les amis des parents comme ils sont les amis de leurs enfants; que les maîtres et les parents ont tout à gagner à s'entendre pour diriger d'un commun accord l'éducation des enfants, leur travail, leur conduite, qu'ils doivent s'entr'aider, se conseiller mutuellement. Quel brave homme, ce M. Legris! Il nous a dit tout cela comme un père parlant à des pères... Puis il a remis à chacun de nous le livret scolaire de son fils, et aussi, ajouta mon père en me regardant, un certain questionnaire...

Fig. 10. — Je sentis une main se poser sur mon épaule.

— Un questionnaire? m'écriai-je. De quoi s'agit-il donc?

— M. Legris, pour faire plus ample connaissance avec ses élèves, demande à leurs parents de le renseigner sur le caractère, la santé, les aptitudes de leurs enfants. Je vais remplir ce questionnaire ce soir même, et demain tu ne seras plus un inconnu pour M. Legris. Il saura à quoi s'en tenir sur ton compte.

Était-ce menace ou promesse? Je vous avouerai que je ne me sentis pas inquiet.

— Oui, comme cela, méchant espiègle, nous serons deux à te surveiller...

Puis, sa voix se fondant en douceur :

— Non, ajouta-t-il, nous serons deux, mon cher enfant, pour veiller sur toi.

SUJET A DÉVELOPPER

Un homme bien élevé. — Qu'entendez-vous par un homme bien élevé? Dites les qualités qu'un tel homme doit posséder selon vous.

PLAN. — Être bien élevé, c'est être à même de se comporter en toutes circonstances de façon à mériter sa propre estime et celle des autres.

Accomplir strictement ses devoirs d'homme et de citoyen n'est pas suffisant, il est nécessaire que l'homme bien élevé fasse plus ; qu'il soit toujours indulgent à ses semblables et obligeant pour eux, qu'il soit plus préoccupé de ses devoirs envers les autres que de ses propres droits, que ses efforts tendent plus à créer du bonheur autour de lui que pour lui-même.

De telles qualités sont difficiles à acquérir ; il est nécessaire de s'y préparer de bonne heure.

Les habitudes contractées dans l'enfance, à la famille, à l'école, à l'atelier, sont celles qui plus tard distinguent l'homme.

Il faut s'efforcer d'être un enfant bien élevé afin d'être un jour un homme bien élevé.

VIII (8). — Ce qu'est la Mutualité.

> **« La Mutualité scolaire montre tout ensemble à l'enfant la puissance de l'épargne et celle de l'association. En associant l'idée d'Economie à l'idée de Solidarité, cette œuvre apprend à la fois à l'enfant la prévoyance pour soi, qui est une forme de l'intérêt bien entendu, et la prévoyance pour autrui qui est une forme de la Fraternité. »**
>
> RAYMOND POINCARÉ.

— Mes chers amis, nous dit le lendemain matin, au début de la classe, M. Baron, j'ai été content de vous hier, content de votre attention, de votre empressement à me répondre. Vous avez compris, je crois, ce que je désire : ce n'est pas une classe où tous les élèves répondent bien, mais une classe où tout le monde réponde, une classe vivante, agissante, toujours en mouvement, où tous entraînent chacun, où personne ne reste en arrière. Vous avez tous vu des soldats marcher au pas gymnastique : parmi ces soldats il y en a de grands et vigoureux, d'autres petits et agiles. Pourtant tous vont du même pas régulier sans perdre l'alignement. Vous serez, si vous le voulez, mes petits soldats bien alignés, vous entraînant les uns les autres et gardant toujours le pas. Je vous guiderai, mais c'est vous qui marcherez, qui irez de l'avant, vous soutenant, vous stimulant mutuellement. Je ne veux pas seulement que tous répondent, je veux surtout que tous questionnent, de manière à ce que la curiosité de chacun soit à la fois tenue en éveil et satisfaite. Voilà la bonne école mutuelle telle que je la comprends, celle où l'on ne s'instruit pas seulement en commun, mais *les uns par les autres*.

Les uns par les autres, M. Baron avait prononcé ces mots avec une insistance énergique et comme une espèce de gravité.

— Les uns par les autres, reprit-il, tout est là, mes enfants, et non pas seulement à l'école, mais dans la vie. Marcher la main dans la main en s'aidant les uns les autres, voilà le secret des vies bien employées. Il y a un proverbe qui dit qu'il n'est jamais trop tard pour bien faire : je dis, moi, mes enfants, qu'il n'est jamais trop tôt pour bien faire. L'école ne doit pas seulement vous instruire, vous apprendre à vous élever les uns les autres par le bon exemple que vous vous donnerez mutuellement ; elle doit vous apprendre à vivre, vous préparer à une vie utile, je veux dire à une vie que vous emploierez non pas seulement pour vous, mais pour les autres. Eh bien ! cette existence utile que je vous souhaite, vous pouvez la commencer dès maintenant, et faire une bonne action tout en faisant une bonne affaire.

Ma curiosité était en éveil. Mais je ne savais pas où M. Baron voulait en venir.

— N'y en a-t-il aucun parmi vous qui ait été membre de la Mutualité scolaire enfantine à l'École maternelle? continua M. Baron.

Justement j'avais mon livret de mutualiste dans mon

cartable. Pour rien au monde je ne m'en serais séparé, non seulement parce qu'il constituait toute ma richesse, mais parce que j'étais très fier de ce livret à mon nom qui me grandissait dans ma propre estime, me faisait paraître à mes yeux non plus comme un enfant, mais comme une petite personnalité ayant ses droits distincts, et le premier de tous les droits, celui de posséder en propre.

Mon père avait voulu que je me fisse inscrire à la Mutualité enfantine dès mon entrée à l'école maternelle, c'est-à-dire dès l'âge de trois ans, et il avait veillé à ce que, chaque semaine, je payasse exactement ma cotisation. Il était économe, prévoyant pour moi.

Sans mot dire, je tirai de mon cartable mon précieux livret. M. Baron l'aperçut, s'en saisit et s'écria :

— Tenez, mes amis, voici justement le livret d'un de vos camarades, du camarade Jean Lavenir, ajouta-t-il après l'avoir ouvert. Puis me regardant : Jean Lavenir, un beau nom, un nom qui oblige celui qui le porte : rien d'étonnant si, quand on s'appelle ainsi, on se considère comme tenu de donner le bon exemple, et de songer à l'avenir... Eh bien! mon petit ami, puisque vous êtes déjà un vieux mutualiste, voulez-vous vous charger d'expliquer à vos camarades en quoi consiste la Mutualité enfantine et quels services elle rend à ses membres, d'abord à l'école et plus tard dans la vie?

Je me levai fort intimidé, comme bien vous le pensez. Que n'aurais-je pas donné pour n'avoir pas imprudemment étalé devant moi mon livret de mutualiste! L'instant était solennel. Il ne s'agissait pas de répondre d'un mot, mais de donner une explication claire, précise, détaillée. Puis, vous savez que dans nos classes tout nouveau-venu est le point de mire des regards. on l'attend à ses réponses, on les guette peu charitablement, pour avoir l'occasion de s'égayer à ses dépens, si possible. Ici nous étions tous nouveau-venus, inconnus pour la plupart les

EFFORT SOCIAL — EFFORT PERSONNEL

LOI DU 1er AVRIL 1898

LIVRET DE PENSION
ET
D'ASSURANCES MUTUALISTES

Adopté par le Congrès des Œuvres auxiliaires de l'École et le Congrès Mutualiste.

« L'emploi d'un **LIVRET**, véritable **TITRE NOMINATIF DES VERSEMENTS** opérés par le Sociétaire, « doit stimuler l'initiative individuelle dans l'œuvre « de la **RETRAITE** et de l'**ASSURANCE**. »

Première discussion de la loi (1883). — WALDECK-ROUSSEAU.

EXTRAITS DE LA LOI DU 1er AVRIL 1898

ART. 12. — Les secours, pensions, contrats d'assurances, livrets et généralement toutes sommes et tous titres à remettre par les sociétés de secours mutuels à leurs membres participants, sont incessibles et insaisissables jusqu'à concurrence de 360 francs par an pour les rentes et de 3 600 francs pour les capitaux assurés.

ART. 23 § 3. — Pour bénéficier de ces pensions, les Membres participants doivent être âgés d'au moins cinquante ans, avoir acquitté la cotisation sociale pendant quinze ans au moins et remplir les conditions statutaires fixées pour l'obtention de la pension.

Titulaire du présent Livret

M ....
Nom

....
Prénoms

né à .... *département* ....

le ....

uns aux autres. Mais cela même n'était pas pour me rassurer. Je sentais tous les yeux fixés sur moi...

Et pourtant je surmontai ma timidité... D'abord j'étais plein de mon sujet. La valeur, dit un proverbe, n'attend pas le nombre des années : les convictions non plus, n'est-ce pas? A sept ans, j'étais déjà un mutualiste convaincu. Et puis à l'École maternelle, Mme Baret ne nous avait-elle pas habitués « à nous exprimer », comme elle disait, en faisant résumer à chacun de nous les récits familiers, les « narrations orales » qu'elle nous faisait et ces merveilleuses petites leçons de choses qui par les yeux nous insinuaient dans l'esprit tant de notions utiles? Brave et chère Mme Baret, il s'agissait pour votre ancien élève de vous faire honneur. Cette pensée fut pour moi comme un coup de fouet, et, prenant mon courage à deux mains, mes yeux dans les yeux de M. Baron, je m'expliquai à peu près en ces termes.

IX (9). — Une petite Cavé.

> « Certes, elles font leur place à l'économie, à l'épargne, les « Petites Cavé », pour les saluer de l'appellation familière dont on les désigne entre enfants par un délicat hommage rendu à leur fondateur. Mais elles font leur place, et toute large, à la bonté, à la pitié. L'École primaire, grâce à elles, ne devient-elle pas l'École de la Solidarité? »
>
> Édouard Petit.

— Le livret de mutualiste que voici, est remis à tous les enfants qui s'engagent à payer à la mutualité scolaire une cotisation de 0 fr. 10 par semaine. Cette cotisation est versée, généralement le lundi matin, entre les mains de l'instituteur. En échange, deux grands avantages sont accordés aux membres de la Mutualité scolaire : une indemnité leur est payée quand ils sont malades, et une rente leur est assurée quand ils approchent de la vieillesse. Quand j'ai eu la rougeole l'année dernière, je me rappelle que mon père a reçu pour moi de notre mutualité une indemnité de 0 fr. 50 par jour de maladie, et ma maladie a duré quinze jours, c'est-à-dire que mon père a reçu 7 fr. 50, tandis que, pendant ces deux semaines, il n'avait versé pour moi que 0 fr. 20.

Fig. 11. — Cette cotisation de 0 fr. 10 par semaine, est versée généralement le lundi matin entre les mains de l'instituteur.

— Fort bien, mon petit ami Jean, me dit M. Baron. Voilà qui est net et précis. Mais si, au lieu d'une maladie courte et bénigne, vous aviez eu une de ces maladies longues et coûteuses qui tiennent les enfants éloignés de l'école pendant plusieurs mois, est-ce que l'avantage n'aurait pas été encore plus grand pour votre père?

— Assurément, monsieur, puisque l'indemnité eût été beaucoup plus forte, et cela au moment même où mon père en aurait eu le plus besoin. Pendant deux mois, j'aurais touché 0 fr. 50 par journée de maladie, et pendant un mois encore, 0 fr 25.

Fig. 12. — **Pièce de 10 centimes.** La pièce de dix centimes, qui est en bronze, pèse dix grammes; c'est la dixième partie du franc, qui est l'unité de monnaie en France.

— Parfait. Mais qu'est donc cette rente qu'on s'assure dès l'enfance pour la vieillesse?

— Voici, monsieur : 0 fr. 10 par semaine, cela fait pour les 52 semaines de l'année 5 fr. 20. La Mutualité scolaire garde une partie variable de cette somme, 1 fr. 20 environ, pour la distribuer aux sociétaires en cas de maladie. Les autres 4 francs sont versés à deux institutions qui fonctionnent sous la surveillance et sous la responsabilité du gouvernement, *la Caisse nationale de Retraites* et *la Caisse des Dépôts et Consignations*, et rien qu'avec ces

4 francs versés chaque année à ces caisses au nom du sociétaire mutualiste, d'après le tableau qui figure en tête de mon livret, l'enfant entré, comme moi, à trois ans dans la Société se sera assuré à dix-huit ans — pour la toucher à l'âge de cinquante-cinq ans — une rente de 52 fr.

— Voilà qui est parfait. Mais n'a-t-on pas la faculté de continuer les versements passé l'âge de dix-huit ans?

— Si, Monsieur, et dans ce cas, si l'on continue, comme on doit le faire, à une société de secours mutuels d'adultes, les versements jusqu'à l'âge de cinquante-cinq ans, on s'assure pour cet âge une rente de 87 francs environ.

— Vous entendez bien, mes enfants, reprit M. Baron en levant en l'air mon livret et en le montrant à mes camarades, une promesse de 87 francs de rente pour l'âge de cinquante-cinq ans, une indemnité certaine en cas de maladie, voilà ce que contient ce livret du camarade Jean Lavenir. Et tout cela en échange de 0 fr. 10, deux petits sous, par semaine! Pensez-vous que l'ami Jean ait fait une mauvaise affaire en devenant membre de la Mutualité scolaire?

« Cette affaire, voyons un peu en quoi elle consiste. L'ami Jean, s'il continue à payer sa cotisation aussi exactement qu'il l'a payée jusqu'ici, s'assure une rente pour l'âge de cinquante-cinq ans, c'est-à-dire pour l'âge où le travailleur commence à sentir le besoin de se reposer. 87 francs de rente, me direz-vous, ce n'est pas grand'-chose. Assurément, si à cinquante-cinq ans votre camarade n'avait pas d'autres ressources, il ne roulerait pas sur l'or et il ne pourrait pas se vanter de vivre de ses rentes. Mais il dépend de lui et de lui seul d'augmenter la rente promise : pour cela il n'aura qu'à augmenter ses versements quand ses moyens le lui permettront. A tout âge, aujourd'hui, demain, dans dix ans, ce qu'il versera en supplément de la modeste pièce de dix centimes accroîtra, dans une proportion équivalente à ses versements et au temps pendant lequel ils auront eu lieu, la pension de retraite dont il jouira à cinquante-cinq ans. Les petits ruisseaux, dit-on, font les grandes rivières. C'est avec les petits sous accumulés par l'épargne patiente qui les fait fructifier, qu'on se prépare, mes chers enfants, une vieillesse honorable et digne, sereine et paisible comme le beau soir qui suit une journée bien remplie, qu'on s'assure contre la maladie, contre les revers de fortune et les accidents imprévus auxquels personne n'échappe.

X (10). — Vers la prévoyance.

« Pour mériter l'affection de nos semblables et avoir droit à leur appui dans les jours de souffrance, de deuil et de vieillesse, il faut soi-même secourir ceux qui souffrent. »

J. C. Cavé.

— Car c'est là, mes petits amis, le service inestimable que rend ce livret de mutualiste à son heureux possesseur : il lui apprend le chemin de la Caisse d'épargne en lui faisant connaître le bienfait de l'épargne, et quand il en a contracté l'habitude, elle le suit dans la vie. Et comme pour épargner, il faut se refuser les plaisirs coûteux qui sont presque toujours les plus nuisibles, fermer l'oreille aux tentations malsaines, l'homme qui épargne sera nécessairement un homme rangé, bon citoyen, bon père, bon fils, bon époux.

Fig. 13. — Si tous les écoliers de France étaient dès maintenant nantis de leur livret de mutualiste, on ne verrait plus, dans cinquante ans, des mendiants souvent vigoureux, tendre la main sans vergogne.

« Voyez ce qu'il arriverait si tous les écoliers de France étaient dès maintenant nantis de leur livret de mutualiste, et si, après avoir acquitté leur cotisation à l'école, ils accroissaient plus tard leurs versements par un prélèvement fait sur leur superflu : dans cinquante ans on ne verrait plus dans les rues ces mendiants souvent vigoureux et bien portants, qui tendent la main sans vergogne, trouvant plus commode de vivre de la charité que de leur travail; on ne verrait plus dans les hospices ces vieillards que leur imprévoyance a conduits à une misère sans dignité et que la société est obligée de recueillir et d'entretenir à grands frais ; les cabarets seraient déserts et les prisons se videraient peu à peu. Chacun serait meilleur, chacun aurait le cœur au travail et l'esprit en repos. chacun se suffirait à lui-même, aurait cet inappréciable bonheur de ne dépendre que de lui-même, de n'être à charge à personne.

« Et quelle force pour un pays où il n'y aurait plus que des citoyens vraiment dignes de ce nom, des travailleurs vaillants, tous gens de bonne volonté, chacun à sa place et remplissant utilement sa fonction !

« Voilà, mes amis, la moisson que prépare la Mutualité scolaire. Si vous voulez la récolter un jour, semez dès aujourd'hui. Demandez à vos parents de vous autoriser à devenir membres de la Société de Secours mutuels et de Retraites : elle est ouverte à tous et les mêmes avantages sont assurés à tous ceux qui paient exactement leur cotisation. Expliquez à vos parents qu'il ne s'agit pas seulement de vous, de votre avenir, mais d'eux-mêmes, puisque, si vous tombez malades, ils auront le bénéfice de l'indemnité que la mutualité vous attribuera.

« C'est ici justement le meilleur de la chose : en vous aidant vous aiderez les autres. Les bien portants paieront pour les malades et ne s'en plaindront pas, d'abord parce qu'ils auront la meilleure part, ensuite parce qu'ils ne pourront faire un meilleur emploi de leur argent. Par là rien ne sera perdu de ce que vous aurez semé : ce que vous ne récolterez pas profitera aux autres. Ainsi vous apprendrez la solidarité qui lie les hommes entre eux, qui les oblige tous, jeunes et vieux, riches et pauvres, les uns envers les autres ; vous l'apprendrez comme il faut l'apprendre, non dans les livres, mais en la pratiquant, et vous vous rendrez compte qu'un homme n'est utile à l'humanité, qu'il ne remplit pleinement sa destinée d'homme que quand, par delà ses intérêts propres, il voit et sert les intérêts des autres, leur donne au moins autant qu'il reçoit d'eux. Et ne craignez pas, aux jours d'épreuves, de maladie, de toucher l'indemnité qui vous est due. Vous n'accepterez pas l'aumône de vos voisins. Vous êtes tous des associés. Vous ne pratiquerez pas la charité qui est humiliante. Vous pratiquerez la solidarité, la fraternité qui, au lieu de vous abaisser, vous élève. »

Fig. 14. — **Médaille de la Mutualité.** La médaille est conférée pour services rendus dans la formation ou l'administration des Sociétés de Secours mutuels. Elle est surmontée d'une couronne de laurier et suspendue par un ruban noir à liséré bleu clair pour la médaille de *bronze*; d'un ruban bleu avec liséré argent pour la médaille d'*argent*, d'un ruban bleu avec liséré or pour la médaille d'*or*.
Cette magnifique médaille est l'œuvre du grand artiste Roty.

O la belle et bonne leçon ! Nous avions écouté dans un profond silence la parole vibrante de M. Baron. Nous sentions qu'il voulait notre bien et nous étions fiers qu'il nous parlât comme à des hommes.

A la sortie de la classe, mes camarades m'entourèrent : ils voulaient tous voir, toucher mon livret, et tous se promettaient de se faire inscrire dès le lendemain à la Mutualité scolaire.

— Et toi aussi, dis-je à Marcel, en l'accompagnant chez lui, es-tu convaincu ?

— Oh ! oui, me répondit-il, même s'il faut que je sacrifie, pour payer ma cotisation, les deux sous que papa me donne chaque semaine pour mes menus plaisirs !

— Et quels sont tes menus plaisirs ?

Il tira de sa poche un magnifique sucre d'orge.

— Chut! me dit-il, en me le tendant. Partageons.

Je partageai avec lui de bon appétit. Ainsi fut scellée notre amitié.

SUJET A DÉVELOPPER

La Mutualité. — Comment comprenez-vous l'idée de Mutualité? Montrer en quoi elle se distingue de l'idée de charité. Faites voir que la Mutualité est une des formes les plus heureuses de la solidarité.

PLAN. — S'assister mutuellement au moment des mauvais jours, donner aujourd'hui à ceux qui ont besoin et recevoir demain si l'on est soi-même dans la peine: voilà la mutualité.

Mettre en commun ses efforts et ses ressources afin de s'armer contre les misères et de procurer à chacun le plus de bien-être possible: voilà encore la mutualité.

C'est un mécanisme dont la puissance et les bienfaits se multiplient avec le nombre de bonnes volontés qui le constituent.

La mutualité n'est pas la charité qui humilie celui qui reçoit; c'est une association dont tous les membres sont égaux, où il n'y a ni riches ni pauvres, où tous viennent en aide à chacun et s'assurent les uns les autres contre les mauvais jours.

Les souffrances chez autrui attristent: on aime instinctivement à les soulager. Alors même que notre intérêt n'est pas en jeu, souvenons-nous qu'il n'y a pas de plus douce satisfaction que celle qu'on se donne en prenant sur son propre bien-être pour calmer une douleur.

XI (11). — L'aide à la maison.

« C'est dans la famille que demeurent indestructibles le besoin de la durée et l'instinct des sacrifices du présent à l'avenir. »

GUIZOT.

A quelque temps de là, grand'mère fut très souffrante. Elle avait pris froid, par une journée brumeuse, en lavant notre linge dans la cour de notre maison, comme elle avait coutume de le faire tous les lundis.

— Ce n'est qu'un rhume, dit-elle d'abord en toussant. Cela passera comme cela est venu. J'en ai vu bien d'autres.

Pauvre grand'mère se trompait. Cela ne passa pas, et elle dut s'aliter. Elle ne le fit qu'au dernier moment, quand le médecin l'eut exigé. Elle n'avait rien perdu de sa bonne humeur, affectait de rire de son mal, disant qu'à son âge il était ridicule de se laisser dorloter comme une petite fille. Puis, tout à coup sérieuse et inquiète :

— Mais j'y songe, qu'allez-vous devenir aujourd'hui, mes pauvres amis, sans votre vieille maman ? Qui balayera les chambres, mettra tout en ordre, qui préparera, gardera au chaud le dîner du père à son retour de la mine ?

— Rassure-toi, dit mon père. Ne te rappelles-tu pas qu'au régiment c'est moi qui étais chargé de la *popote* de ma compagnie ? Je régalais les camarades de certaines sauces que je savais assaisonner comme pas un. Attends un peu... mais oui, je me souviens de la recette. Tu verras si ce soir je ne régale pas ma chère vieille maman.

Fig. 15. — Grand'mère avait pris froid en lavant notre linge dans la cour de notre maison.

Et de fait, mon père, le soir même, nous accommoda un bœuf miroton auquel grand'mère, qui était une fine cuisinière, ne dédaigna pas de rendre hommage. J'y fis honneur, comme bien vous pensez. Mon père me regardait, comme admirant mon robuste appétit.

— Écoute, petit, me dit-il tout à coup. Veux-tu monter en grade ? Que dirais-tu si pendant la maladie de grand'mère, je te chargeais de cuisiner notre *popote*, ni plus ni moins qu'un soldat de première classe ?

— Mais, papa, en fait de cuisine je ne connais que celle qu'on mange.

— Fort bien, mais je me charge de t'apprendre celle

qu'on fait. Tu verras, il y a là toute une mine de leçons de choses, qui en valent bien d'autres. Un enfant doit être capable de se tirer d'affaire et même de tirer d'embarras ses parents en les remplaçant quand ils sont malades ou empêchés. Entendu, n'est-ce pas ? A demain notre première leçon de cuisine. Élève Jean Lavenir, vous êtes promu au grade d'aide-cuisinier.

Fig. 16. — Triomphalement j'apportai mon omelette.

J'éclatai de rire, fort amusé de la chose. Je me voyais déjà petit mitron, tout de blanc habillé, gâte-sauce de première classe...

Le lendemain je pris ma première leçon de cuisine et, sous la direction de mon père, je fis sauter dans la poêle ma première omelette. Tout l'art, m'avait expliqué mon père, consiste à avoir bien dans la main la queue de la poêle quand on fait sauter l'omelette. Dès la deuxième ou troisième démonstration, j'eus, avec le tour de main nécessaire, la clef du mystère d'une omelette cuite à point et baveuse à souhait. Triomphalement j'apportai mon omelette toute chaude à grand'mère et je lui demandai d'y goûter. Elle le fit en souriant.

— Pas mal pour un début, me dit-elle. Tu sais, petit, il n'y a pas de sot métier. Tu iras loin peut-être et tu feras honneur à la cuisine française.

Bonne grand'mère ! Elle ne croyait pas si bien dire : je n'ai jamais cessé de faire honneur à la cuisine française, non pas sans doute comme elle l'entendait, mais, ce qui vaut mieux, avec un appétit qui n'a pas désarmé malgré les années. Quel meilleur hommage à la cuisine nationale ?

XII (12). — L'assistance dans le ménage.

> « Je dois tous mes succès dans la vie à ce que j'ai toujours et en toutes choses été en avance d'un quart d'heure. »
>
> NELSON.

Ce premier succès me mit en goût. De grand matin, le lendemain, je me levai tout doucement de peur de réveiller grand'mère, et au moment où mon père, à l'heure du départ pour la mine, allait quitter sa chambre, j'entrai et je lui tendis une tasse de café noir bien chaud.

— Tu es un brave petit homme, me dit-il en m'embrassant. Je te confie grand'mère. Veille bien à ce qu'elle ne manque de rien en mon absence.

Il était cinq heures du matin. Comment employer le temps jusqu'à l'heure du départ pour l'école? Je regardai autour de moi. Les reliefs du repas du soir étaient sur la table, des miettes constellaient le plancher.

— Si je faisais à grand'mère la surprise de mettre tout en ordre?... me dis-je.

Je fis chauffer de l'eau, lavai les assiettes et les verres, et les remis en place dans le buffet. Vite un coup de balai... Me voilà faisant la chasse aux miettes, j'essuie la table, j'époussette le buffet et les chaises. Bien avant six heures tout était en ordre.

L'appétit vient en mangeant, dit un proverbe, l'appétit de bien faire, comme l'autre. Je me glissai sur la pointe des pieds dans la chambre de mon père; je fis son lit, puis le mien; sans bruit je balayai, j'époussetai derechef; j'ouvris la fenêtre toute grande pour faire entrer le bon air du matin que je humai un instant avec délices.

Ensuite je repassai mes leçons et je fis mes préparatifs de départ pour l'école. En mettant ma blouse, je m'aperçus qu'il y manquait un bouton et qu'un autre ne tenait plus que par un fil.

— Fâcheux accident, pensai-je. Comment y remédier

sans réveiller grand'mère? Si j'essayais moi-même?... Pourquoi pas?

J'entr'ouvre la porte de la chambre de grand'mère, j'attire à moi son panier à ouvrage. Il était amplement garni de fil et d'aiguilles. Je fais choix d'une grosse aiguille, de solide fil noir, j'enfile mon aiguille, je fais un nœud au bout de mon fil, et me voilà cousant un bouton à ma blouse. Vous pensez bien que mes doigts étaient gauches à ce travail où ils étaient novices, qu'ils se piquèrent plus d'une fois en enfonçant l'aiguille. Évidemment mon premier bouton ne valait pas ma première omelette. N'importe, il fut solidement cousu, et j'allai plus vite avec le second.

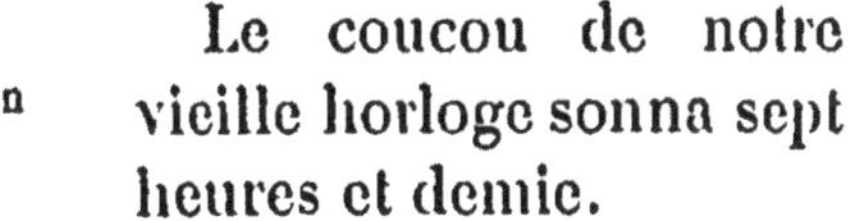

Fig. 17. — Je me mis à coudre un bouton à ma blouse.

Le coucou de notre vieille horloge sonna sept heures et demie.

— Grand'mère doit être éveillée. Je vais aller l'embrasser. Mais j'y songe, et son déjeuner?

Quelques minutes après j'entrais dans sa chambre, ayant à la main un bol de lait bien chaud et bien sucré.

— Comment, petit, c'est toi... Ah! ça, mais les rôles sont donc renversés maintenant : ce sont les petits qui soignent les vieux et les vieux qui se laissent dorloter!

— Grand'mère, vous allez me promettre de ne pas vous lever pendant que je serai à l'école. Papa m'a chargé de préparer le déjeuner et le dîner. C'est moi qui ferai le marché et la cuisine...

— Et le ménage, qui le fera, petit, si la vieille grand'mère ne le fait pas?

— Le ménage, mais il est fait, grand'mère. Regardez donc...

Et j'ouvris toute grande la porte qui séparait de la nôtre la chambre de grand'mère.

— Comment... c'est toi, petit, qui as mis tout en ordre?

— Oui, c'est moi, et même cela m'a si bien amusé que je recommencerai tous les jours aussi longtemps que vous ne serez pas guérie.

Le soir, quelques minutes après le retour de mon père, le couvert était mis, la soupe fumante attendait sur la table.

— Bravo, mon Jean, me dit mon père en s'asseyant. Je suis content de toi. Grand'mère m'a dit comment tu avais veillé sur elle et comment tu l'avais remplacée dans les soins du ménage. Tu as compris, et je t'en félicite, qu'un enfant ne doit jamais être gauche, emprunté dans les petits détails de la vie pratique; au contraire, il doit être capable non seulement de s'y suffire à lui-même, mais encore d'assister et de suppléer, à l'occasion, ses parents dans l'administration du ménage. Sais-tu ce que l'on gagne à savoir cela? On y gagne d'abord d'apprendre à se passer des autres et à n'être jamais pris au dépourvu, science indispensable à tous ceux qui n'ont pas les moyens d'avoir des domestiques; on y gagne ensuite d'être fort bien servi, s'il est vrai qu'on n'est jamais si bien servi que par soi-même; enfin et surtout on y gagne de se rendre utile à ceux que l'on aime en les déchargeant d'un fardeau que l'âge ou la maladie rendent trop lourd pour eux. Va, mon petit Jean, conclut-il, en avalant une grande cuillerée de soupe, ta soupe aux choux a beau être un peu salée, tu n'as pas perdu ta journée.

SUJET A DÉVELOPPER

Sincère affection. — La véritable affection s'exprime plus par des actes que par des paroles.

PLAN. — Aimer quelqu'un c'est lui vouloir tout le bonheur possible et contribuer de toutes ses forces à la réalisation de ce bonheur. La véritable affection ne saurait aller sans le dévouement.

Un fils aimant est toujours prêt à se sacrifier en faveur de ses parents ; il cherche à leur éviter toute peine, toute inquiétude et à ajouter sans cesse à leur bonheur.

Il ne leur dit pas son affection, il la leur montre à tout instant, dans les menues circonstances de la vie aussi bien que dans les grandes occasions.

Les promesses coûtent si peu, il est si aisé de tromper sur ses vrais sentiments! Mais toute promesse non tenue, comme toute parole que démentent les actes, n'est que mensonge et hypocrisie.

C'est aux fruits qu'on connait les bons arbres et non à la beauté de leur feuillage, ou bien à l'éclat trompeur de leurs fleurs.

XIII (13). — Le Noël de Jean.

« Un savant a dit : « Le mal, c'est la douleur d'autrui »... Avoir presque constamment présente à l'esprit la douleur d'autrui, songer qu'à l'heure où l'on est heureux, d'autres ne le sont pas, et se proposer cette tâche de prendre quelque chose sur son bonheur personnel pour diminuer la douleur et le malheur des autres, je réduirais bien volontiers toute la morale à cela. »

LÉON BOURGEOIS.

Noël ! Noël ! Joyeux Noël !... Hélas ! pour combien d'enfants Noël n'a pas de joie ! Pour combien n'arrive-t-il pas les mains vides, sans rien pour ceux qui ont faim, qui ont froid dans leur petit corps, plus froid dans leur cœur sevré des bonheurs de l'enfance et qui se serre à la vue cruelle des jouissances réservées aux privilégiés de la naissance et de la fortune !

Cette année-là, il y eut sans doute des déshérités, parmi les enfants de Saint-Étienne, mais il n'y en eut pas à l'école de M. Legris. Plusieurs jours avant Noël, on condamna la porte du parloir, immense pièce qui servait de salle d'attente aux parents à l'heure de la sortie des classes. Derrière la porte bien close nous entendions un remue-ménage de bancs et de chaises, un tapage de marteaux clouant des tentures. Dans l'intervalle des classes, des plantes vertes, d'énormes paquets, des caisses aux flancs rebondis étaient apportés en grand mystère.

Mais le mystère n'en était pas un pour nous qui étions aux aguets, épiant les allées et venues, suivant des yeux la figure affairée et joyeuse de M. Legris qui, sachant que tout plaisir est doublé par la joie de la surprise, organisait dans le secret le Noël de « ses chers enfants », comme il nous appelait.

Vous pensez bien qu'on ne parlait pas d'autre chose à l'école. Quelles surprises nous réservait ce grand jour? Les anciens nous disaient merveilles du Noël de l'année précédente. On faisait cercle autour d'eux pendant les récréations, et je me rappelle qu'un grand de la deuxième classe, qui faisait notre admiration pour la façon magistrale dont il détendait son bras en lançant sa toupie, nous dit en faisant une pirouette sur ses talons :

FIG. 18. — **Pièce de 2 francs.** — **La pièce de deux francs qui pèse dix grammes, est faite d'un alliage d'argent et de cuivre. La pièce actuellement en circulation est à l'effigie de la *Semeuse*, dont le modèle a été fait par le sculpteur Roty. La même effigie se retrouve sur nos timbres-poste.**

— Attendez, mes petits amis, je ne vous dis que ça... Vous verrez. De la musique, des fleurs, et des oranges, et des bonbons, des jouets surtout, on marche sur les jouets. Vous avez vu des distributions de prix : eh bien! vous pouvez m'en croire, une distribution de prix ce n'est rien à côté de la distribution des jouets.

Marcel Simon me toucha du coude :

— Dis donc, Jean, il n'est pas malin, celui-là; je sais bien pourquoi il aime mieux la distribution des jouets, c'est parce que des jouets, il y en a pour tout le monde, tandis que pour les prix, c'est autre chose...

— Fi ! mauvaise langue ! dis-je à Marcel en lui donnant une de ces bonnes tapes qui entretiennent l'amitié, et en fuyant à toutes jambes pour qu'il ne me la rendît pas.

Le grand jour arriva. Le matin mon père me mit dans la main une belle pièce neuve de deux francs à l'effigie de la *Semeuse* du grand artiste Roty. Avez-vous remarqué l'effigie de cette semeuse, plus belle que la plus belle image, avec son geste noble, souple et fort, ses cheveux dénoués flottant au vent, sa démarche pure et énergique, baignée dans les clartés du soleil qui monte à l'horizon? Quelle admirable représentation de l'âme toujours jeune de notre France, infatigable semeuse de vérité et de justice à travers le monde !

— Jean, me dit mon père, j'ai grande envie de ce couteau à cinq lames, à manche en corne de cerf, que tu as vu l'autre jour au *Bazar de la Poste* et dont tu m'as tant parlé. Tu vas aller l'acheter et tu en feras cadeau de ma part...

Il s'arrêta un instant comme amusé de la convoitise qu'il lisait dans mes yeux brillants.

XIV (14). — Fraternité.

« Le seul bonheur qu'on a vient du bonheur qu'on donne. »
EDOUARD PAILLERON.

— Tu en feras cadeau de ma part... à ton meilleur ami.

— A mon meilleur ami? repris-je, étonné et un peu déçu.

— Oui, à ton meilleur ami qui, pour la circonstance, est toi-même, n'est-ce pas?

J'avais cru fermement jusqu'alors que Marcel Simon était mon meilleur ami. Vous le dirai-je à ma honte? Je fus de l'avis de mon père et je tombai d'accord avec lui, que, si je n'avais pas d'ami plus cher que Marcel, il n'y avait personne au monde à qui le couteau à cinq lames pût faire autant de plaisir qu'à l'ami Jean Lavenir. D'ailleurs Marcel n'avait pas vu, touché comme moi le couteau à manche en corne de cerf dont je rêvais depuis plusieurs semaines. Et puis l'eût-il vu, était-il bien sûr qu'il l'eût apprécié autant que moi ?

Je courus au *Bazar de la Poste*... Pourvu que le précieux couteau soit encore là !... J'entre. C'était la cohue des grands jours. Impossible de se frayer un passage. J'ai beau jouer des coudes : serré, emprisonné par la foule, je suis retenu devant le comptoir des objets à 95 centimes.

— Tout l'étalage à 95 centimes, crie un commis derrière le comptoir. Allons, mesdames et messieurs, faites votre choix...

Je maudis intérieurement le commis qui crie d'une voix nasillarde, les dames et les messieurs qui font leur choix. De nouveau je joue des coudes, mais en vain. En désespoir de cause, je fais comme les autres : je regarde les objets à 95 centimes.

— Des poupées ! Fi ! me dis-je, bon pour des petites filles !

Une de ces poupées cependant était vraiment drôle avec sa tignasse blonde, ses yeux plus grands que nature, au regard fixe, ses cils peints, son corps rouge et dodu de poupée nourrie de son, dont les bras et les jambes plient docilement, mais sans grâce aux articulations où la couche de son s'amincit. Pour passer le temps je la saisis et l'examine de plus près.

— Oh ! Marie, qu'elle est belle ! s'écrie auprès de moi une voix d'enfant.

Je me retourne, et je vois à côté de moi deux petites filles de huit à dix ans, deux pauvresses aux joues pâles et creuses, aux yeux brillants et cernés, pieds nus, tête nue, le cou grelottant sous un mince fichu effiloché.

J'étais bien pauvre, et pourtant ces petites filles me regardaient avec cette espèce de respect et de timidité un peu farouche qu'il y a toujours dans les yeux des pauvres quand ils regardent les riches. Riche, ne l'étais-je pas à leurs yeux avec ma pièce neuve de deux francs qui brillait entre mes doigts impatients de l'échanger contre le couteau à cinq lames? Ces deux francs ne représentaient-ils pas, et au delà, le prix de deux de ces poupées dont la vue seule mettait mes petites voisines en extase?

Que se passa-t-il en moi? Comment la chose se fit-elle? Je ne me charge pas de vous l'expliquer. J'oubliai la commission dont mon père m'avait chargé, j'oubliai le couteau, *mon* couteau. Je tendis ma pièce blanche au commis et je pris deux poupées blondes. Puis, en plaçant une dans les bras de chacune des fillettes :

Fig. 10. — Voilà votre Noël, dis-je aux deux fillettes.

— Voilà pour votre Noël, leur dis-je.

Elles me regardèrent un instant silencieuses et frappées de stupeur, comme doutant d'elles-mêmes et de moi, incertaines si je ne voulais pas me moquer d'elles cruellement. Puis brusquement, sans dire un mot, l'aînée entraîna la plus jeune par la main, et toutes deux s'enfuirent vers la porte à travers une éclaircie de la foule, comme si elles avaient eu hâte de mettre en sûreté leur trésor.

Je me serais bien passé de raconter mon aventure à mon père, mais le moyen de faire autrement quand il me demanda de lui montrer le fameux couteau. Il l'écouta sans m'interrompre et conclut philosophiquement :

— Après tout, mon petit Jean, je ne connaissais pas si bien que je le croyais ton meilleur ami .. Mais il n'est pas à plaindre et je ne le plains pas : pauvre, il a donné aujourd'hui un peu de joie à deux enfants plus pauvres que lui. Cela ne vaut-il pas mieux qu'un couteau même à cinq lames, même à manche en corne de cerf?

J'étais tellement de cet avis que je ne donnai pas une seule pensée au couteau si longtemps désiré. A vrai dire, mon esprit était ailleurs. Je ne songeais plus qu'à la fête de l'après-midi, à l'arbre de Noël qui nous attendait à l'école de M. Legris.

XV (15). — Fête à l'École. Le bienfait rendu.

« Si chacun de nous s'appliquait seulement à faire le bonheur de deux personnes, nous serions tous heureux. »

GEORGES RENARD.

Mon cœur battait quand j'entrai dans le parloir transformé en salle des fêtes. On avait fermé les fenêtres et mille lumières étincelaient. Au fond, sur une estrade tendue de rouge, dans des fauteuils dorés étaient assis les invités au milieu desquels M. le Préfet, qui présidait la fête, assisté de MM. les Inspecteurs. On nous fit asseoir en bas, des deux côtés, sur les bancs. Dans l'espace libre entre l'estrade et les bancs, s'élevait l'arbre de Noël, un gigantesque sapin de nos montagnes du Forez. De petits globes électriques bleus, jaunes, rouges, dont l'éclat était tamisé par les aiguilles vertes des branches, brillaient doucement, sous la dentelle de papier qui les habillait à moitié, comme des fleurs lumineuses et charmantes.

Mais le plus beau — ai-je besoin de vous le dire? — c'étaient les cadeaux du bonhomme Noël qui faisaient plier sous leur poids les branches du vieux sapin. Ici un polichinelle en bicorne, au ventre rebondi, à la figure enluminée, tourne et retourne, suspendu à un fil, semblant, avec sa bouche largement fendue et son nez crochu, esquisser une joyeuse grimace à notre adresse. Un clown articulé, habillé de satin jaune bouffant, lui fait vis-à-vis; il ébauche un pas de danse en tirant irrévérencieusement la langue aux spectateurs, tandis que le nègre Bamboula marque la mesure en battant du tambour. Plus loin le char des Pierrots, étonnant jeu de quilles où chaque quille est représentée par un Pierrot enfariné, riant à gorge déployée. Ailleurs des toutous aboyants, blancs ou noirs, tout en laine fine, des moutons bêlants, des chevaux tout sellés, des ours rébarbatifs en vraie peau naturelle, et des chemins de fer mécaniques, et des ballons en caoutchouc, et des lanternes magiques, et des montres, oui, de vraies montres, qu'on remonte et qui marquent l'heure exactement.

Fig. 20. — Dans l'espace libre entre l'estrade et les bancs, s'élevait l'arbre de Noël.

O l'adorable pêle-mêle à faire pâlir tous les étalages du *Bazar de la Poste !* Je n'ai pas le temps de me reconnaître parmi toutes ces merveilles. La musique éclate. Ce sont d'abord les joyeux fifres des petits musiciens de l'école, puis le *Noël* de M. Maurice Bouchor, chanté en chœur par nos meilleurs exécutants.

Le silence se fait, et nous sommes tout oreilles à *Monsieur l'Hiver,* délicieuse saynète interprétée par deux de nos camarades, un grand et un petit. En croirai-je mes yeux? Le petit, c'est mon ami Marcel Simon lui-même. Il ne m'a rien dit de la chose, le cachotier... Ils sont là tous les deux, grelottant, maudissant l'hiver et regrettant la belle saison propice aux promenades, aux jeux du dehors.

Brusquement la lumière baisse, la neige tombe sur l'arbre de Noël, et le bonhomme Hiver à la barbe blanche, enveloppé d'une longue capote brune à capuchon, paraît, appuyé sur un bâton noueux. Il a surpris la conversation des deux amis et leur reproche doucement, comme un vieux grand-père, leur ingratitude. L'hiver n'est-il pas la saison des veillées familiales, du coin de feu où il fait si bon, et des joyeuses étrennes, la saison des bonbons et des jouets?

Il dit, lève son bâton : la neige cesse de tomber, les lumières se ravivent, illuminant la salle, la musique éclate de nouveau, et la distribution des jouets commence. Nous dévorons des yeux l'arbre de Noël qui se vide peu à peu. Il me semble que mon tour ne viendra jamais. Je vois s'en aller les Polichinelles et les Pierrots habillés de satin, et les moutons, et les chevaux, et les ours en peau naturelle... J'ai le cœur un peu gros et je soupire. M'aurait-on oublié?

Tout à coup voici M. Baron qui s'avance vers moi.

— Pour mon petit ami Jean Lavenir, dit-il en me mettant dans la main une toute petite boîte nouée par une faveur rose. Mes doigts tremblent en dénouant la faveur. O ciel!... Une montre, une montre en argent, une des vingt montres offertes par M. le Préfet aux meilleurs élèves de l'école...

Que m'importe le reste, la distribution des friandises, des bonbons, des gâteaux, des oranges, dont j'eus ma part comme les autres? J'ai hâte de m'en aller, je m'échappe, je cours à travers les rues, comme couraient ce matin les petites filles auxquelles j'avais acheté des poupées avec l'argent de mon couteau. J'arrive à la maison essoufflé, haletant.

— Père... regarde... une vraie montre... une montre en argent pour moi...

— Mon enfant, me dit mon père en prenant dans sa main ma montre pour l'examiner, tu goûtes maintenant la joie que tu as procurée à d'autres ce matin, et c'est justice. Par le bonheur qu'on a à recevoir, apprends à donner, et souviens-toi qu'on n'est jamais si pauvre qu'on ne puisse procurer ce bonheur à de plus pauvres que soi.

SUJET A DÉVELOPPER

Le vrai plaisir. — Développez cette pensée de Mme de Maintenon : « Le plus grand plaisir est d'en pouvoir faire ».

PLAN. — Il est une infinité de plaisirs. La plupart sont vains et passagers ; quelques-uns seulement sont réels et durables.

Parmi ceux-ci, le plus grand est incontestablement celui qui consiste à être bon à l'égard d'autrui.

Est-il quelque chose de plus doux au cœur que de porter la joie là où il n'y a que tristesse, le bonheur là où il n'y a que peine et misère, le sourire là où on ne connait que les larmes ?

Cette suprême satisfaction est à la portée de tout le monde. Il n'est pas nécessaire d'être riche : on peut toujours venir en aide à plus malheureux que soi ; quand on n'a rien à donner, on prête ses bons services, on donne sa sympathie, son cœur.

Plus on se dépense en faveur des autres, plus on est heureux.

Le souvenir du bien que vous aurez fait ajoutera continuellement à votre propre bonheur.

XVI (16). — Jeux et joies d'enfants

« Voici venir l'hiver, tueur des pauvres gens. »

RICHEPIN.

Jamais année n'avait mieux fini, jamais année nouvelle ne s'ouvrit sous de plus heureux auspices pour moi. Aimé, apprécié de mon excellent maître M. Baron, enveloppé de chaude tendresse par mon père et par grand'mère, j'avais trouvé dans Marcel le cher confident, l'ami de toutes les heures que j'avais rêvé. Rien ne manquait à mon bonheur, pas même une belle montre en argent. Que désirer de plus ? Insouciant de l'avenir, je ne croyais qu'il pouvait être autre chose que la continuation de ce présent plein de douceur.

Et pourtant, quelques jours plus tard à peine, la tristesse allait entrer par ma faute chez tous ceux que j'aimais. Vous êtes-vous jamais demandé pourquoi le malheur suit souvent de si près le bonheur, pourquoi il semble le guetter comme sa proie? Je crois le savoir : c'est parce que presque toujours le bonheur nous rend ingrats, oublieux de ce que nous devons aux autres, imprudents comme on l'est quand tout vous réussit.

Ingrat, imprudent, oublieux des promesses faites à ceux que j'aimais le plus, je fus tout cela, et j'en fus bien puni.

Dans les premiers jours de janvier la température s'abaissa brusquement D'un ciel gris de plomb la neige tomba en flocons serrés, étouffant les bruits de la rue, mettant un blanc tapis sous les pieds des passants et des chevaux. Aujourd'hui je ne vois jamais tomber la neige sans que mon cœur se serre à la pensée de ceux qui ont froid. Je me rappelle les vers du poète :

Il neige ! Il neige ! — Oh ! qu'ils ont froid
Les petits gars dans la chaumière,
L'ouvrière en son gîte étroit,
Sans feu, sans pain et sans lumière...
Les tristes cœurs !... Aucun espoir
Ne les allège !
L'hiver est long, et chaque soir
Il neige ! Il neige !

Mais alors la neige ne disait rien de tout cela à mon cœur d'enfant. Elle le remplissait d'allégresse, loin de me faire songer aux souffrances qui lui font cortège au foyer des misérables. La neige, quelle belle occasion de jeux nouveaux, de magnifiques architectures ! Je me voyais édifiant palais et forteresses, tours crénelées et clochers pointus, pétrissant avec Marcel dans une ébauche sommaire un énorme bonhomme de neige.

Ce bonhomme, je le revois tel qu'il sortit de nos mains

le jeudi suivant, dans le jardin du Musée des Arts où nous nous étions donné rendez-vous de grand matin, Marcel et moi, pour cette entreprise importante. Qu'il était donc réjouissant avec sa figure placide, son ventre pansu, ses formes grossièrement équarries, dans l'attitude d'un ours blanc accroupi, dont il avait l'élégance et la grâce !

De fait, nous baptisons du nom de Martin ce brave homme d'ours mal léché, mais bon enfant. Le chef-d'œuvre achevé, nous discutons s'il faut ou non lui mettre dans la bouche une pipe, une vraie pipe d'un sou en terre blanche.

— Mais oui, s'écrie Marcel, ce sera bien plus amusant. Nous nous placerons à vingt pas, et nous viserons à qui fera tomber le premier la pipe à coups de boules de neige.

Comment résister à un pareil argument? La pipe est achetée, et le tournoi commence. C'est Marcel qui le premier fait tomber la pipe, et, du même coup magistral, perce de part en part la tête du bonhomme Martin. Je prends ma revanche en lui cassant net un bras, puis l'autre aux coups suivants.

Pauvre bonhomme Martin ! Au bout de dix minutes, troué de blessures, lamentable, mais toujours vaillant au poste, il ne tient plus debout que par un miracle d'équilibre. A quoi bon s'acharner contre un cadavre? Nous respirons un moment, Marcel et moi... Mais quoi? Le combat va-t-il cesser faute de combattants? Nous sommes bien trop animés pour cela. Puisant à pleines mains dans ce qui reste du bonhomme Martin, nous tournons l'un contre l'autre notre ardeur.

Ce fut un beau duel, je vous l'assure. Les balles volaient, lancées d'une main de plus en plus sûre, s'écrasant contre nos visages, constellant nos vêtements, poudrant à frimas nos cheveux ébouriffés. Le combat finit non faute de combattants, mais faute de munitions, quand il ne resta plus rien du bonhomme Martin, rien que les débris de la pipe d'un sou, dont, en homme de précaution, je mis le tuyau dans ma poche pour fabriquer, à l'occasion, des bulles de savon.

Surexcité par une si bonne partie, nous courons l'un après l'autre à travers les allées désertes du jardin. Poursuivi par Marcel, je m'échappe dans la rue, et là, que vois-je? Le long du trottoir, sur le ruisseau glacé, une dizaine de grands garçons, parmi lesquels je reconnais quelques camarades, se livrent aux douceurs d'une glissade... Connaissez-vous rien de plus enivrant que la joie de se sentir glisser sur la glace, après avoir pris vigoureusement son élan, la jambe en avant, les bras étendus pour maintenir un équilibre éminemment instable?

FIG. 21. — Du même coup, Marcel fit tomber la pipe et transperça la tête du bonhomme Martin.

Plaisir délicieux, mais dangereux. Le moindre obstacle peut vous faire trébucher à la grande joie d'une galerie sans pitié, la plus légère déviation vous envoyer buter contre le trottoir. Et quand on tombe, sait-on jamais de quel côté on tombera? Les enfants ont beau être souples comme des chats, ils ne retombent pas toujours sur les pattes, comme les chats. J'en fis, ce matin-là, l'amère expérience.

XVII (17). — Désobéissance.

« Il faut faire comme les autres. » Maxime suspecte qui signifie presque toujours : il faut mal faire. »

LA BRUYÈRE.

— Surtout pas de glissades, m'avait dit grand'mère quand je l'avais quittée pour aller rejoindre Marcel.

— Oh! non, grand'mère, rien que des boules de neige. Les boules de neige, c'est bien plus amusant.

Je croyais être sincère, je l'étais peut-être. Et pourtant quand je vis mes camarades glisser sur la glace, les cheveux au vent, j'aurais donné toutes les parties de boules de neige pour une bonne glissade. Ils étaient si joyeux, les camarades, ils y allaient de si bon cœur! Chacun à son tour prenait son élan, glissait, filait comme emporté par le vent, puis s'en allait à la queue, attendant que son tour revînt.

Placés au premier rang, encadrés, sans nous en douter, par la colonne mouvante des joueurs qui attendent leur tour le long du trottoir, nous nous trouvons soudain, Marcel et moi, au haut de la glissade.

— A ton tour, Simon, dit un camarade.

Marcel n'hésite pas, prend son élan, passe devant moi à toute vitesse et, en un clin d'œil, est au bas de la glissade.

— A toi, Lavenir.

Hélas! je n'hésite pas non plus. J'oublie grand'mère, et ses recommandations, et mes promesses. Je m'élance... Oh! la sensation délicieuse!... Glisser à travers l'air, sans un effort, sans un mouvement, presque sans toucher terre, comme un oiseau !... J'allais « débarquer » à l'autre bout de la glissade quand un grand poussé Marcel pour passer devant lui. Marcel descend du trottoir au moment où j'arrive en plein élan. Nous roulons tous deux et je vais donner de la tête sur l'angle du trottoir. Je sens une douleur aiguë, le sang inonde mon visage; mes yeux se troublent, je ne vois plus rien... Je reste étendu évanoui.

Fig. 22. — Nous roulons tous les deux, et je vais donner de la tête sur le trottoir.

Quand je revins à moi, j'étais dans mon lit. Grand'mère tenait une de mes mains pressée dans les siennes. Affaibli par une perte de sang abondante, il me semblait que mes idées se brouillaient, et j'aurais eu peine à les rassembler si ma tête enveloppée de bandages et une cuisante souffrance ne m'eussent remis en mémoire ma désobéissance et ses tristes conséquences.

— Pardon, bonne grand'mère, pardon d'avoir désobéi, murmurai-je.

— Chut ! me dit-elle, en passant avec une douceur infinie sa main sur ma tête brûlante. Pas un mot. Ne te tourmente pas, mon pauvre enfant. Quelques semaines de repos, a dit notre bon docteur, et il n'y paraîtra plus.

Je m'endormis d'un long sommeil réparateur. Quand je me réveillai, mon père était à mon chevet. Je balbutiai quelques mots pour m'excuser.

Je sais, me dit-il, que tu es bien sévèrement puni, mon petit Jean, par les inquiétudes que tu nous a causées. Tu comprendras mieux désormais pourquoi les enfants doivent obéir à leurs parents. Un enfant n'est pas respectueux de ses parents quand il leur désobéit, car l'obéissance est la première et la plus naturelle forme du respect. Et quel enfant peut dire qu'il aime ses parents s'il leur manque de respect en ne suivant pas leurs conseils? Tes souffrances actuelles t'apprendront peut-être une autre chose à peine moins importante : c'est que les enfants ont intérêt à obéir. Privés d'expérience et de raison, ils doivent, pour leur bien, se laisser guider par ceux qui ont les lumières qui leur manquent. Et quels guides plus sûrs pour eux que leurs parents qui les entourent de soins et, les aimant tendrement, ne peuvent vouloir que leur bien?

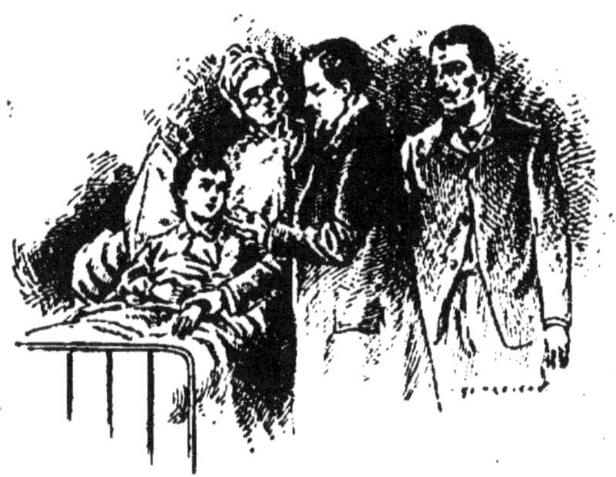

Fig. 23. — Quelques semaines de repos et il n'y paraîtra plus.

Je fus plus sensible à ces observations si justes, si mesurées de mon père que je ne l'eusse été aux plus vifs reproches. A vrai dire, pas n'était besoin de me reprocher ma faute : je me la reprochais assez à moi-même. Comment ne pas la déplorer quand j'en étais si cruellement puni? Ma blessure fut lente à se cicatriser. Qu'elles me parurent longues, interminables ces deux semaines que je passai dans mon lit, condamné à une immobilité absolue, le cœur mordu du regret des bonnes leçons de M. Baron perdues pour moi!

Et pourtant mon malheur n'alla pas sans compensations. Une de mes préoccupations les plus pénibles pendant mon long repos forcé était la pensée des dépenses dont ma maladie grevait notre étroit budget familial. Combien je me sentis le cœur allégé quand, un dimanche matin, l'excellent M. Baron vint à la maison, et, après s'être enquis affectueusement de moi, déclara à grand'mère qu'il était chargé de verser entre ses mains l'indemnité de o fr. 50 par jour de maladie, prévue par le règlement de la mutualité scolaire et à laquelle j'avais droit. Comme grand'mère hésitait à accepter cette indemnité qui allait rogner, disait-elle, la part de sociétaires qui en avaient peut-être plus besoin que nous :

Fig. 24. — **Pièce de 50 centimes.** — La pièce de cinquante centimes qui pèse 2 grammes 5, a 18mm de diamètre. Elle est à l'effigie de la *Semeuse*.

— Vous n'avez pas le droit de refuser, chère Madame, lui dit M. Baron. Dans la Mutualité scolaire il n'y a ni riches ni pauvres. Nul ne fait la charité et nul ne reçoit d'aumône. En acceptant cet argent vous ne prenez que ce qui est à vous, et vous ne devez rien à personne.

SUJET A DÉVELOPPER

L'obéissance. — On dit que l'obéissance des enfants envers leurs parents est un devoir, qu'elle prépare les hommes fermes et les bons citoyens. Qu'en pensez-vous?

PLAN. — Nos parents ont sur nous toute autorité ; ils ont la responsabilité de notre vie physique et morale ; il est nécessaire que nous soyons soumis à leurs ordres.

Ils nous aiment plus que tout au monde : ils ne peuvent donc rechercher que notre bien et leur autorité doit nous être douce.

Si notre affection pour eux est sans bornes, comment ne nous serait-il pas agréable de prévenir leurs désirs?

Leur désobéir, ce serait méconnaître leur amour ; ce serait de l'ingratitude ; ce serait aussi de l'imprudence. Nous payons toujours tôt ou tard, et souvent bien cruellement, notre désobéissance.

On obéit quand on sait écouter la voix de la raison : c'est la marque d'un caractère ferme ; on désobéit au contraire quand on ne sait pas résister à ses passions, quand on est faible.

L'obéissance est la meilleure préparation aux devoirs de la vie, où tout sera pour vous obéissance : obéissance à vos engagements, à votre parole, à votre conscience, à votre raison.

XVIII (18). — L'amitié.

« S'apitoyer sur le malheur de ses amis est bien, mais venir à leur secours est mieux. »

VOLTAIRE.

La pierre de touche des amis, dit-on, est le malheur. J'en fis l'expérience pendant ma maladie. Pas un seul jour mon fidèle Marcel ne manqua de venir me voir après

FIG. 25. — Le lendemain Marcel entra dans ma chambre en compagnie de Robert.

la classe de l'après-midi. J'étais tenu par lui au courant des menus incidents de la journée et il me semblait que je n'étais pas tout à fait absent de l'école. Je fus bien surpris quand il me dit un jour qu'un de mes camarades nommé Robert Ligeron lui avait exprimé le désir de l'accompagner auprès de moi. Ce Robert Ligeron était un assez médiocre élève, d'aspect souffreteux, que j'avais dédaigné jusqu'alors, le considérant comme aussi chétif d'esprit que de corps.

Je fus touché du désir exprimé par Robert et j'autorisai bien volontiers Marcel à l'amener à sa prochaine visite. Quelle ne fut pas ma surprise quand, le lendemain, Robert, après être entré dans ma chambre en compagnie de Marcel et avoir causé quelques instants avec moi, ouvrit un gros paquet qu'il avait apporté et en tira je ne sais combien de livres et de jouets.

Il mit le tout sur mon lit et me dit : « J'ai pensé que tu devais bien t'ennuyer tout seul et que tu avais besoin de distraction. Peut-être trouveras-tu dans tout cela quelque chose qui t'amusera. Quand tu auras assez de ces jouets, dis-le moi, je t'en apporterai d'autres. »

Je vous prie de croire que je lui dis merci de bien bon cœur, tout en me reprochant dans mon for intérieur d'avoir méconnu cet excellent camarade.

Qu'un ami véritable est une douce chose !

Oui, il est bon d'avoir des amis, mais il faut d'abord les choisir et réserver son affection à ceux qui la méritent et qu'on a éprouvés. Robert était de ceux-là. Je me promis de le payer de retour : il fut désormais des *miens*, ou plutôt des *nôtres*, puisque Marcel était de moitié dans tous mes sentiments.

XIX (19). — Visite à la mine.

> **« N'arrivons pas au terme de la vie sans avoir vécu, sans avoir ajouté quelque chose de nous à la provision de route de la génération qui nous suivra ; un peu plus de raison, un peu plus de respect de la justice et de la vérité, un peu plus de courage et de force morale, un peu plus de bonté et de pitié. »**
>
> Félix Pécaut.

Jamais les heures ne me parurent plus longues que pendant ces journées de convalescence. J'avais comme une fringale de sortir, de remuer, de dépenser l'activité qui bouillonnait en moi après la torpeur où m'avait plongé et retenu si longtemps la maladie.

Mon père s'en aperçut, et, en revenant de son travail un mardi, il me dit :

— Bonne nouvelle, ami Jean. J'ai obtenu de notre ingénieur M. Dumont, l'autorisation de vous faire visiter jeudi matin, à tes amis Marcel et Robert et à toi, la fosse où je travaille. Avertis tes amis ; trouvez-vous à la mine à cinq heures.

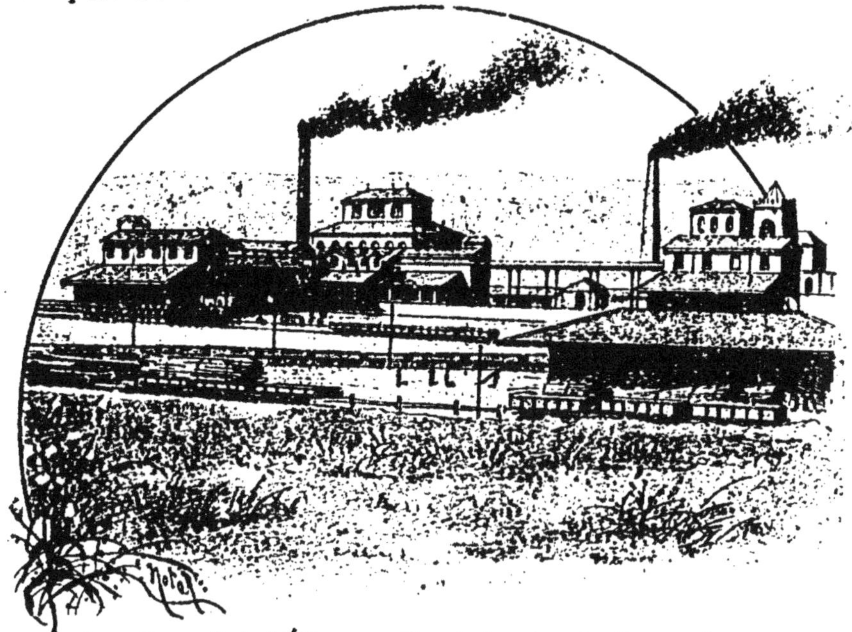

Fig. 26. — **Saint-Étienne.** Vue de la mine de Montrambert.

Je vous laisse à penser si Marcel et Robert furent exacts au rendez-vous.

Après avoir coiffé nos têtes du chapeau de cuir des mineurs, nous nous embarquons, Marcel, Robert et moi, dans la cage de fer ; un câble d'acier se déroule et nous dévalons vers les profondeurs du puits. Si rapide est la descente qu'elle me coupe la respiration. Marcel, nerveux, me prend la main comme pour se rassurer. J'ai à peine le temps de me reconnaître que nous touchons le *fond*, à 600 mètres de la surface.

Un homme d'âge mûr, de figure fine et ouverte, auquel le costume de travail, obligatoire pour quiconque descend dans la mine, n'enlève rien de sa distinction naturelle, s'approche de mon père, et lui tendant la main :

— Je vous attendais, Lavenir ; vous êtes ici chez vous, mais j'y suis encore plus chez moi. Si vous le permettez, c'est moi qui ferai à ces enfants les honneurs de la mine.

— Merci de votre bonté, Monsieur l'ingénieur, répond mon père. Je suis certain que mes petits compagnons apprécieront autant que moi-même l'honneur que vous leur faites et qu'ils retireront grand profit de leur visite faite sous la direction d'un guide tel que vous.

XX (20). — L'industrie houillère. La bonne leçon de choses.

« Voulez-vous savoir ce que vaut un homme ? Ecoutez-le. Etudiez-le dans ses rapports avec ses inférieurs. »

FÉLIX PÉCAUT.

Tandis que mon père nous quitte pour aller à son travail, nous nous enfonçons dans les profondeurs de la terre à travers une galerie maçonnée de forme ovale.

— Je suppose, nous dit M. Dumont, tout en marchant, qu'on vous a dit, à l'école, comment s'est formée la houille. Longtemps, bien longtemps avant que l'homme eût paru sur la terre, d'immenses forêts aux lianes inextricables, aux fougères gigantesques, couvraient le sol vierge, pompant ses sucs nourriciers inépuisables et les transformant en une ramure puissante. A la suite de mouvements du sol, ces forêts furent ensevelies dans les profondeurs de la terre où, par un travail de décomposition qui dura des milliers d'années elles se décomposèrent et finirent par se carboniser. L'un d'entre vous a-t-il visité le Musée des Arts?

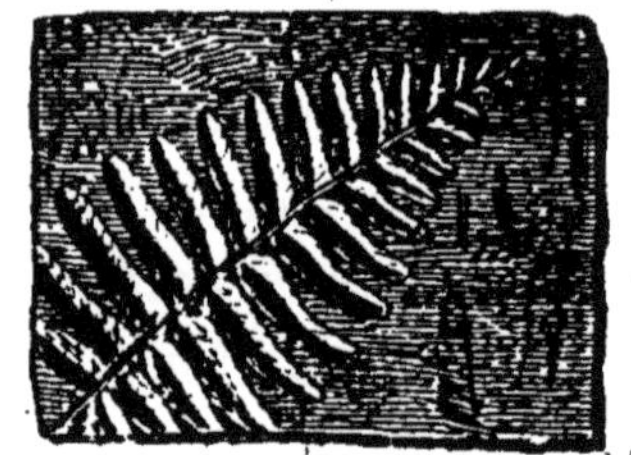

FIG. 27. — Empreinte de feuille dans la houille.

— Oui, Monsieur, répliquons-nous tous les trois en même temps.

— Eh bien, vous avez dû y remarquer, à côté de troncs carbonisés extraits de nos houillères, des blocs de charbon portant l'empreinte de feuilles, de lianes et de fougères, si bien que l'histoire de la formation de la houille peut se lire dans la houille même.

FIG. 28. — Vous le voyez, mes enfants, la mine est une véritable ville souterraine.

« Ces forêts ensevelies qui ont formé les gisements houillers se rencontrent d'un bout à l'autre de la terre, tantôt à fleur du sol, tantôt, comme ici, dans ses profondeurs.

« Notre pays produit malheureusement moins de houille qu'il n'en consomme; il est obligé d'en acheter à la Belgique, à l'Allemagne, à l'Angleterre surtout, dont la superficie houillère est égale à plus de quatre fois celle de la France. C'est là pour notre industrie une grave cause d'infériorité, car la houille est « le pain de l'industrie » : là où la houille abonde, toutes les industries qui emploient des machines — vous n'avez qu'à regarder autour de vous, ici à Saint-Etienne et dans nos environs — naissent, se groupent et se multiplient, car le combustible à bon marché permet de fabriquer à bas prix, et les nations qui n'ont pas de houille ou qui en ont trop peu sont obligées de payer tribut aux nations qui en ont en abondance, en leur achetant soit le charbon qui leur est nécessaire, soit les objets qu'elles ne peuvent fabriquer elles-mêmes à bon compte.

« La grande différence entre la vie des nations modernes et la vie des nations d'autrefois, c'est que chez les anciens, chez nos pères mêmes, il n'y avait pas d'industrie, au sens où nous entendons ce mot aujourd'hui : chacun se suffisait à lui-même, fabriquait ce qui était nécessaire à ses besoins. Le combustible à bon marché a changé tout cela : l'industrie est née, multipliant les commodités de la vie, en abaissant le prix dans des proportions inouies, supprimant les servitudes multiples du travailleur condamné naguère à fabriquer de ses mains ses outils, ses vêtements, ouvrant des débouchés nouveaux, illimités, à son travail et le rendant plus fructueux, lui donnant enfin, et par l'augmentation des salaires et par le bon marché des objets fabriqués mécaniquement, le moyen de s'entourer d'un luxe relatif, d'un confort que ne connurent jamais les ouvriers d'autrefois, et, ce qui vaut mieux encore, le moyen d'épargner.

« Le changement n'a pas été moindre pour les nations. Autrefois presque tous les hommes vivaient du travail des champs : *labour* est le même mot que *labeur*. Cela signifie que le labour était le labeur par excellence, celui qui nourrissait les hommes. Vous rappelez-vous Sully, le grand ministre de Henri IV, disant que « labourage et pâturage étaient les deux mamelles de la France » ? C'est pourquoi une nation était riche quand son sol était fertile ; pauvre, quand il était ingrat ou stérile.

« Il n'en va plus ainsi aujourd'hui : une nation est riche non seulement par son sol, mais par son sous-sol. Le pays d'Europe le plus riche en houille, l'Angleterre, est devenu le plus riche des pays européens. L'Allemagne, qui fut si longtemps la Cendrillon des nations européennes, parce que son sol était médiocre et peu productif, fait concurrence aujourd'hui, grâce à ses mines de houille, aux plus grands pays industriels, en attendant que de jeunes nations, dont les richesses minérales commencent à peine à être exploitées, la Russie, les États-Unis, entrent en lice à leur tour et supplantent les vieilles nations dont le pain noir s'épuise.»

SUJET A DÉVELOPPER

Bien-être et richesses. — Comparez la vie des nations modernes à la vie des nations d'autrefois. Montrez que la richesse des peuples, ainsi que le bien-être des individus, sont en raison même des progrès industriels et de la facilité des relations des hommes entre eux.

PLAN. — Autrefois, chacun devait satisfaire complètement à ses propres besoins. Il fallait soi-même pourvoir aux multiples nécessités de son existence.

On se donnait beaucoup de peine et on parvenait difficilement à se procurer même le nécessaire; presque partout le peuple vivait dans la misère.

Les relations des hommes entre eux, des peuples entre eux, étaient rares et peu commodes. Chacun tirait du lieu où le hasard l'avait placé ce qui pouvait convenir à son existence.

Aujourd'hui, chacun travaille pour tous et tous pour chacun. Les ressources d'un endroit sont aussitôt distribuées de tous côtés.

La science a multiplié les forces dont les hommes disposent. Le sol a été rendu plus fécond et on a extrait de la terre des richesses de toutes sortes. La vapeur, l'électricité ont supprimé les distances. Sur toute la surface du globe, les hommes sont devenus solidaires les uns des autres et contribuent mutuellement à leur bien-être.

Cette solidarité des uns envers les autres et cette communauté de labeurs et de richesses ont fait naître chez tous les sentiments d'estime mutuelle, de bienveillance et de fraternité.

XXI (21). — La vie des mineurs.

> « Le monde est un immense atelier, et le rapport de l'homme avec l'homme, à travers l'espace, est un perpétuel échange de travail. »
>
> EUGÈNE PELLETAN.

Soudain un bruit semblable au roulement d'un lourd véhicule gronde sous les voûtes de la galerie maçonnée à travers laquelle nous avançons.

— Attention, mes enfants, nous dit notre guide. Rangez-vous comme moi le long de la muraille.

Un wagonnet, chargé du précieux combustible, vient en sens inverse, poussé par trois mineurs. Il glisse rapidement devant nous sur les rails entre lesquels nous marchions un instant auparavant.

— Chaque galerie, reprend notre guide, a son chemin de fer sur lequel circulent ces wagonnets ou berlines. Les galeries de même niveau aboutissent à un carrefour où les

FIG. 29. – **La Grand'Combe : Usines à agglomérés.** — A la Grand'-Combe les usines à agglomérés fabriquent des briquettes pour la marine et les paquebots transatlantiques. La fabrication journalière est de 500 tonnes.

wagonnets sont réunis, après avoir été numérotés et admis en recette, en un train que des chevaux tirent jusqu'au puits d'extraction. La main d'œuvre est rapide : le charbon est évacué aussitôt qu'abattu, et la galerie s'enfonce sous terre, un peu plus loin chaque jour, montant ou descendant suivant l'inclinaison de la veine.

Comme nous reprenions notre chemin :

— Savez-vous, mes enfants, combien il y a en France de mines de houille, ou, plus exactement, de *concessions* exploitées ? En chiffres ronds, il y en a 300 à l'heure actuelle. Sans doute il y a des mines qui s'épuisent; mais on en découvre d'autres, et comme l'exploitation devient de plus en plus savante et perfectionnée, la production française augmente d'année en année, bien qu'elle soit insuffisante, eu égard à la consommation.

« Vous a-t-on dit, à l'école, comment étaient réparties les principales mines de houille de la France?

— Oui, Monsieur l'ingénieur, répondis-je avec empressement, heureux de faire honneur aux leçons de M. Baron. Elles sont distribuées en trois bassins principaux : celui du Nord, avec les houillères de Valenciennes et du Pas-de-Calais, qui prolongent le bassin houiller belge ; celui d'entre Saône et Loire, avec les mines du Creusot, Blanzy, Épinac, Saint-Étienne et Rive-de-Gier; celui du Midi, avec les mines d'Alais, la Grand'Combe, Bessèges, dans le Gard, puis de Carmaux et d'Aubin dans l'Aveyron.

— Fort bien, vous a-t-on dit aussi comment on découvre, souvent à des centaines de mètres sous terre, la présence du charbon?

— Oui, Monsieur, par le *sondage*.

— En quoi consiste le sondage?

Je restai muet, un peu humilié d'avoir prononcé un mot que j'étais incapable d'expliquer. Savoir, c'est savoir expliquer les choses, et non pas connaître leurs noms seulement. Bonne leçon pour mon petit amour-propre, et leçon qui ne fut pas perdue, je vous le promets.

— Eh bien, je vais vous expliquer ce qu'est un sondage. Une machine à vapeur installée à la surface actionne une tige métallique ayant à sa base un trépan cylindrique creux armé de dents qui découpent, dans les couches du sol perforé, un échantillon de terrain ou *carotte*, qui permet aux ingénieurs de se rendre compte des couches traversées, de leur épaisseur et de leur direction.

« Ces sondages sont lents et coûteux. Jugez-en : on en cite dans le Pas-de-Calais qui ont duré vingt ans ; celui de

Mouille-Longe, dans le voisinage du Creusot, a atteint 920 mètres de profondeur.

— Enfin le sondage a révélé la présence de la houille. Mais il s'agit d'arriver jusqu'à la houille. Comment s'y prend-on pour l'atteindre?

— On n'a plus qu'à foncer un puits, s'écria Marcel.

— En effet, reprit l'ingénieur, *on n'a plus* qu'à foncer un puits. Mais vous n'avez pas l'air de vous douter, mon jeune ami, que c'est une opération très longue et très difficile. Ou bien le massif à percer est dur, et le fonçage est lent et pénible, ou il est fait de roches tendres et meubles, et alors il faut le maçonner au fur et à mesure du fonçage du puits. Nous avons ici, à Saint-Étienne, des puits qu'il a fallu pousser jusqu'à 1000 mètres de profondeur et qui ont coûté plusieurs millions. Il y a des puits qui reviennent à 2000 francs le mètre et même davantage.

Fig. 30. — **Perforatrice.** Pour percer des galeries de mines on se sert de machines appelées *perforatrices*. Il en existe un grand nombre de modèles. Le plus récent, celui que représente la gravure, est une perforatrice à diamant mue par l'électricité.

« Les puits construits, il s'agit d'établir les galeries qui suivent la veine de houille et permettent de l'exploiter. Le plus souvent elles ont comme dimensions 2 mètres sur 2 mètres. Parfois elles se prolongent jusqu'à 5, et même jusqu'à 6 kilomètres du puits, c'est-à-dire qu'un homme, marchant d'un bon pas, met une heure pour aller d'un bout à l'autre d'une semblable galerie. Levez les yeux sur la voûte de la galerie où nous nous trouvons : maçonnée comme elle est, elle revient à près de 500 francs le mètre. Inutile de vous dire qu'on ne maçonne que les galeries les plus importantes, celles qui doivent durer une dizaine d'années au moins, les autres étant simplement charpentées de poutres brutes, de sapin ou de hêtre. Remarquez la forme ovale de la galerie où nous sommes : c'est la forme qui offre le plus de résistance à la pression des couches du dessus et des côtés. »

XXII (22). — La ville souterraine.

« La devise de l'humanité est : « Plus loin » C'est l'instinct qui la pousse en avant. »

BERSOT.

Nous étions arrivés à un vaste carrefour qui formait comme une salle aux voûtes élevées. Plusieurs galeries en rayonnaient dans des directions divergentes ; çà et là des portes étaient percées dans le mur. L'une, à deux battants. était ouverte. Je m'approchai : une écurie s'offrit à mes yeux. La litière était épaisse. Une vingtaine de chevaux mangeaient aux râteliers.

— Ne craignez pas d'être indiscrets, entrez sans frapper, nous dit en riant notre guide. C'est l'heure du premier déjeuner de ces utiles auxiliaires de la mine. Ils ne s'interrompront pas pour nous faire honneur, et notre présence ne gênera nullement leur robuste appétit. Savez-vous qu'il y a quelques-uns de ces chevaux qui sont ici depuis six ans, huit ans et plus, qu'ils y achèveront tous leur existence sans revoir la lumière du jour?

Mon cœur se serra un peu, je l'avoue, à la vue de ces pauvres animaux, véritables galériens de la mine, murés vivants dans les profondeurs de la terre, condamnés à y vivre et à y mourir, et avec cela si doux, si dociles, si vaillants au travail.

— Vous le voyez, mes enfants, reprit notre guide, la mine est une ville véritable, une ville souterraine. D'une ville elle a les habitants, les uns à demeure, comme ces braves bêtes, les autres, les mineurs, qui vont et viennent, comme les ouvriers qui résident dans la banlieue et que leur travail appelle chaque jour à la ville; elle a ses quartiers divers, ses beaux quartiers, comme celui où nous sommes, ses larges avenues auxquelles des rues étroites, tortueuses, servent d'affluents; comme la ville qu'illumine et met en joie la divine clarté du jour, elle a ses voies ferrées, j'allais dire ses tramways, ses sources d'eau vives, ses rivières, mais des rivières redoutables, et non bienfaisantes, car l'eau et le feu sont ici nos deux ennemis, et si l'eau est moins dangereuse pour le mineur, elle met en péril la mine elle-même qu'elle envahit et qu'elle noie. C'est l'ennemi sournois qui guette, contre lequel il est impossible de se prémunir dans la lutte de tous les instants qu'il faut soutenir avec lui.

Fig. 31. — Le transport du charbon que l'on vient d'extraire dans les puits de mine est fait dans des wagonnets poussés par des enfants. Quand les galeries sont assez larges, on emploie des chevaux qui traînent plusieurs wagonnets à la fois.

Ces paroles avaient fait battre mon cœur en évoquant dans mon esprit les périls auxquels mon père, qui n'y faisait jamais allusion devant nous, était chaque jour exposé.

— C'est pourtant, Monsieur l'ingénieur, ne pus-je m'empêcher de dire, le feu qui cause les plus terribles catastrophes dans les houillères...

— Celles qui frappent le plus l'imagination, oui, mon enfant, mais ce ne sont pas toujours celles qui font le plus de victimes.

— Mais comment le feu peut-il éclater dans la mine, puisqu'il n'y a nulle part ici le moindre foyer?

— Il y a d'abord les coups de mine. Pour frayer la voie au mineur, il faut parfois faire sauter des blocs énormes. On creuse un trou, on y met une cartouche de dynamite, à laquelle est attachée une longue mèche. On met le feu à la mèche, et la cartouche éclate... ou n'éclate pas. Là précisément est le danger pour le mineur. Que la mèche brûle trop lentement, il croit qu'elle s'est éteinte. Il se rapproche pour la rallumer, et il est broyé souvent par l'explosion tardive qui pulvérise en même temps l'homme et le roc.

« L'explosion, même quand elle se produit à son heure, provoque parfois l'inflammation de la houille. Mais l'inflammation peut être spontanée, produite par la fermentation des débris grenus de houille. Alors retentit ce cri terrible : le feu est à la mine! Mais nul ne s'enfuit; pas d'affolement, pas de sauve-qui-peut honteux chez les mineurs habitués à braver la mort tous les jours. Au contraire, ils accourent de toutes parts, et, tout nus au milieu des gaz asphyxiants et brûlants, ils travaillent avec une énergie décuplée, à élever le mur d'argile, barrage protecteur qui empêche l'incendie de se propager et l'étouffera dans son foyer. Si leurs efforts sont vains, si le barrage est rompu, si l'incendie gagne, c'en est fait de la mine : il n'y a plus qu'à l'abandonner. Elle brûlera pendant des siècles, comme brûlent depuis des siècles les mines de Decazeville, dans l'Aveyron, et de Commentry, dans l'Allier. »

XXIII (23). — Le grisou.

« Malheur à l'imprudent, malheur au téméraire
Qui descend sans avoir la lampe salutaire
Qu'un ami des humains fit pour le noir mineur,
Car le mauvais esprit qui dans l'ombre le guette,
La bleuâtre vapeur, sur lui soudain se jette
Et l'étend sur le sol sans force et sans chaleur. »

AUGUSTE BARBIER.

Nous nous étions arrêtés, Marcel, Robert et moi, comme hantés par la terrible vision qu'évoquaient à nos yeux d'enfants les paroles de M. l'ingénieur.

— Pauvre père, pensai-je en tremblant, c'est au prix de tels dangers qu'il assure notre existence et notre bien-être.

Une question frémissait sur mes lèvres. Je ne sais pourquoi j'avais peur de la formuler, comme si cela pouvait porter malheur de parler des choses dont la terreur nous obsède. Et cependant cela fut plus fort que moi : je parlai.

— Et le grisou, Monsieur, le feu grisou ? m'écriai-je avec un tremblement dans la voix.

A ce mot, le visage de M. l'ingénieur s'assombrit comme s'il revivait par la pensée quelque scène terrible. Il nous regarda silencieusement, puis lentement, avec une sorte de gravité dans la voix, reprit :

— Ah ! le feu grisou, mes enfants, celui-là ne pardonne pas. C'est la mort soudaine, inexorable, surprenant lâchement en pleine vie le mineur sans méfiance. Le feu grisou est produit par l'inflammation subite d'un gaz qui s'accumule dans des excavations formant comme des poches à l'intérieur des mines. Ce gaz terrible s'appelle de son vrai nom l'hydrogène protocarboné. Mélangé avec l'oxygène, il fait explosion à la moindre étincelle dégagée du pic du mineur, brisant et brûlant les boisages, déchiquetant les travailleurs, asphyxiant, empoisonnant ceux qui survivent un moment à leurs affreuses brûlures.

J'étais tellement ému que je saisis, tout tremblant, le bras de M. l'ingénieur. Il me regarda, surpris.

— Eh quoi ! mon petit, me dit-il en me tutoyant, aurais-tu peur, toi, fils de mineur ?

— Ce n'est pas pour moi que j'ai peur, murmurai-je d'une voix à peine distincte.

— A la bonne heure. Tu n'as pas lieu d'ailleurs de t'inquiéter, car de tels accidents sont rares. Les mineurs sont aussi prudents que braves, et nous, les ingénieurs, qui

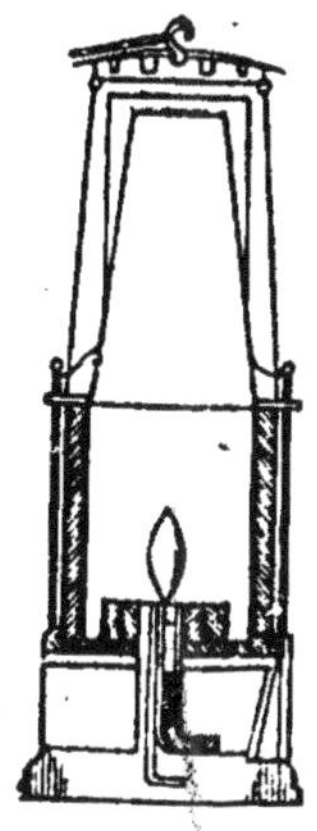

Fig. 32. Coupe de la lampe Marsault.

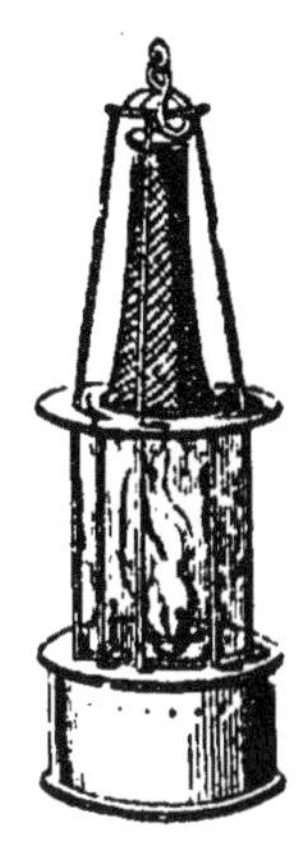

Fig. 33. Lampe Davy.

Fig. 34. Lampe à feu nu.

Pour s'éclairer dans les galeries, les mineurs ont une lampe de sûreté qui doit être à l'abri du terrible gaz appelé grisou. La première lampe inventée fut celle de Davy. La dernière est la lampe de Marsault.

sommes leurs chefs et responsables de leur sécurité, nous sommes circonspects pour eux. Tenez, mes enfants, ajouta-t-il en détachant la lampe suspendue à son chapeau de cuir bouilli, avez-vous remarqué le treillis métallique dont cette lampe est entourée ? Il forme comme une gaîne isolatrice qui empêche le terrible grisou d'entrer en contact avec la flamme. C'est la lampe Marsault, perfectionnement de la lampe inventée par le chimiste anglais Davy qui a mérité, par cette invention, de prendre place parmi les bienfaiteurs de l'humanité. Avec cette lampe, plus de danger d'explosion, la sécurité du mineur est parfaite.

« D'ailleurs le grisou n'est pas partout dans la mine. Il y a des galeries *grisouteuses*, mais nous les connaissons, et là nous redoublons de précautions. Nous y employons nos meilleurs ouvriers, ceux qui ont fait leurs preuves, et c'est un honneur pour eux que d'y travailler. Tenez, voulez-vous visiter une de ces *tailles* grisouteuses? En route par ici! »

Nous nous engageâmes dans une galerie de roulage formant comme un plan incliné. Des wagonnets chargés glissaient d'eux-mêmes sur les rails, remontant par leur poids en sens inverse des wagonnets vides auxquels ils étaient rattachés par un câble.

— Ici, pas besoin de chevaux, le transport se fait tout seul, grâce à cette disposition ingénieuse, nous fit remarquer notre guide. Attention! Baissez la tête, nous approchons.

Fig. 35. — Les piqueurs à moitié nus, frappent la houille, la brisent et la détachent en blocs inégaux.

Le toit de la galerie s'abaissait, l'air devenait plus chaud et se chargeait de poussière de charbon. Nous voici dans la *cheminée*, par où se déverse dans la galerie de roulage le charbon abattu dans la taille. Quelques pas encore, et nous sommes au *chantier d'abattage*. L'humidité suinte, nos pieds s'enfoncent dans une boue noire et gluante, tandis qu'un monde de travailleurs s'agite autour de nous. *Hercheurs*, *chargeurs*, *rouleurs*, ramassant la houille avec leurs pelles et leurs râteaux, la chargent à grand bruit sur les berlines. A quelques pas en avant, voici les *piqueurs*, à moitié nus, les uns étendus à plat ventre, les autres accroupis : de leurs pics, à coups réguliers, sans se presser, sans ralentir jamais, ils frappent la houille, la brisent et la détachent en blocs inégaux.

— Êtes-vous là, Lavenir ?

C'est la voix de M. l'ingénieur qui appelle ainsi. Un piqueur agenouillé se redresse. Et mon père, le visage tout noirci, méconnaissable, le torse nu, inondé de sueur, s'avance au devant de nous. Je m'élance vers lui, je l'entoure de mes bras. Pourquoi mon cœur bat-il si fort quand je l'embrasse ? Il me semble que je ne l'ai jamais tant aimé... C'est que je n'ai jamais su jusqu'à maintenant de quelles peines, de quel labeur héroïque étaient faites ces heures de sa vie de mineur sur lesquelles il se taisait ; c'est que je n'ai jamais senti comme maintenant ce que je dois à ce père admirable...

SUJET A DÉVELOPPER

Amour filial. — Dites pourquoi nous devons éprouver pour nos parents des sentiments d'amour et de reconnaissance.

PLAN. — L'affection appelle l'affection. Personne ne nous aime autant que nos parents ; aussi devons-nous avoir pour eux un attachement sans bornes.

L'affection de nos parents pour nous est faite du plus pur dévouement ; ils veillent sur nous avec un soin extrême ; leur seule préoccupation est notre bonheur. Il n'est pas de sacrifice qu'ils ne soient prêts à faire dans notre intérêt et pour notre avenir.

Afin de nous procurer une existence heureuse, ils s'imposent toutes les peines ; leur vie est toute de labeur. Nous ne nous doutons pas combien nos moindres plaisirs, l'aisance dont nous jouissons leur ont coûté d'efforts, de fatigues, et peut-être de privations.

Notre dette envers eux est immense ; saurons-nous jamais nous en acquitter complètement ?

Donnons-leur au moins la satisfaction de voir quelques-uns de leurs rêves réalisés : ils nous désirent bien élevés, affectueux ; soyons, en plus, reconnaissants et montrons-leur dès maintenant notre reconnaissance.

Donnons leur, à eux aussi, le plus de bonheur possible.

XXIV (24). — En colonie scolaire.

« Endurcissez votre enfant à la sueur et au froid, au vent, au soleil et aux hasards qu'il lui faut mépriser; ...que ce ne soit pas un beau garçon et dameret, mais un garçon vert et vigoureux. »

MONTAIGNE.

Les jours, les semaines, les mois passèrent... Ils passèrent bien vite, car les journées paraissent courtes quand elles sont bien remplies. Quoi qu'on fasse, homme ou enfant, s'appliquer à sa besogne, tout est là : quand on s'y applique, on finit toujours par la prendre en goût, et quand on l'aime, où trouver le temps de s'ennuyer?

J'aimais si bien la mienne, et mon excellent maître M. Baron, et ma chère école, que — vous me croirez si vous voulez — je voyais approcher avec regret les grandes vacances. Un soir des derniers jours de juillet, comme nous allions nous mettre à table pour dîner :

— Je me sens un peu fatiguée, dit grand'mère à mon père. Je vais aller me coucher. Jean me remplacera auprès de toi.

Comme elle nous quittait en souriant, je vis que le front de mon père s'assombrissait et je remarquai qu'il la suivait d'un regard douloureux.

— Pauvre vieille mère! Comme elle se voûte!... Elle a vieilli de dix ans en quelques mois...

Il parut s'absorber dans ses pensées. Puis tout à coup :

— Que dirais-tu, Jean, si je t'envoyais passer une partie de tes vacances à la campagne? La vie en plein air fortifierait ta santé, mettrait de belles couleurs sur tes joues pâlottes, et grand'mère, n'ayant plus à s'inquiéter de toi, pourrait prendre un repos qui lui est, je le crains, bien nécessaire.

— A la campagne, père? Comment cela et où donc?

— J'ai lu dans les journaux qu'il existe à Saint-Étienne

une œuvre fondée il y a quelques années par un homme de bien, l'*Œuvre des enfants à la montagne*. Chaque année, quand sonne l'heure des vacances, l'*Œuvre des enfants à la montagne*, entretenue par les dons et souscriptions de gens de cœur, envoie et répartit dans des familles de cultivateurs, choisies parmi ceux qui habitent les villages et la montagne, un millier d'enfants de la ville recrutés principalement parmi les enfants délicats ou maladifs dont les poumons ont grand besoin de l'air pur des champs après huit ou dix mois de séjour à l'école. Les listes d'inscription ne seront closes qu'après-demain, et si je vais trouver M. Comte, le fondateur de l'œuvre, j'ai bon espoir qu'avec la recommandation de M. Baron, il voudra bien t'accepter.

FIG. 36. — Une des maisons de l'*Œuvre des enfants à la montagne*. Elles sont situées à une très grande hauteur, au milieu de l'air pur.

J'hésitai à répondre. J'ai toujours eu l'imagination vive : voyager, vivre d'une vie nouvelle, remplir mes yeux de choses que je ne connaissais pas, tout cela était pour me tenter, et non pour m'effrayer. Mais quitter mon père, quitter ma grand'mère, surtout quand elle était souffrante, m'éloigner des êtres si chers sans lesquels il me semblait que je ne pouvais vivre, tant leur existence se confondait avec la mienne, c'était un sacrifice contre lequel mon cœur protestait. Je me résignai cependant dans l'intérêt de grand'mère : mon père n'avait-il pas dit qu'il y allait de son repos, de sa santé?

XXV (25). — Les enfants à la montagne.

« Il faut entretenir la vigueur du corps pour conserver celle de l'esprit. »
VAUVENARGUES.

Le lendemain j'étais inscrit sur la liste des pupilles de l'*Œuvre des enfants à la montagne*, moyennant le versement préalable d'une somme de quinze francs, représentant le prix intégral d'un séjour d'un mois à la montagne. Le 28 juillet, de grand matin, quand l'heure du départ eut sonné, le cœur bien gros, j'embrassai tendrement grand'mère, qui s'efforçait de sourire pour me consoler.

FIG. 37. — Ma grand'mère m'embrassa une dernière fois.

— Tiens, me dit-elle en me remettant un sac bien cousu, ton petit trousseau est là-dedans : il y a là deux paires de chaussettes, deux chemises, trois mouchoirs, une blouse et un tablier, un tricot de laine, une paire de galoches neuves et une paire de souliers de rechange. Mes vieux yeux et mes vieux doigts ont bien travaillé hier pour mettre tout cela en état. Tu penseras à grand'mère, n'est-ce pas, mon petit Jean, quand, arrivé là-bas, tu mettras en ordre ton trousseau ?

Elle ne disait pas, la bonne grand'mère, que tout au fond du sac elle avait caché deux pots de confitures et une grosse galette de sa façon dont elle savait son petit Jean très friand. J'entourai son cou de mes bras une dernière fois, et, sans me retourner, de peur de ne pouvoir plus longtemps refouler mes larmes, je me mis en route, en compagnie de mon père, pour la gare où l'*Œuvre* avait donné rendez-vous à ses pupilles.

La gare de Saint-Étienne offrait, par ce chaud matin de juillet, un spectacle peu banal. Un millier d'enfants, dont la plupart étaient escortés de parents ou d'amis, s'y trouvaient réunis. M. Comte, le fondateur de l'œuvre, était là, affairé, veillant à tout, donnant ses ordres à ses lieutenants comme un général en chef sur le champ de bataille : « Par ici, mon enfant, inutile de prolonger les adieux... »

J'embrasse mon père et je vais me ranger autour du drapeau qui a la couleur de la cocarde qu'on m'a donnée la veille. Les autres enfants en font autant, et, les groupes formés, les « conducteurs », c'est-à-dire les lieutenants de M. Comte, les guident jusqu'au quai de la gare et les font monter dans les compartiments qui leur sont réservés.

Un coup de sifflet retentit, le train part. Nous nous regardons d'abord silencieux, mes compagnons et moi. Mais nous avons vite fait de lier connaissance.

— A quelle école appartiens-tu? où vas-tu?

Questions et réponses se croisent. J'ai à peine le temps de mettre le nez à la portière, qu'un de mes camarades me tire par ma blouse. Il est debout et bat la mesure comme un chef d'orchestre. « *Le Chant des Montagnards*... un, deux, trois!... » Et nous voilà entonnant en chœur, à tue-tête, le chant populaire de nos régions. Seulement, en braves et loyaux enfants de Saint-Étienne, nous remplaçons le refrain : « *Les Montagnards sont là*... » par cette variante patriotique : « *Les Stéphanois sont là*... » Ils sont là, en effet, et ils le prouvent en s'en donnant à cœur joie de rire et de chanter.

SUJET A DÉVELOPPER

Courage et décision. — Montrez comment parfois on est dans la nécessité de ne pas conformer sa conduite à ses intérêts immédiats ou à ses affections; qu'il est des circonstances où il convient de savoir endurer une souffrance pour préparer, soit à soi-même, soit à ceux qu'on aime, un avenir meilleur.

PLAN. — Nous avons pour devoir de préparer pour nous et pour les nôtres un lendemain toujours meilleur. Le présent n'est qu'un jour, qu'une heure. L'avenir, c'est, surtout quand on est jeune, la grande affaire de la vie puisqu'il en est la plus grande partie.

Entre le présent et l'avenir, nous ne devons pas hésiter : nous éviterons toute peine inutile, mais nous accepterons vaillamment tout sacrifice nécessaire.

De même que, pour sauvegarder notre santé, nous saurons nous soumettre au plus énergique traitement, nous ne craindrons pas, si l'intérêt de notre avenir l'exige, si le bonheur de ceux que nous aimons est à ce prix, à troubler momentanément la tranquillité de notre vie.

Nous ne nous déciderons qu'après avoir mûrement réfléchi; mais une fois notre parti pris, nous nous y maintiendrons fermement. Nous refoulerons nos larmes, nous cacherons notre chagrin, et nous ne penserons qu'au devoir que notre conscience nous impose.

Combien, plus tard, si le succès récompense nos efforts, notre bonheur chèrement acheté nous sera doux ! Si, au contraire, le hasard nous dessert, si nous nous sommes trompés dans nos prévisions, il nous restera toujours la satisfaction de pouvoir nous dire : Advienne que pourra, tu as fait ce que tu devais.

XXVI (26). — Amour de la nature.

« Enfants, aimez les bois, les vallons, les fontaines. »

VICTOR HUGO.

Avec quelle émotion j'ai retrouvé ces jours derniers dans les papiers de mon père, seul héritage qu'il m'ait légué, avec l'exemple de sa vie, la lettre suivante, ma première lettre d'enfant, toute fanée et jaunie par les années, d'une écriture mal formée et maladroitement appliquée... Je la transcris telle quelle, ne corrigeant que les fautes d'orthographe. Si je ne l'avouais pas, vous vous en douteriez un peu, n'est-ce pas?

Estivareilles, 3 août.

Chère grand'mère,

Comme je te l'ai promis, je viens te donner de mes nouvelles. Notre voyage s'est très bien passé. Pendant toute la première partie nous avons chanté le *Chant des Montagnards*, les amis et moi. Nous étions fatigués de chanter quand nous sommes arrivés à Bonson, où nous avons pris le train pour Saint-Bonnet. De Bonson à Saint-Bonnet le chemin de fer monte, monte tout le temps. La locomotive soufflait comme un gros monsieur qu'on forcerait de courir et qui n'en pourrait plus. Mais plus l'on montait, plus la vue était belle : notre conducteur nous a montré la Loire qui, tout en bas, se faisait de plus en plus petite à mesure que l'on s'élevait, et, dans le lointain, les monts du Lyonnais.

Le paysage lui-même changeait sans cesse. En bas, les vignes, puis le froment; plus haut, les seigles et les prairies; plus haut encore, au-dessus de nous, des forêts de sapins toutes noires. Les gares sont pleines de ces sapins descendus de la montagne et dont on fait, nous a dit notre conducteur, des poteaux et des boisages pour les mines de Saint-Etienne.

Fig. 38. — **La carte de l'état-major.** — Pour apprendre à lire la carte de l'état-major, il faut emporter une feuille de cette carte quand on fait une promenade et tâcher de se diriger d'après les indications qu'on y trouve.

A force de souffler, la locomotive arrive enfin tout près de Saint-Bonnet « Nous y voilà », pensons-nous. Pas du tout. La voie tourne et zigzague, semblant se rapprocher et s'éloigner tour à tour, jusqu'à ce qu'enfin, après une dernière boucle, nous entrions dans la gare. Cette fois nous y sommes.

Avant de nous faire monter en voiture, notre conducteur nous a fait visiter la ville qui est bien curieuse. Il y a des rues en pente raide, avec des cailloux pointus en guise de pavé, et si étroites qu'il y fait toujours frais, des rues qui montent, des rues qui tournent, et partout de

Fig. 39. — **Locomotive à grande vitesse.** Ces machines sont employées à la traction des trains de voyageurs *express* et *rapides*, dont la vitesse varie de 70 à 90 kilomètres à l'heure.

vieilles maisons, bien plus vieilles que les nôtres, à Saint-Étienne, des maisons noires avec des portes travaillées et sculptées. Il paraît que c'est la ville des serruriers. A chaque fenêtre il y a un établi, où grince la lime, et devant chaque établi, un ouvrier qui fait des clefs et des serrures. La femme de l'ouvrier est dentellière ; assise devant la porte, elle fait voltiger les fuseaux sur son carreau à dentelle, et tout ce monde travaille en chantant, heureux de vivre et de travailler sous la lumière du soleil.

Ah ! les paysans, je les connais maintenant, et je t'assure qu'il fait bon vivre parmi eux. Si vous me voyiez quand je pars en sabots à l'aube, l'estomac lesté d'une bonne écuellée de soupe, pour mener paître les quatre vaches de M. Rouergues, vous diriez sûrement, papa et toi, que votre petit Jean est un vrai paysan.

Pas moyen de ne pas être un paysan, quand on habite la vraie campagne comme ici. La ferme de M. et Mme Rouergues est à deux cents mètres d'un des hameaux d'Estivareilles. Elle n'est pas d'un seul morceau, comme on dit ici. Elle comprend plusieurs champs, deux grandes prairies sur le plateau et une colline rocheuse où il n'y avait

Fig. 40. — **Dentellières.** — Le métier à dentelle se nomme *carreau*; il est formé d'une carcasse en bois recouverte de feutre sur lequel un morceau de drap est tendu. Le dessin de la dentelle est décalqué sur une bande de parchemin ou de papier de couleur. Le nombre des fuseaux varie suivant la largeur de la dentelle. Voici comment s'y prend l'ouvrière : elle plante une rangée d'épingles en tête de son calque, enroule autour de chaque épingle deux ou trois tours de chaque fil, fait un nœud et entremêle les fils pour former le tissu et ainsi de suite pour toutes les épingles.

rien autrefois que des pierres couvertes de mousse, des fougères et des bruyères. Il y a encore des genêts d'or, de grandes taches de bruyères violettes, mais M. Rouergues a planté des hêtres, des pins et des sapins qui montent chaque année un peu plus haut sur le flanc de la colline et finiront par l'escalader en recouvrant le roc nu d'un manteau de verdure où chanteront les oiseaux et les sources.

XXVII (27). — Suite de la lettre : Dans la prairie.

« Le plaisir le plus délicat est de faire celui d'autrui. »

LA BRUYÈRE.

Ce que je fais à la prairie toute la journée ? Je t'assure, bonne grand'mère, que je n'ai pas le temps de m'ennuyer. D'abord je prends bien au sérieux mon métier de vacher, un joli métier, va ! Je mène tous les jours mes quatre vaches en une partie différente de la prairie, pour qu'elles aient de l'herbe plus fraîche et plus drue. Veux-tu savoir leurs noms ? Elles s'appellent *la Bise, la Blanche, la Grêlée* (celle-ci parce qu'elle est toute tachetée de poils roux) et la dernière, qui est d'une espèce plus petite et plus fine, *Cousine. Cousine*, n'est-ce pas que c'est un joli nom ? C'est Mme Rouergues qui l'a baptisée ainsi parce que c'est elle qui fournit le lait que boit la petite Marie, la fille de M. et Mme Rouergues, et qu'elle est, par là, un peu de la famille, comme dit Mme Rouergues. Les bonnes bêtes ! Elles me connaissent déjà : quand je les appelle ou quand je vais les traire, — car j'ai appris à traire — elles meuglent en tournant la tête vers moi et en me regardant de leurs grands yeux doux et tranquilles. Si l'une d'elles s'écarte, — sans y songer, bien sûr — je fais un signe à mon fidèle compagnon, Phanor, le chien de M. Rouergues, un chien intelligent comme pas un, et Phanor a vite fait de remettre la vagabonde à sa place.

Il n'y a que moi qui aie le droit de vagabonder. Je vais à un chemin creux qui est au bas de la prairie. Il y a là un fossé plein d'herbes fines qui forment comme une chevelure verte. J'y ai pris hier, sous une pierre, une grosse écrevisse qu'on a fait cuire le soir pour la petite Marie. Il y a là aussi des saules et d'autres arbres auxquels je grimpe pour y couper des gaules. J'ai commencé hier à tailler et à façonner une canne superbe qui sera pour toi, mon cher père. Puis je fais des sifflets; j'en ai déjà toute une provision, et il y en aura pour tous mes amis de Saint-Étienne. Enfin et surtout j'ai les visites de la petite Marie. Elle a cinq ans, mais elle est fine et futée, et raisonneuse comme une petite femme. Elle était venue me chercher dans le char à bancs, avec son père et sa mère, à la gare de Saint-Bonnet, et tout de suite nous avons été bons amis. M. Rouergues lui avait mis en mains les rênes : tu aurais ri, si tu avais vu comme elle conduisait *la Grise*, la vieille jument de M. Rouergues, en faisant claquer son grand fouet et en criant de sa petite voix : « Hip, la Grise ! allons, hip, hip ! »

Fig. 41. — Les **écrevisses** sont des crustacés qui vivent dans l'eau douce et courante, cachés sous les pierres et dans les trous des berges. Elles se nourrissent de petits poissons, de larves et de petits mollusques. Leur chair est très estimée.

C'est la petite Marie qui m'apporte mon déjeuner, et elle reste un bon moment avec moi. Elle me tient compagnie et jase tout le temps comme un oiseau. Hier elle avait promis de rester avec moi tout l'après-midi. Je lui avais cueilli des bluets : elle a voulu que je lui en fisse une couronne qu'elle a mise sur ses cheveux blonds dénoués. Puis elle m'a demandé d'aller à la pêche aux écrevisses. Assise au revers du fossé, avec sa couronne de bluets sur la tête et ses petits pieds roses agitant l'eau qui m'éclaboussait, elle semblait une petite fée. Peine perdue : j'ai eu beau soulever toutes les pierres, les écrevisses se méfiaient.

Pour consoler petite Marie, je l'ai régalée d'airelles et de framboises sauvages. Elle en avait la figure toute barbouillée. Puis nous avons couru, tant et si bien qu'à la fin elle était toute lasse. Alors elle s'est assise auprès de moi, puis, après avoir frotté ses yeux de ses petites mains, elle s'est étendue sur l'herbe, et subitement silencieuse, doucement s'est endormie, sa couronne de bluets entre ses doigts détendus. Phanor et moi nous n'avons plus bougé de peur de réveiller la petite fée, et moi, en la regardant dormir, j'ai pensé que je voudrais bien avoir petite Marie pour petite sœur, que je voudrais qu'elle fût ma petite sœur pour toujours.

La fraîcheur du soir qui tombait l'a réveillée. Elle a ouvert de grands yeux, et tout ébouriffée, a souri en me regardant. J'ai couru à Cousine et lui ai rapporté une écuellée de lait chaud. Puis nous nous sommes mis en route pour le retour,

FIG. 42. — Assise au revers du fossé, avec sa couronne de bluets sur la tête et ses petits pieds roses agitant l'eau, elle semblait une petite fée.

elle s'amusant aux fleurs du chemin, allant et venant avec Phanor qui ne la quittait pas, moi ne la perdant pas de vue. Ensuite elle est revenue près de moi bien sagement, a pris ma main pour se faire tirer un peu, et s'est mise à chanter en patois une jolie chanson intitulée le *Printchiom*, c'est-à-dire le printemps. Elle a paru très étonnée quand je lui ai dit que je ne comprenais rien à son patois. Alors elle me l'a chantée en français :

Ah ! que la nature a de la chance
D'avoir tous les ans son printemps !..

Et sa voix était pure et fraîche comme l'eau qui descend de la montagne en suivant les lacets du chemin.

A mi-côte Mme Rouergues, venue à notre rencontre, nous attendait. Elle a pris petite Marie dans ses bras, et moi j'ai conduit mes vaches à l'étable où j'ai remué et rafraîchi la litière avant d'aller manger mon grand bol de soupe aux choux.

Ah ! la bonne journée ! Comme on est heureux ici et que vous y seriez bien, papa et toi ! Quel malheur qu'il n'y ait pas une *Œuvre des parents à la montagne !* Rien ne manquerait à votre petit Jean qui se languit de vous. Aujourd'hui c'est dimanche. On ne va pas aux champs et je suis resté à la maison pour vous écrire et pour être un peu avec vous. Écrivez-moi l'un ou l'autre, tous les deux, si possible.

Votre petit Jean qui vous embrasse et qui vous aime bien.

XXVIII (28). — Tristesses et deuils.

« Ceux qui n'ont pas souffert sont légers. »
AMIEL.

Combien peu je prévoyais, quand j'envoyai la lettre qui précède, que ma bonne et bien aimée grand'mère n'y répondrait jamais ! Quelques jours plus tard une lettre de mon père m'annonça qu'elle avait dû s'aliter à la suite d'un refroidissement sérieux. Puis quelques mots laconiques m'apprirent qu'elle était dans un état de faiblesse inquiétant. Enfin m'arriva la terrible nouvelle : grand'mère était morte.

« Elle s'est éteinte sans souffrance, m'écrivit mon père; ce n'est pas tant la maladie qui l'a tuée, c'est la force de vivre qui était usée en elle, après s'être dépensée, comme elle l'avait fait pendant toute son existence, pour les autres. J'avais sa main dans les miennes quand elle s'est endormie pour toujours en murmurant ton nom, mon petit Jean, le dernier nom que ses lèvres aient prononcé.

« Je sais quelle immense douleur va déchirer ton brave petit cœur, mon Jean. C'est une mère que tu perds pour la seconde fois, la mère qui avait remplacé l'autre que tu n'as pas connue. Celle-là hélas ! aucune autre ne la remplacera... Pleure-la, mon enfant, mais que la mémoire de

FIG. 43. — J'avais sa main dans la mienne, quand ta grand'mère s'est endormie pour toujours.

celle qui n'est plus et de ce qu'elle a fait pour toi ne s'évapore pas avec tes larmes. Il faut rester fidèles aux morts qui nous aimèrent comme aux vivants qui nous sont chers, et les honorer en leur ressemblant par le courage et la bonté... Nous voilà seuls au monde, toi et moi : raison de plus pour nous serrer l'un contre l'autre.

« Et pourtant je désire que tu ne reviennes pas encore à Saint-Étienne. Sur ma demande l'*Œuvre des enfants à la montagne* a bien voulu prolonger d'un mois ton séjour à la campagne. La vie des champs, l'affection dont t'entourent M. et Mme Rouergues et leur petite Marie offriront une distraction utile à ton chagrin. Puis rien ne vaut la campagne, la vie en plein air pour fortifier la santé, et tu es à un âge où il importe que tu fasses provision de santé, ne fût-ce que pour te rendre capable du grand effort et du bon travail qui, dans les années décisives où tu vas entrer, assureront ton avenir... »

Il m'en coûtait beaucoup de ne pas accourir auprès de mon père pour partager sa douleur qu'il me taisait, je le sentais bien, de peur d'augmenter la mienne. La mort d'un être chéri doit être pour nous comme un avertissement d'aimer davantage et mieux, d'aimer plus tendrement et plus délicatement ceux qui nous restent. Je me représentais la solitude désolée de mon père, et tout mon cœur s'élançait vers lui.

XXIX (29). — Jean a du chagrin.

« Le plus malheureux de tous les hommes est celui qui ne sait pas supporter le malheur. »

BIAS.

Il me semblait aussi que moi-même j'eusse trouvé quelque consolation dans sa présence, dans les soins, dans les attentions que j'aurais été si heureux de lui prodiguer. J'avais tant besoin d'être consolé ! N'avez-vous jamais éprouvé que le chagrin est plus lourd à porter quand on le porte seul ?

M. et Mme Rouergues l'avaient sans doute éprouvé, car ils redoublèrent d'amitié et de prévenances à mon égard. Sous mille prétextes ingénieux, comme s'ils avaient voulu m'arracher à mes pensées douloureuses, ils trouvèrent moyen de ne pas me laisser seul un instant. Pour me distraire, ils m'emmenèrent avec eux au marché de Saint-Bonnet, et cette fois c'est moi qui fus chargé de conduire la Grise. Fort heureusement la bonne bête était d'humeur tranquille, et puis elle connaissait le chemin. Ensuite nous eûmes la fenaison des regains, à laquelle je participai à ma façon, respirant avec délices l'odeur des foins coupés, dont j'aidais à faire, puis à retourner les tas parfumés.

Enfin quand le moment fut venu pour moi de reprendre mon métier de petit vacher, Mme Rouergues voulut que petite Marie m'accompagnât, soi-disant « pour apprendre le

Fig. 44. — Quand j'eus repris mon métier de vacher, la petite Marie m'accompagnait.

métier ». Et le moyen de songer à autre chose quand j'avais à côté de moi la petite Marie ? Ne fallait-il pas la soigner, veiller sur elle à toute heure, l'amuser tout le temps ? Elle m'avait pris en amitié et me le témoignait en ne se laissant pas oublier un seul instant. Sa langue surtout ne chômait pas : il lui fallait réponse à tout, et plus d'une fois ses questions naïves m'embarrassèrent en me mettant à même de mesurer mon ignorance des choses les plus simples. Quand il lui prenait la fantaisie d'aller et venir, ce n'était pas elle qui m'accompagnait, c'était moi qui la suivais, et elle changeait souvent d'humeur ! Entre nous deux les vaches n'étaient guère bien gardées, mais les braves bêtes ne s'en apercevaient pas.

Il me semblait que le temps n'avait jamais passé si vite. La dernière semaine de septembre arriva et, avec elle, l'heure du retour, le moment des adieux. M. et Mme Rouergues me raccompagnèrent, avec la petite Marie, dans le grand char à bancs, à la gare de Saint-Bonnet. J'avais le cœur gros, la Grise semblait moins vaillante ce jour-là et la petite Marie elle-même était silencieuse. Mme Rouergues m'embrassa comme si j'avais été son fils, en me disant qu'on m' « espérerait » à Estivareilles aux vacances de l'année prochaine. Le train siffla, et, la tête à la portière, j'aperçus la petite Marie qui agitait vers moi sa main menue en guise d'adieu...

SUJET A DÉVELOPPER

L'adversité. — Dites pourquoi il nous faut rester forts, même dans le malheur. Quoi qu'il advienne, nous devons avec courage remplir notre devoir d'hommes.

PLAN. — La vie n'est pas toute de plaisir et de bonheur; nous rencontrons souvent, hélas! des heures d'amertume et de tristesse. Nous rêvons d'un beau lendemain et nous le passons parfois dans les chagrins et les larmes.

Nous nous devons de rester forts en toute circonstance; il nous faut, pour accomplir notre destinée, de l'énergie et du courage.

Une fois les moments de douleur passés, nous essaierons de reprendre petit à petit nos forces et notre activité, et, stimulés par le souvenir des vertus de ceux qui nous ont quittés, nous voudrons utilement continuer leur œuvre et répondre à leurs plus chers désirs en tâchant de leur ressembler.

Nous nous acquitterons ainsi du tribut d'amour et de reconnaissance que nous devons à ceux qui ont tant fait pour nous.

XXX (30). — Le retour. Projets d'avenir.

« **Un grand obstacle au bonheur, c'est de s'attendre à un trop grand bonheur.** »

FONTENELLE.

A Saint-Étienne mon père m'attendait sur le quai de la gare. Il m'étreignit longuement dans ses bras.

— Oh! la belle mine et les belles couleurs! Comme te voilà bruni et grandi, petit montagnard! Et quelle belle chose que l'*Œuvre des enfants à la montagne!*

Nous irons rendre visite à M. Comte dimanche prochain pour le remercier, — nous lui devons bien cela — et nous lui ferons voir ce que deux mois de séjour à la montagne font d'un pâle petit Stéphanois.

Quel étonnement pour moi de me retrouver dans ma grande ville! J'avais peine à me reconnaître dans le brou-

FIG. 45. — **Saint-Étienne, le Palais de Justice.** — Élégante construction moderne entre la place du Palais, le cours Saint-Paul, la rue de la Loire et la rue des Jardins.

haha des rues, au milieu de cette foule affairée, comme dévorée d'activité et d'inquiétude. Et ce pâle soleil, tamisé et enfumé par les poussières de charbon qui flottaient dans l'air, et comme emprisonné entre les hautes murailles noires des maisons, était-ce bien là le même soleil qui inondait de sa lumière pure et vive les prairies d'Estivareilles, le même soleil qui illuminait là-bas à perte de vue les cimes des grands arbres par dessus les forêts sombres, le même soleil qui dorait le soir les cheveux blonds de la petite Marie quand, la main dans la main, nous rentrions à la ferme?

Nous ne séparons pas les lieux que nous aimons de ceux que nous y aimâmes. Combien cruel pour moi ce retour au foyer d'où pour toujours grand'mère était absente! Dans notre vieille maison tout me parlait de celle qui n'était plus. Le dîner fut silencieux : ni mon père ni moi ne fîmes allusion à la chère disparue. A quoi bon? Nous savions bien l'un et l'autre que nos cœurs étaient pleins d'elle...

Au dessert, mon père me dit :

— Mon petit Jean, pour bien des raisons, il nous serait pénible à toi et à moi de rester dans ce logement où nous nous sentirions désormais bien solitaires, toi surtout quand je ne serais pas là. J'ai décidé d'acheter une des maisons que la *Société stéphanoise des habitations ouvrières à bon marché* a fait construire dans la banlieue. En payant pendant quinze ans une annuité qui ne représente guère plus que le loyer de l'appartement que nous occupons ici, je deviendrai propriétaire d'une petite maison toute neuve, pleine d'air et de lumière, égayée par un jardinet que nous cultiverons à nos heures de loisir. Nous aurons ainsi une demeure riante et salubre, loin de la fumée et du mauvais air de la ville, et moi qui n'ai rien, par le simple payement de l'annuité convenue je te constituerai en quinze ans un héritage. Que penses-tu de mon projet?

Qu'en auriez-vous pensé à ma place? Vous en auriez été ravi comme je le fus. Tous les enfants aiment le changement, et je ne faisais pas exception à la règle. Et puis je me voyais déjà soignant *mes* fleurs, arrosant *mes* salades, *mes* légumes, et le petit paysan frais émoulu qui était en moi tressaillait d'aise. Enfin et surtout je ne verrais plus la chambre de grand'mère sans grand'mère, cette chambre déserte et vide dont ma main tremblait d'ouvrir la porte, de peur d'y retrouver partout celle que j'étais condamné à ne plus revoir jamais...

XXXI (31). — La mort du père.

« La vie s'écoule en un instant ; elle n'est rien par elle-même ; son prix dépend de son emploi. Le bien seul qu'on fait demeure, et c'est par lui qu'elle est quelque chose. »
J.-J. ROUSSEAU.

Hélas! Est-il donc vrai que les projets de bonheur sont le seul bonheur qui nous soit permis? Est-il vrai qu'un malheur, comme le veut le dicton, ne vient jamais seul? Cette chère demeure, dont je me promettais tant de joies nouvelles et précieuses, je n'y devais jamais entrer...

Voici le moment venu, mes enfants, de vous raconter l'événement le plus pénible de ma vie, et ma main tremble en écrivant ces lignes, quand j'évoque le plus affreux des souvenirs. Jour, date, heure, toutes les circonstances sont gravées dans ma mémoire avec cette terrible précision des choses qui ne peuvent s'oublier...

C'était le samedi 24 novembre, à 4 heures de l'après-midi. Nous sortions de l'école, plus bruyants que d'habitude, avec le cœur léger des écoliers dont la semaine est finie et que met en belle humeur la perspective du repos et des joies du dimanche.

Le ciel était gris, humide et maussade, le jour tombait... A peine avions-nous fait quelques pas dans la rue, mes amis Marcel, Robert et moi, que nous aperçûmes, lancés dans notre direction, galopant à perdre haleine, une demi-douzaine de vendeurs de journaux : « *Le Petit Stéphanois!*... Édition spéciale!... Le coup de grisou de la fosse n° 5!... »

Je m'arrêtai, cloué sur place. La fosse n° 5 était celle où travaillait mon père! Marcel s'était élancé pour acheter le journal. Je le suivais des yeux, comme hébété. Il revint vers moi après y avoir jeté les yeux. « Pas de détails », me dit-il en me le tendant. Je lus :

Dernière heure.

« On nous téléphone qu'un coup de grisou s'est produit vers une heure à la fosse n° 5. On craint que les victimes soient nombreuses. Les détails manquent. Les autorités viennent d'arriver sur les lieux. »

— Courons! dis-je à Marcel, et, sans regarder s'il me

FIG. 16. — Un coup de grisou s'était produit dans la fosse n° 5 où travaillait mon père.

suivait, je lui jetai mon sac et me mis à courir. Je courais à travers la pluie fine qui s'était mise à tomber, à travers les passants assombris commentant la lugubre nouvelle, à travers les groupes que formaient, au coin des rues, des gens qui ne se connaissaient pas, réunis pêle-mêle, riches et pauvres, par cette profonde et douloureuse sympathie qui rapproche tous les hommes et confond tous les rangs dans un deuil commun, à l'heure des grandes catastrophes. Je courais comme s'il se fût agi de sauver ma vie, toujours poursuivi par la clameur impitoyable des vendeurs de journaux : « La catastrophe de cet après-midi !... Le coup de grisou de la fosse n° 5 !... » Une sueur froide perlait sur mon front, un cauchemar m'obsédait. Je ne savais plus, je ne pensais plus, je courais, hanté par la seule idée d'arriver à la fosse...

Je l'aperçus enfin... De loin, rien de changé : comme d'habitude des torrents de fumée s'échappent de la haute cheminée de la machine à vapeur dont la bielle actionne les énormes roues de 10 mètres de diamètre qui enroulent et déroulent les câbles d'acier descendant ou remontant les cages... Les pompes d'épuisement fonctionnent comme d'ordinaire, les ventilateurs refoulent, comme ils font chaque jour, l'air frais dans les galeries souterraines. Voici la grande halle, la haute construction abritant les machines. Tout est intact : aucune trace de catastrophe, mon cœur se reprend à espérer.

XXXII (32). — Orphelin !

> « Les grands périls ont cela de beau qu'ils mettent en lumière la fraternité des inconnus... »
>
> VICTOR HUGO.

J'approche. Une clameur confuse arrive jusqu'à moi... Derrière la clôture de la fosse, des soldats montent la garde, baïonnette au canon. Défense d'entrer ! Devant la clôture, des femmes, des enfants, de vieux parents, pêle-mêle, dans toutes les attitudes que le désespoir peut donner au corps humain. Une femme, appuyée sur la barrière, lève le bras dans un geste de menace et crie à la sentinelle qui est près d'elle :

— Mon homme ! où est mon homme ?

A côté, une pauvre vieille cassée par l'âge, d'une voix plaintive, étranglée par les sanglots, s'écrie :

— Mon fils! Rendez-le moi!... Je n'en ai qu'un!...

Une autre, toute jeune, accroupie contre la clôture, muette et les yeux secs, les mains croisées et crispées, regarde fixement le sol, tandis qu'une fillette de quatre à cinq ans, debout près d'elle, l'appelle en pleurant : — Maman! sans éveiller son attention...

Je vais aux hommes, là où, réunis en groupes, les camarades de la mine et de la ville discutent sur la catastrophe. J'écoute, je m'informe. Sur les cent-vingt mineurs de la fosse n° 5, quatre-vingts, tous ceux qui n'étaient pas dans les chantiers d'attaque, ont pu se sauver. Inutile de demander si mon père est de ceux-là : l'ingénieur, M. Dumont, ne m'a-t-il pas dit que mon père était au poste d'honneur?... Le poste d'honneur, je sais ce que cela veut dire : mon père est parmi les quarante mineurs que le grisou a ou foudroyés ou emprisonnés dans la galerie éboulée...

J'apprends que c'est M. Dumont qui, descendu dans la fosse n° 5 à la première nouvelle de la catastrophe, dirige les travaux de sauvetage. Il a dit, paraît-il, qu'ils ne seraient pas longs. L'éboulement est étroit : on perce un couloir transversal de quelques mètres qui rejoindra la galerie grisouteuse, la galerie fatale. — On y sera à sept heures, a dit en remontant le père Roubaudi, un des mineurs échappés à la catastrophe.

Je regarde ma montre : il est six heures un quart. Mon voisin, un vieux mineur retraité qui connaît mon père, me dit : « Sois tranquille, petit, je connais les sonneries des signaux : je te dirai quand le *machineur* ramènera une cage... »

J'attends... Un quart d'heure, une demi-heure se passent. Quelle agonie! Tout à coup, brouhaha dans la foule. Le signal! Tout le monde l'a entendu : la cage remonte. L'instant est atroce : qu'y a-t-il au bout pour moi? Et soudain, sur un ordre de l'officier qui les commande, les soldats font la haie. Les portes de la clôture s'ouvrent : devant nous, dans la nuit, éclairées par les lanternes sourdos des porteurs, défilent les civières où reposent les blessés que l'on transporte à l'hôpital. Leur visage seul est à

FIG. 47. — Une femme, appuyée sur la barrière, lève le bras dans un geste de menace.

découvert... Haletants, nous regardons... Je ne vois pas leurs blessures, je n'entends pas leurs gémissements. Je ne pense qu'à mon père, je ne cherche que lui... De temps en temps un cri, des sanglots, indiquant qu'un blessé a été reconnu, un groupe se détache et l'accompagne...

Je regarde autour de moi : nous sommes de moins en moins nombreux. Combien de civières ont déjà défilé devant moi? Je n'en sais rien, je n'ai pas songé à les compter. Sur les quarante manquants, combien en reste-t-il à passer? Six ou sept peut-être... Tout à coup le lugubre défilé s'interrompt. Qu'y a-t-il?... Un groupe de mineurs vient de la fosse à nous à travers les soldats qui font toujours la haie. En tête, en costume de travail, le visage noirci, les mains saignantes, je reconnais l'ingénieur, M. Dumont. Je m'élance vers lui, je l'entoure de mes bras :

— Monsieur l'ingénieur! Mon père?

M. Dumont me reconnaît, m'enveloppe d'un long regard.

— Il est... blessé, me dit-il en hésitant, grièvement brûlé... Nous venons de le remonter avec les derniers...

— Où est-il? Je veux le voir.

— Il est là-bas, dans la grande salle, près de la machine, car il est trop malade pour être transporté...

Mes jambes fléchissent.

— Je veux le voir.

Je m'élance, et je vais m'échapper quand M. Dumont, me prenant par le bras, me dit :

— Attends, j'irai avec toi...

. . . .

Sur une grande table, huit cadavres étaient étendus, recouverts d'un drap de lit qui dissimulait leurs blessures hideuses, leurs membres broyés, déchiquetés. Leur visage seul était à découvert, pour qu'on pût les reconnaître, leur visage tuméfié, sanguinolent, où les yeux grands ouverts gardaient l'épouvante de la mort affreuse subitement entrevue.

Un seul, le visage tranquille, sans blessure apparente, revêtu de ses vêtements de mineur, semblait dormir. C'était mon père... Il était mort, empoisonné, brûlé intérieurement par les gaz asphyxiants qu'avait produits l'explosion, et si soudainement que le pic dont il se servait au moment de la catastrophe, ne lui était pas tombé des mains. Ses doigts s'étaient crispés, resserrés comme un étau sur son outil, qu'il étreignait encore, comme le soldat qui tombe les armes à la main.

Combien de temps couvris-je de baisers son visage déjà glacé ? Je me reculais d'un pas pour le regarder encore, puis je m'élançais avec une sorte de frénésie pour l'étreindre, l'embrasser une dernière fois... Et, ce qui est plus terrible que tout, j'avais les yeux secs, je ne pleurais pas, non, je ne pouvais pas pleurer...

A la fin, je me sentis saisi et ramené en arrière.

— Allons, me dit M. Dumont, un peu de courage, mon pauvre enfant, sois brave comme l'était ton père, comme il voudrait que tu le fusses s'il te voyait aujourd'hui...

Il me fit sortir. Une voiture l'attendait. Il m'y fit monter.

— Viens avec moi, ma maison sera ta maison, en attendant que nous sachions ce que nous ferons pour toi.

SUJET A DÉVELOPPER

Victimes du devoir. — Montrez que le devoir n'est pas toujours aisé à accomplir et que, pour satisfaire complètement aux exigences de sa destinée, on a parfois à occuper des postes modestes, mais périlleux, dans lesquels on fait, d'avance et volontairement, le sacrifice de sa vie.

PLAN. — Il n'est pas toujours aisé d'accomplir son devoir. S'il est facile d'être juste et bon, reconnaissant et affectueux, il faut parfois un grand courage, un véritable détachement de soi-même pour satisfaire aux exigences de sa destinée.

Rien n'arrête les cœurs vaillants : ils suivent leur chemin sans se soucier des dangers qu'ils peuvent courir ; ils vont sans faiblesse où le devoir les appelle.

Si le sort leur est funeste ; s'ils tombent en route, gloire à eux ! ce sont des victimes du devoir : ils meurent au champ d'honneur.

Sont vraiment des héros tous ceux qui, pour accomplir leur destinée, livrent sans hésiter leur existence aux événements : l'artisan qui, pour gagner le pain de ses enfants, expose à tout instant sa vie au fond des mines ou au sommet des échafaudages branlants ; le médecin qui, pour guérir un malade, ne redoute pas un contact mortel, tout aussi bien que le soldat qui court à l'ennemi pour sauver son pays, ou le courageux inconnu qui se précipite au milieu des flammes, afin de porter secours à un malheureux en danger de mort.

Quand nous croisons le convoi d'un de ces braves, saluons profondément : ce sont les restes d'un homme dont la vie fut un exemple.

XXXIII (33). — Jean chez M. Dumont.

> « Gémir, pleurer, prier est également lâche.
> Fais énergiquement ta longue et lourde tâche
> Dans la voie où le sort a voulu t'appeler ;
> Puis après, comme moi, souffre et meurs sans parler. »
>
> ALFRED DE VIGNY.

Quand je pus m'arracher à ma douleur, quel triste regard je jetai sur le lendemain qui m'attendait ! Quelques semaines auparavant j'étais heureux, choyé, entouré de la tendresse de parents qui ne vivaient que pour moi, comme vous l'êtes vous-mêmes, mes chers enfants, et comme vous, j'étais insouciant de l'avenir, je ne soupçonnais pas que le malheur pût entrer dans ma vie... Et maintenant j'étais orphelin, sans famille : à onze ans j'étais seul au monde. Qu'allais-je devenir ?

Eh bien ! non, je m'aperçus bien vite que je n'étais pas seul au monde. Mes amis, grands et petits, M. Legris, l'excellent M. Baron, mes fidèles Marcel et Robert, me prodiguèrent à qui mieux mieux les marques d'une affection délicate, qui s'ingéniait à tromper mon chagrin. J'aurais voulu être tout entier à ma douleur : ils ne me laissèrent pas seul un moment, se relayant auprès de moi, inventant, multipliant les prétextes pour m'obliger à sortir, à me distraire en me joignant à eux. C'était comme une conspiration amicale qu'ils organisaient contre moi.

Je me souviens d'une excursion au barrage de la Rochetaillée qu'ils avaient combinée à mon intention. Sans m'avoir prévenu, ils vinrent me chercher un dimanche de grand matin. Je ne voulais pas les accompagner, je ne me trouvais bien qu'avec ma tristesse, aucune distraction ne me souriait et il me semblait que je me devais à moi-même de ne pas me distraire.

— Si tu ne viens pas, la partie sera manquée, me dit Marcel.

Je les suivis avec résignation, le cœur gros... Comment cela se fit-il ? Quand nous fûmes dans le site sauvage où le réservoir du *Gouffre d'Enfer*, barrant par une énorme digue la gorge où coule le Furens, retient les deux millions de mètres cubes d'eau qui alimentent les usines de Saint-Étienne, je fus tout oreilles aux explications de M. Baron, comme si j'avais été sur les bancs de la classe. La journée passa bien vite, et quand je rentrai le soir chez M. Dumont, las d'une bonne fatigue, j'avais l'esprit plus calme que je ne l'avais eu depuis mon grand malheur,

FIG. 48. — **Barrage du Furens, à La Rochetaillée.**

et je dormis pour la première fois d'un sommeil réparateur que ne hantèrent pas ces terribles cauchemars qui me réveillaient en sursaut...

Si l'amitié pouvait remplacer ce que j'avais perdu, je n'aurais pas senti un seul instant ma solitude. J'avais trouvé sous le toit de M. Dumont mieux qu'un abri provisoire. M. et Mme Dumont n'avaient pas d'enfant. Ils habitaient le premier étage d'une belle maison neuve du cours Fauriel. De Mme Dumont je ne puis vous dire qu'une chose, c'est qu'elle ressemblait à son mari, comme une belle âme ressemble à une belle âme : c'était chez l'un et chez l'autre la même bonté, et, ce qui vaut mieux, la même discrétion dans la bonté. Tous deux mettaient leur joie à semer du bien, du bonheur, en se cachant comme deux complices. Sous ses cheveux gris à bandeaux plats, Mme Dumont avait conservé le regard direct et pur, la fraîcheur du sourire et l'air de jeunesse que donne une vie bien remplie. On ne vieillit pas tant qu'on a le cœur jeune. Il y a une chaleur vitale pour l'âme comme pour le corps. Placer son bonheur dans les autres, s'échauffer pour ce qui est beau, pour ce qui est bon, cela conserve. Ce sont les vaines agitations, les préoccupations égoïstes, les passions mauvaises qui, glaçant et desséchant leur cœur, éteignent le regard et creusent de rides prématurées le front soucieux de ces passants sans âge, étrangers les uns aux autres, que vous rencontrez dans les rues des villes.

XXXIV (34). — Le choix de la carrière.

« Activité et amour des hommes! C'est le dernier mot de la société privée aussi bien que de la vie sociale. »

BERTHELOT.

Aussi longtemps que je restai auprès de M. et Mme Dumont, je fus traité par eux comme l'enfant de la maison. J'étais assis à leur table, ils m'associaient à leur conversation, s'informaient de mes goûts, de mes préférences, comme si j'avais occupé la première place dans leurs préoccupations bienveillantes. Je n'eus pas de secrets pour eux : ils connurent bientôt par le menu tous les incidents de ma vie d'enfant. Quand j'en vins à leur parler de mon séjour à la montagne, auprès de M. et Mme Rouergues, il

Fig. 49. — Aussi longtemps que je restai auprès de M. et Mme Dumont, je fus traité par eux comme l'enfant de la maison.

paraît que je m'animai plus que de raison, car M. Dumont, qui m'écoutait avec un intérêt particulier ce jour-là, s'écria en souriant :

— Décidément, il a l'âme d'un campagnard, notre petit Jean!

Cette observation me revint à l'esprit quand un soir, à la fin du dîner, moins d'une semaine après, M. Dumont me dit :

— Causons maintenant d'affaires sérieuses... Mon petit Jean, j'ai une grande nouvelle à t'annoncer : j'ai réglé ton sort aujourd'hui. Après bien des démarches, j'ai obtenu de M. l'Inspecteur des Enfants Assistés que tu fusses envoyé à la campagne... devine où?

Je n'avais pas le cœur à chercher. Que m'importait? Il était donc venu le moment de quitter Saint-Étienne, de me séparer de tout ce qui m'attachait à ma ville natale, mes bons maîtres, ma chère école, mes amis Marcel et Robert, M. et Mme Dumont eux-mêmes. Que m'importait de savoir où je porterais mes pas? Partout où j'irais, je serais seul, je serais chez des étrangers, inconnu chez des inconnus, sans amitié, sans famille, sans personne pour me plaindre...

— Eh bien! Tu ne devines pas? reprit M. Dumont.

J'avais peine à refouler mes larmes. Je baissai les yeux de peur de laisser voir à M. Dumont mon chagrin.

— Ingrat, nous t'avons placé chez tes amis M. et Mme Rouergues. Tu pars après-demain pour Estivareilles. Ai-je bien travaillé pour mon petit Jean?

Je m'élançai dans ses bras en pleurant. Mais ce n'étaient pas les larmes que je refoulais tout à l'heure qui coulaient de mes yeux : c'étaient d'autres larmes, des larmes bien douces celles-là.

XXXV (35). — Nouvelle famille.

« Ta destinée est dans tes mains et c'est toi qui, en usant d'aujourd'hui, fais demain ce qu'il sera. Bien-être matériel, richesse, civilisation, science, progrès moral, tout cela peut s'obtenir; mais tout cela doit se gagner : car tout cela est une récompense et toute récompense suppose un effort. »

FRÉDÉRIC PASSY.

Six mois se sont écoulés. Je suis un vieux campagnard... Se peut-il qu'il y ait des gens qui préfèrent à la bonne et saine campagne, rafraîchissante pour les yeux et pour le

FIG. 50. — Bêtes et gens, tout est réveillé dans la ferme.

cœur, la ville sombre, poussiéreuse, enfumée, où l'on vit entassés les uns sur les autres dans ces étroits compartiments des maisons qui font penser aux alvéoles des ruches ?

Voici le petit jour. Je me frotte les yeux au premier chant du coq qui m'a réveillé. Phanor s'ébroue devant sa niche en aboyant sourdement. Dans la cuisine le feu pétille, la bouilloire jase, et Mme Rouergues, la première à l'ouvrage, en bonne maîtresse de maison, prépare le repas du matin. Au-dessus de ma chambre j'entends les pas menus de la petite Marie... Serais-je en retard et me serais-je oublié? Allons, debout, et vite en route! Je cours à la grange, j'ouvre la trappe du fenil et je fais tomber le fourrage qui sent bon. La Bise, la Blanche, la Grêlée et Cousine qui m'ont accueilli en meuglant, tendent leurs chaînes pour prendre leur pâture qu'elles mangent sans se presser, à grands coups de mâchoire espacés et réguliers.

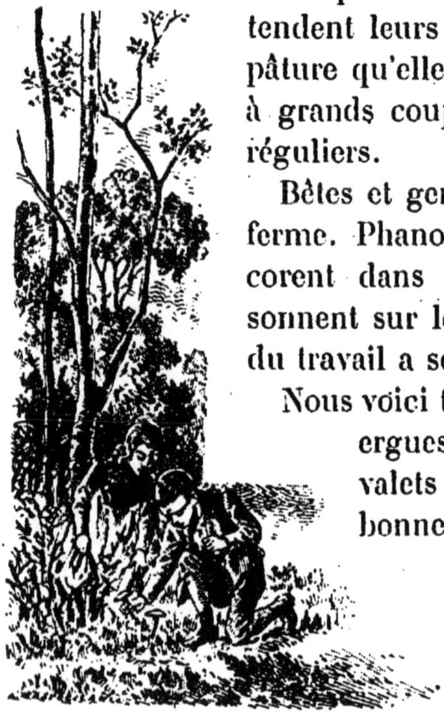

Bêtes et gens, tout est réveillé dans la ferme. Phanor est lâché, les poules picorent dans le verger, les sabots résonnent sur le pavé de la cour. L'heure du travail a sonné avec le réveil du jour.

Nous voici tous attablés, M. et Mme Rouergues, petite Marie, les deux valets de ferme et moi, devant la bonne soupe au lard fumante.

— Mes enfants, nous dit Mme Rouergues à petite Marie et à moi, j'ai besoin de renouveler ma provision de champignons. Prenez un panier et allez cueillir ceux qui sont éclos de la nuit. Mais n'oubliez pas l'heure, et souvenez-vous qu'à neuf heures, Jean doit être à l'école.

FIG. 51. — Les champignons de toute sorte s'entassaient dans notre panier.

Nous partons, petite Marie et moi. C'est le moment du renouveau. Tout fleurit, tout embaume, tout est frais, tout respire la joie de vivre... Nous voici sous les sapins, pieds nus dans la mousse humide.

— Par ici, Jean, oh! qu'il y en a!

Petite Marie court en avant, et les fines oronges,

les agarics à la chair rosée, les mousserons minces, les bolets délicieux, s'entassent pêle-mêle dans notre panier. Quand il est plein, nous nous asseyons sur un rocher plat et moussu, nous versons notre cueillette, et je fais le tri, tandis que petite Marie, qui ne peut rester en place, s'en va cueillir, en chantant, les fleurs mouillées de rosée. Elle revient avec une grande gerbe, encadre de plusieurs rangs de pâquerettes les jaunes narcisses, et quand le bouquet est fini, les tiges bien régulièrement coupées et solidement liées, petite Marie me le tend en me disant :

— Il est pour toi, Jean, je le mettrai tout à l'heure, en faisant ta chambre, dans le vase qui est sur ta table.

Le soleil est déjà haut sur l'horizon. Pressons-nous. Il ne s'agit pas d'être en retard à l'école. Que dirait M. l'Instituteur? Il n'est pas sévère, cependant, mon nouveau maître, M. Dumoulin, mais il a une façon de vous adresser des reproches, doucement, les yeux dans vos yeux, presque sans élever la voix, qui vous est plus sensible que s'il se fâchait et grondait bien fort.

SUJET A DÉVELOPPER

Bonnes gens. — Comment comprenez-vous la véritable bienfaisance? Montrez une famille qui la pratique.

PLAN. — La bonté est en grande partie une qualité instinctive. On est bon simplement parce qu'on a le cœur généreux ; on fait le bien parce qu'on a du plaisir à le faire.

Une famille véritablement bienfaisante se reconnait surtout à l'air de bonheur qu'on respire autour d'elle. L'ambition, l'égoïsme, la jalousie, qui troublent tant de vies, n'ont pas accès à ce foyer tranquille. Chacun est attentif à tous et cherche sa joie dans la joie de ceux qui l'entourent.

On peut connaitre la gêne ; mais on est toujours riche du bonheur qu'on fait naitre autour de soi.

Si le hasard conduit un infortuné dans cette famille bienheureuse, il y est reçu avec égards et douceur. On s'intéresse à lui, on lui tend une main secourable, on l'aide à se relever, à réussir. Ses joies comme ses peines deviennent les joies et les peines de tous ; et, s'il sait rester digne de l'affection qu'on lui porte, il devient comme un nouveau membre de cette association bénie de braves gens, et en partage toutes les félicités.

XXXVI (36). — Camaraderie scolaire.

« Agissons, c'est-à-dire travaillons ! Travaillons sans relâche, tâchons de nous rendre utiles.
Activité et amour des hommes ! C'est le dernier mot de la vie privée, aussi bien que de la vie sociale. »

BERTHELOT.

— Voilà un nouveau venu qui vous donnera du fil à retordre, messieurs les candidats au certificat d'études, avait dit M. Dumoulin en pleine classe, en parlant de moi, le lendemain de mon arrivée.

J'avais grand'peur que cette manière de me présenter à eux ne me desservît auprès de mes camarades. Si les meilleurs d'entre eux voyaient en moi un rival, quel accueil allaient-ils me faire ? N'était-ce pas assez qu'ils vissent en moi un enfant assisté, le plus pauvre des élèves de l'école ? Certes je n'avais pas à rougir d'être pauvre, sans parents, sans protecteur, mais je me disais qu'il se trouverait peut-être des camarades, jaloux de la bonne opinion que notre maître avait de moi, pour me le reprocher, et si injuste que fût le reproche, je sentais bien que j'en souffrirais dans ma fierté.

Je me trompais. Personne ne me jalousa, personne ne songea à m'humilier. Les paysans, sous leur écorce rugueuse, cachent souvent une véritable délicatesse de sentiments. Nul au village ni à l'école ne songea à me faire honte d'être un enfant assisté. Au contraire on me témoigna partout une amitié et des égards particuliers, comme si ces braves gens avaient voulu me faire oublier mon malheur et réparer l'injustice de ma destinée.

Un jour que j'étais allé faire une commission pour Mme Rouergues chez le boulanger du village, le père Barrois, il me mit dans la main une grosse brioche qui sortait du four :

— Tiens, voilà pour le commissionnaire.

Et comme je le remerciais, bien ému, comme de juste :

— Il y en aura une pour toi tous les dimanches. Ne me remercie pas : ne sais-tu pas que tu es l'enfant du village et, par conséquent, notre enfant à tous ?

Comment se fit-il qu'à l'école même, où il y avait, comme dans toutes les écoles, des enfants taquins et malicieux, je ne trouvai que de bons camarades ? Je crois bien que c'est parce que je m'efforçai d'être bon camarade moi-même. J'étais ravi — je puis bien vous le dire, car il n'y a pas grand mérite à cela — quand j'avais occasion de rendre service à un condisciple. J'ai toujours eu l'humeur facile et enjouée : comme on savait que je prenais en bonne part la raillerie, personne ne songeait à me taquiner. Je ne vous dirai pas que je n'avais que des amis, mais à coup sûr je n'avais pas d'ennemis.

Fig. 52. — Le père Barrois me mit dans la main une grosse brioche qui sortait du four.

Et puis les enfants sont justes. Ils se connaissent bien entre eux. Quand il s'agit de formuler une appréciation sur un de leurs compagnons, si vous les interrogez collectivement, ils ne se tromperont pas : sans tenir compte de la naissance, de la condition, de la fortune, ils vous diront ce qu'il vaut, et vous serez étonné de leur perspicacité. C'est que, dans notre grande République, l'école est une toute petite république, où l'enfant apprend la véritable égalité, celle qui ne tient compte que du mérite personnel. A l'école, vous ne connaissez, mes enfants, ni riches ni pauvres, ni fils d'ouvriers, ni fils de patrons : vous êtes tous camarades, cela suffit.

A notre école d'Estivareilles nous formions comme une petite république, et M. Dumoulin y avait introduit même le suffrage universel : une fois par an, les élèves se transformaient en électeurs et votaient bel et bien, tout comme de petits citoyens. M. le maire d'Estivareilles avait fondé un prix, le plus beau et le plus désiré, non pas parce qu'il consistait en un livret de caisse d'épargne de 20 francs, mais parce qu'il s'appelait *prix d'excellence.* M. le Maire avait voulu que ce prix fût décerné par les élèves au camarade considéré par eux comme le plus méritant. Je ne vous dirai pas qui l'obtint l'année qui suivit mon arrivée à Estivareilles. Pour une fois ce ne fut peut-être pas le plus méritant ; à moins que d'avoir été bien malheureux, d'être seul au monde, pauvre comme Job, sans appui, sans soutien, cela ne soit un mérite, et le premier de tous, aux yeux des gens de cœur.

XXXVII (37). — **Sans argent.**

« Travaille, c'est la loi ; mais rappelle-toi, en travaillant, que l'humanité dont tu fais partie, atome d'une minute, est une perpétuelle collaboration. »

EUGÈNE PELLETAN.

Les vingt francs de mon prix d'excellence arrivaient un peu tard. Ils eussent été les bienvenus quelques mois plus tôt au moment où mon livret de mutualiste avait été transféré de l'école de Saint-Étienne à celle d'Estivareilles. Je m'étais trouvé alors fort embarrassé pour acquitter ma petite cotisation hebdomadaire. Une dette de mutualiste est une dette sacrée, n'est-ce pas ? Mais comment payer quand on n'a rien ?

Aujourd'hui les enfants de l'Assistance publique, ceux que l'on appelle si bien « les Pupilles de la nation », sont mieux partagés. Dans la plupart des départements l'État et les Conseils généraux se sont entendus pour faire les frais des cotisations qui permettent aux enfants de l'Assistance publique de participer aux avantages des mutualités. Plus de 45 000 enfants, orphelins ou abandonnés, bénéficient ainsi, gratuitement, de la retraite et de l'assistance obligatoires, grâce à cet élan fraternel de solidarité. Mais, de mon temps, il n'en était pas ainsi dans la Loire. Les pupilles de l'Assistance publique étaient privés du bénéfice pécuniaire et moral de la mutualité, puisqu'ils n'avaient pas les ressources nécessaires pour acquitter la modeste cotisation obligatoire de 0 fr. 10 par semaine. L'injustice du sort les poursuivait jusqu'à l'école où tous les enfants n'étaient pas égaux, puisqu'il y avait ceux qui pouvaient payer et ceux qui ne pouvaient pas payer, ceux qui faisaient partie de la grande famille mutualiste et ceux qui en étaient exclus, faute de ressources.

Fig. 53. — **École d'Estivareilles,**
d'après une photographie communiquée par M. F. Mavet, instituteur.

Quelle humiliation pour moi, si je ne pouvais payer ma cotisation ! Quel crève-cœur s'il me fallait renoncer à ce livret mutualiste dont j'étais si fier ! Sans doute, je pouvais prier Mme Rouergues de m'avancer chaque semaine les dix centimes qui m'étaient nécessaires, et j'étais bien certain qu'elle ne me refuserait pas ce petit service. Mais moi qui ne rougissais pas d'être pauvre, je rougissais à l'idée d'emprunter, même pour un motif honorable. Que de fois mon pauvre père m'avait dit :

— Mon petit Jean, n'emprunte jamais : l'homme qui emprunte est un homme qui se noie. Il mange son blé en herbe et met en gage son avenir, sans compter qu'on n'est presque jamais certain de pouvoir rembourser, et alors c'est le déshonneur... Et puis, emprunter c'est une manière de tendre la main, et pour tendre la main, il faut être, ou bien malheureux, ou dépourvu de toute dignité. Plutôt que d'emprunter prive-toi de tout ce qui n'est pas indispensable, et quant à l'indispensable, tâche de ne le devoir qu'à toi-même, à ton travail.

XXXVIII (38). — **Coopération.**

« Le salut de tous est dans l'harmonie sociale. »

MIRABEAU.

Ces conseils me revinrent fort à propos en mémoire. Cette petite somme dont j'avais besoin chaque semaine, pourquoi ne me la procurerais-je pas par mon travail ? Certes je ne bouderais pas à la besogne, mais qui voudrait de moi et à quel travail serais-je bon ? Je m'endormis un soir après avoir vainement creusé ce problème. La nuit, dit-on, porte conseil. La première personne qui s'offrit à ma vue le lendemain matin fut un des garçons de ferme qui s'en allait porter aux lapins de Mme Rouergues une pleine brassée de luzerne qu'il était allé ramasser la veille. Ce fut un trait de lumière pour moi.

— J'y suis, me dis-je. Je vais expliquer mon affaire à Mme Rouergues, lui dire que j'ai besoin de gagner l'argent de ma cotisation et lui demander si elle ne voudrait pas me charger, en place de notre valet Dominique, d'aller ramasser l'herbe pour les lapins, moyennant 0 fr. 50 de gages mensuels. Elle n'y perdra pas d'ailleurs, car elle pourra utiliser pour quelque besogne plus profitable les bras robustes de Dominique.

Ainsi dit, ainsi fait.

— Entendu, me dit Mme Rouergues en souriant, quand je lui eus

FIG. 54. — Je pris ma besogne au sérieux et soignai de mon mieux mes lapins et mes volailles.

fait ma proposition. Tu auras de quoi payer ta cotisation. Mais puisque tu as envie de travailler pour gagner de l'argent, à mon tour de te faire une proposition. Tu sais maintenant comment on soigne les lapins et les poules. Veux-tu que je te charge de la surveillance du clapier et du poulailler? Comme toute peine mérite salaire, tu auras ta petite part dans nos bénéfices : nous te donnerons chaque mois un dixième du produit net de la vente de nos lapins et de nos poulets. Comme cela, tu seras intéressé à la prospérité du clapier et du poulailler.

Vous pensez si j'acceptai avec joie la proposition. Je pris ma besogne très au sérieux et je soignai si bien mes lapins et mes volailles qu'à la fin du mois Mme Rouergues me remit trois francs pour ma part dans les bénéfices auxquels elle m'avait intéressé.

L'appétit vient en mangeant, dit le proverbe. Encouragé par ce premier résultat, je m'enhardis jusqu'à demander à M. Rouergues la permission de planter quelques légumes dans la partie haute d'un de ses champs qui n'était pas cultivée.

— Je veux bien, me dit-il en riant, mais part à deux, Monsieur le métayer... Ah ! ça ! Sais-tu seulement ce que c'est qu'un métayer ?

— Mais oui, Monsieur Rouergues, un métayer est un cultivateur qui exploite, comme le fermier, un domaine agricole dont il n'est pas le propriétaire, mais qui, au lieu de payer en argent le loyer de la terre, comme fait le fermier, le paye en nature en partageant avec le propriétaire les *fruits*, c'est-à-dire tous les produits du domaine.

— A merveille. Eh bien ! tu seras mon petit métayer. Il est bien entendu que je te fournirai toutes les semences dont tu auras besoin.

SUJET A DÉVELOPPER

Les dettes. — Que pensez-vous des dettes ? Dites dans quel état se place celui qui emprunte. Faites ressortir l'avantage d'acheter toutes choses au comptant.

PLAN. — Emprunter, c'est réclamer à quelqu'un un service; c'est s'humilier.

Celui qui doit perd quelque chose de son indépendance.

Les dettes, d'autre part, amènent avec elles les inquiétudes et les soucis. Il faut penser à rendre ce qu'on a emprunté.

Une maladie, un accident peuvent déjouer vos prévisions et vous obliger à prolonger votre dette ou à en contracter une nouvelle. Celui qui a aliéné sa liberté ne sait vraiment plus quand il la reprendra.

Sans doute il est quelques rares circonstances où l'on est dans la nécessité de recourir à l'obligeance d'autrui.

En dehors de ces circonstances exceptionnelles, l'homme prévoyant doit savoir modérer ses désirs, régler ses dépenses, et remettre à plus tard une acquisition qu'il ne saurait faire pour l'instant.

On gagne toujours à acheter au comptant. On paie moins cher, on garde le droit de choisir son marchand et sa marchandises.

XXXIX (39). — Jean Lavenir métayer.

« Nul ne peut travailler honnêtement pour lui-même sans travailler utilement pour tout le monde. »

BASTIAT.

Ravi de l'aubaine, je me mis à l'œuvre aussitôt. Je défrichai un carré que je plantai de laitues et de chicorées, puis un autre où je semai des carottes et des choux. Petite Marie ne manquait pas une de mes séances de jardinage. Elle allait, venait, m'aidait à arroser, arrachait les mauvaises herbes en gazouillant comme un oiseau, s'interrompait pour venir me donner gravement quelque conseil.

— Tu sais, Jean, il faudra porter, la prochaine fois, une brouettée de fumier...

Puis elle voulut avoir son jardinet, elle aussi. Je lui défrichai un petit coin près d'un bouquet de chênes pour qu'elle pût s'asseoir à l'ombre quand elle viendrait visiter son jardin : quelques pieds de muguet, sa fleur favorite, des pâquerettes, des pensées en firent tous les frais. Elle soignait ses fleurs avec autant d'amour que moi mes légumes. Salade, carottes et choux poussèrent à merveille.

Quand mes légumes furent à point, j'invitai Mme Rouergues à venir les voir.

— Bravo, mon petit Jean, tu as bien travaillé, et voilà, en particulier, des laitues qui font honneur au jardinier. Mais que comptes-tu faire des produits de ton jardin ?

— Mais vous les offrir, Madame Rouergues, si vous les jugez dignes de figurer sur votre table.

— Eh quoi ! Vous oubliez, Monsieur le métayer, les conditions du bail que M. Rouergues a passé avec vous : part à deux, M. Rouergues a droit à sa part.

— Je veux bien, mais qu'en ferait-il ? Je ne le vois pas.

— Je le vois très bien, moi. Je vais lundi au marché de Saint-Bonnet. J'emporterai tes salades avec mes œufs et mes volailles, et nous verrons s'il n'y a pas d'amateurs pour les produits de ton jardin..

Le lundi soir, à la fin du souper, Mme Rouergues me dit :

— Tu ne me demandes pas des nouvelles de tes salades ? Tiens, regarde.

Et elle me tendit une pièce de deux francs.

FIG. 55. — Quand mes légumes furent à point, j'invitai Mme Rouergues à venir les voir.

— Halte-là ! s'écria le plus sérieusement du monde M. Rouergues, en interceptant au passage la pièce qu'il mit dans sa poche. Et la part du propriétaire, qu'en faites vous ?

— La voici, la part du propriétaire, dit Mme Rouergues, en renversant sur la table une sacoche d'où s'échappa une pluie de sous et de menues pièces d'argent. Le propriétaire peut attendre.

— A ce compte il vaut mieux être métayer que fermier, car mon propriétaire n'attend pas, lui. Hum!... Allons, ce sera pour une autre fois.

Et remettant la main à son gousset, il en tira non pas une pièce de deux francs, mais trois pièces de un franc.

— Tenez, Monsieur le métayer!

— Pardon, Monsieur Rouergues, mais c'est deux francs et non pas trois que Mme Rouergues vous a fait passer pour moi tout à l'heure.

— Eh quoi! Tu ne te contentes pas de ne me rien payer du tout, tu te mêles encore de me faire la leçon...

— Mais, Monsieur Rouergues, je n'y comprends rien.

Et en désespoir de cause, j'en appelai du regard à Mme Rouergues.

— Je comprends, moi, dit Mme Rouergues. Deux francs pour les salades et un franc pour le défrichage du carré, payé comme de juste par le propriétaire à son métayer, cela fait bien trois francs.

— Oui, c'est cela, répliqua en grommelant l'excellent M. Rouergues, le défrichage en sus, à mes frais, la voilà bien la part du propriétaire! Pauvre propriétaire! Prenez votre argent, Monsieur le métayer, et n'ayez pas peur : je saurai bien me rattraper à la première occasion.

XL (40). — Que vaut l'argent?

« Si vous voulez être riches, n'apprenez pas seulement comment on gagne, sachez aussi comment on ménage. »

FRANKLIN.

Que de fois les largesses de M. et Mme Rouergues augmentèrent ainsi mon pécule! Car maintenant j'avais un pécule. Je ne vous dirai pas que j'avais de l'argent à n'en savoir que faire. Je plains ceux qui ne savent que faire de leur argent : qu'ils regardent autour d'eux, ils ne seront pas embarrassés pour le bien employer.

Charité bien ordonnée, dit un proverbe, *commence par soi-même*. Entendons-nous. Sans doute, il ne faut rien exagérer : ce serait folie de se réduire, en secourant les autres, à l'indigence, c'est-à-dire à l'impuissance même de les secourir, et d'en venir soi-même à tendre la main à force d'avoir rempli celle qu'ils tendent. Il n'est pas seulement permis, il est nécessaire de songer à soi. La charité bien ordonnée qui commence par soi-même, est celle qui, en créant à l'homme laborieux des ressources par son travail et son épargne, assure son indépendance et, par conséquent, la dignité de sa vie. *La faim*, ai-je lu quelque part, *regarde par la fenêtre de celui qui travaille et n'ose entrer dans sa maison*. Mais le respect regarde par sa fenêtre et entre dans sa maison.

Fig. 56. — Le travail assure à l'homme son indépendance et la dignité de sa vie.

Vous le dirai-je ? Il me semble que, depuis que je possède quelque argent, je suis devenu moins timide et que les autres ont pour moi moins de pitié et plus de considération. Tout se sait au village, et l'on a bien vite appris que je me tirais d'affaire à ma façon. Eh bien ! je vous assure que maintenant les gens ont une autre manière, beaucoup plus agréable pour moi, de me dire bonjour...

L'argent, dit-on justement, est un mauvais maître et un bon serviteur. Cela revient à dire que l'argent ne vaut que par la manière dont on s'en sert. Méprisable quand il ne procure que des jouissances égoïstes, il devient précieux, quand, à celui qui gagne honorablement sa vie, il assure le repos d'esprit et la certitude du lendemain ; plus précieux encore, quand il lui permet de soulager quelque souffrance autour de lui. Il faut, en effet, considérer le surplus de l'argent qu'on a gagné, déduction faite des dépenses nécessaires à l'existence, comme une sorte de trésor de guerre où l'on a le devoir de puiser pour aider ceux qui souffrent à lutter contre la maladie et la misère. Voilà comment on ne travaille jamais pour soi, quand on n'est pas un égoïste, sans travailler en même temps pour les autres; et voilà pourquoi il faut économiser, non seulement pour les mauvais jours, pour le soir de la vie, parce que « le soleil du matin ne durera pas toute la journée », mais pour n'avoir pas le crève-cœur d'être pris au dépourvu, quand il y a près de nous des larmes qu'un peu d'argent pourrait sécher.

Qu'il me parut précieux, doux à recevoir, doux à regarder, le premier argent que je touchai ! Il ne représentait pas seulement pour moi une somme assez considérable d'efforts et d'activité, la récompense de mon initiative et de mon travail : quand je le faisais danser dans mes mains, il me semblait qu'il y avait quelque chose de changé en moi, que ce premier argent gagné à la sueur de mon front commençait l'affranchissement de ma petite personnalité, ma transformation d'enfant dépendant des autres en homme libre, capable de se suffire à lui-même; que j'étais prêt à prendre mon essor, comme l'oiselet qui essaie ses ailes au bord du nid.

Et je me disais en le regardant :

— Je comprends qu'un homme soit fier d'être le fils de ses œuvres, c'est-à-dire de ne rien devoir qu'à lui-même. Qu'il fait bon travailler, non pour s'enrichir, selon le souhait des âmes vulgaires, mais pour être indépendant ! Je sais maintenant quelle douceur il y a à gagner sa vie. La route est plus dure pour un pauvre enfant recueilli par l'Assistance publique. Qu'importe ? Je sais maintenant que je suis dans la bonne route. Je veux qu'un jour je sois fier de l'avoir parcourue jusqu'au bout sans défaillance et que, regardant en arrière avec satisfaction, je puisse me dire : « Moi aussi, je suis le fils de mes œuvres. »

SUJET A DÉVELOPPER

L'économie. — Comment comprenez-vous l'économie ? Montrez que l'économie conduit à l'épargne.

PLAN. — Nous n'avons pas le droit de gaspiller les ressources qui sont à notre disposition ; nous devons tirer tout le profit possible des choses que nous possédons.

Si nos moyens dépassent nos besoins, tant mieux ! nous nous garderons « une poire pour la soif » et nous viendrons en aide à ceux qui manquent même du nécessaire.

L'économie consiste surtout à faire un emploi intelligent de ses propres biens ; si peu qu'on ait, on a toujours assez quand on sait limiter ses désirs.

Il convient de penser au lendemain ; les maladies ne doivent pas nous trouver au dépourvu ; notre grenier ne doit jamais être vide. L'imprévoyant court fatalement à la misère.

L'économie conduit à l'épargne ; le sou qu'on ne dépense pas est mis de côté : il fructifie et produit l'aisance, parfois la fortune. Un « peu », répété, finit par faire beaucoup. Les petits ruisseaux font les grandes rivières.

XLI (41). — L'emploi des économies.

« Le plus riche des hommes, c'est l'économe ;
le plus pauvre, c'est l'avare. »

CHAMFORT.

Cet argent que j'avais bien gagné je tâchai de l'employer le moins mal possible. Au village, on n'a pas les mêmes tentations qu'à la ville. Pas de magasins aux devantures alléchantes, pas de bazars où « l'entrée est libre », mais où l'on n'est pas libre, hélas ! de ne pas acheter dès qu'on est en présence des séductions de l'étalage ; enfin surtout pas de ces pâtisseries appétissantes qui vous font venir l'eau à la bouche avec leurs plateaux garnis de gâteaux saupoudrés de sucre, leurs bocaux pleins de bonbons de toutes les formes, de toutes les couleurs, et si variés que vous aurez beau faire et dépenser votre argent, il y en aura toujours que vous verrez pour la première fois. Bonne excuse pour y goûter !

Je n'eus donc pas grand mérite à ne pas gaspiller

mon argent. Après mûres réflexions, j'en fis trois parts. Je versai la plus grosse à la Caisse d'épargne scolaire, et chaque mois le petit capital inscrit sur mon livret de caisse d'épargne s'enfla de quelques francs. A ce capital je me gardai de toucher : c'était la réserve pour l'avenir, ma provision pour mes premiers pas dans la vie, l'outil avec lequel j'entamerais mon sillon, quand l'heure serait venue de le creuser.

Je consacrai une deuxième part à mes besoins les plus urgents... Eh quoi ! N'avais-je pas le nécessaire, tout le nécessaire chez M. et Mme Rouergues, et quant au superflu, est-ce qu'on en a jamais besoin et le mieux n'est-il pas de s'en passer ?... Pardon, mais entre le nécessaire et le superflu, il y a place pour quelque chose qui n'est pas rigoureusement indispensable sans être inutile, tant s'en faut.

Ainsi j'étais habillé tant bien que mal avec les vêtements mis à ma disposition par l'Assistance publique que la bonne Mme Rouergues rajustait avec adresse à ma taille. Rien de mieux pour les jours ordinaires. Mais j'aurais bien voulu avoir, comme mes camarades, pour les dimanches et jours de fêtes, un vêtement neuf et fait pour moi. Affaire de vanité ? Nullement. On n'est guère coquet au village, surtout à l'âge que j'avais alors. Mais affaire de dignité, oui, vraiment de dignité.

Souriez-vous et pensez-vous qu'à douze ans, quand on est pauvre, on n'ait pas le droit d'avoir de ces délicatesses ? Pour moi, je me sentais gêné, mal à l'aise et comme emprunté dans mes vêtements rapiécés. Ils avaient beau avoir été rajustés à ma taille, il me semblait qu'ils n'étaient pas à moi puisqu'ils n'avaient pas été faits pour moi.

Il y a des gens pour lesquels l'ajustement est la grande affaire de la vie, comme il y en a qui ne vivent que pour manger. Mais il ne faut pas verser dans l'excès contraire : une mise peu soignée, négligée dénote le plus souvent l'insouciance dans le caractère et l'absence de délicatesse morale.

Aussi, dès que mes moyens me le permirent, je me commandai chez le tailleur de notre village un vêtement complet d'épais drap brun en pure laine. Quand je le revêtis pour la première fois quinze jours plus tard, à l'occasion de la fête du village, je ne vous dirai pas que je me regardai avec complaisance dans un miroir : s'il y avait eu un miroir à la ferme d'Estivareilles, l'idée ne me fût pas venue de m'y regarder, trop certain que j'étais de n'y apercevoir qu'un petit paysan gauche, dégingandé, au visage anguleux.

FIG. 57. — Je me commandai un vêtement complet.

Non, mais je vous confesserai que je me sentais moins timide et que j'accompagnai à la fête du village, M., Mme Rouergues et la petite Marie, le cœur plus léger et comme heureux de vivre, sans cette espèce de honte qui souvent, le dimanche, m'avait fait rester en arrière et comme à l'écart quand, vêtus de leurs plus beaux atours, ils s'en allaient rendre quelque visite.

— Comme tu es beau, Jean ! s'écria la petite Marie en me voyant tout de neuf habillé. Je veux que tu me donnes la main tout le temps pendant notre promenade à la fête.

Cette exclamation naïve me fit rougir de plaisir. J'aurais trouvé ridicule de me regarder dans un miroir, et cependant j'étais très flatté qu'une toute petite fille voulût être accompagnée par moi. Décidément la vanité ne perd jamais ses droits : chassez-la par la porte, elle rentre par la fenêtre.

XLII (42). — La troisième part de l'argent.

« La Générosité est le complément et la raison d'être de l'Économie. »
EDOUARD PETIT.

Et la troisième part de mon argent, n'êtes-vous pas curieux de savoir ce que j'en fis? Elle fut pour moi ce que j'appelais tout à l'heure le trésor de guerre, la réserve où je puisai à l'occasion pour venir en aide à de plus pauvres que moi, et les occasions ne me manquèrent pas. Au village tout le monde se connaît : il n'y a pas de pauvres honteux et qui se cachent, comme à la ville; rien de plus facile que d'aller trouver la misère quand on a les moyens de la secourir.

Je n'insisterai pas là-dessus. Il y a des choses qu'il faut se garder de dire de peur d'avoir l'air de s'en vanter comme d'un mérite : n'est-il pas vrai que la main gauche doit ignorer ce que donne la main droite? Et puis, je vous le demande, le beau mérite quand, comme moi à ce moment-là, on ne manque de rien, à se priver d'un peu de superflu pour donner un peu du nécessaire à ceux qui sont dépourvus de tout!

Je ne vous en parlerais même pas — tant la chose me paraît naturelle — si, quand j'écris ces lignes, le souvenir d'un petit service que j'eus l'occasion de rendre à un de mes camarades, ne me revenait à l'esprit. Je vous raconte cette anecdote de mon enfance pour qu'à l'occasion vous agissiez comme moi. Vous avez bon cœur, mais vous êtes légers, étourdis, comme je l'étais à votre âge. Si vous aviez la pensée qu'il dépend de vous de soulager quelque infortune, vous y courriez. Mais justement l'idée ne vous vient pas, ou vous vient quand il est trop tard.

Par bonheur, je n'eus pas pareil regret ce jour-là. J'avais remarqué qu'un de mes camarades, fils d'une pauvre veuve chargée de famille, n'avait pas paru en classe depuis quelque temps. Un après-midi, en sortant de l'école, je me détournai de mon chemin pour aller prendre de ses nouvelles. Je l'aperçus de loin, sur le pas de sa porte, prenant ses ébats avec ses petits frères.

Fig. 58. — Il eut, le soir même, sa paire de sabots, et c'est moi qui fus son obligé.

— Eh quoi! je te croyais malade!...

Il rougit un peu.

— J'ai eu un accident, me répondit-il avec un certain embarras.

— Un accident? Lequel? Je n'en ai rien su.

— L'autre jour, en glissant sur les marches de la fontaine, j'ai cassé en deux un de mes sabots. Alors... continua-t-il en hésitant, alors, tu comprends, je n'ai pas pu revenir à l'école, car M. l'Instituteur ne veut pas qu'on y entre pieds nus...

Eh! oui, je comprenais, je comprenais ce qu'il ne me disait pas, qu'il n'était pas venu à l'école parce que sa mère était trop pauvre pour lui acheter une paire de sabots neufs.

Il l'eut, le soir même, sa paire de sabots neufs, et c'est moi qui fus son obligé. N'est-on pas toujours l'obligé de ceux qui vous procurent du plaisir, et le meilleur de tous les plaisirs n'est-il pas celui que l'on fait aux autres?

SUJET A DÉVELOPPER

La richesse. — Si vous étiez riche, dites comment vous emploieriez votre fortune.

PLAN. — La richesse ne fait pas à elle seule le bonheur, on peut posséder une grande fortune et traîner une vie malheureuse.

Le bonheur est surtout dans le contentement de soi-même. Or on est content de soi quand on ne cesse pas de mériter sa propre estime et celle d'autrui.

Si j'étais riche, je tâcherais de ne me laisser jamais entraîner à des excès : je me donnerais tout le bien-être possible, je me procurerais tous les plaisirs agréables aux yeux et à l'esprit, je voyagerais, j'aurais une bibliothèque bien garnie.

Mais je penserais aussi, et beaucoup, aux autres. Je voudrais tout le monde heureux autour de moi. Je me garderais de distribuer l'argent à pleine main, ce qui aurait l'inconvénient d'exciter à la paresse ceux qui recevraient mes largesses; je m'efforcerais au contraire de stimuler les initiatives, les efforts sincères, de relever les courages abattus. Je ne donnerais sans compter que pour le soulagement des misères et des maladies.

Et je réglerais l'usage de mes biens de telle façon que toujours je pusse en jouir et en faire jouir les autres. Je resterais économe, même dans l'opulence, car l'argent bien employé est seul profitable.

XLIII (43). — L'émulation au bien.

« Bien dire, et mieux faire. »
CATINAT.

Estivareilles, 28 avril.

Mon cher Marcel,

« Je t'envoie, à titre d'échantillon de ma basse-cour, deux poulets dont Mme Rouergues, qui s'y connaît comme personne, déclare la chair tout à fait tendre et grasse à point. Je t'ai écrit que je me mêlais d'élever des lapins et des volailles, ou, plus exactement, les lapins et les volailles de Mme Rouergues, et que j'avais une part dans les produits de l'élevage. Les deux poulets que je t'envoie sont prélevés sur ma part. Ne crains donc pas de les accepter : ils sont bien à moi et ne doivent rien à personne. J'espère que vous ferez honneur à mon envoi dimanche prochain à votre table de famille et que vous penserez tous à moi comme je pense moi-même fidèlement à mes amis stéphanois, en faisant mentir le méchant proverbe : *Loin des yeux, loin du cœur.*

Tu me demandes de te parler longuement de l'*Association scolaire d'émulation au bien* que notre instituteur M. Dumoulin a fondée il y a un an et qui, depuis lors, a fait ses preuves à Estivareilles. La chose en vaut la peine en effet, et je suis sûr que, mieux renseigné, tu t'y intéresseras. Tu as tort de railler ce que, dans ta lettre, tu appelles « l'abus du droit d'association ». Encore une association, t'écries-tu, n'en finirons-nous donc plus, nous autres écoliers, de nous unir pour ou contre quelque chose !

D'abord, monsieur le railleur, permettez-moi de vous faire remarquer qu'il n'y a pas matière à moquerie dans le fait que plus nous allons, plus on apprend aux enfants à s'associer, dès l'école, pour une foule d'œuvres utiles et bonnes. Est-ce que l'association ne décuple pas, ne multiplie pas à l'infini les pouvoirs de chacun pour le bien, pour son bien comme pour le bien de tous? Et puis quel meilleur apprentissage de l'activité individuelle et des utiles initiatives? On se plaint que les Français soient routiniers : tant mieux donc s'ils s'unissent pour fonder quelque chose. L'exercice de plus en plus fréquent qu'ils font du droit d'association, n'est-il pas la preuve que la vieille énergie de notre race n'est pas morte, qu'elle est en train de se réveiller, que nous sommes en route pour un lendemain meilleur qu'hier?

Cela dit, j'entre en matière. Quel est le programme de notre *Société d'émulation au bien?* Elle se propose de réagir contre les manières trop libres de beaucoup d'écoliers, de faire toucher du doigt à l'enfant son égoïsme, dont il a bien rarement conscience, de lui apprendre les égards qu'il doit aux personnes plus âgées, à ses supérieurs, à ses égaux, ce qu'il se doit à lui-même, à sa dignité naissante; enfin, de faire de lui un volontaire dans l'armée du bien, toujours prêt à accourir là où il y a une bonne action à accomplir, une mauvaise action à empêcher. Tu vois par ce programme, mon cher Marcel, que notre Société est une manière de *Comité de patronage* qui s'emploie, modestement et sans bruit, à compléter et à fortifier l'éducation donnée à l'enfant dans la famille et à l'école.

Notre Société admet dans ses rangs — et ce n'est pas sa moindre originalité — les enfants, garçons ou filles, de toutes les conditions. Enfants pauvres et enfants riches n'ont qu'à gagner à frayer ensemble : à ce contact mutuel les pauvres apprennent à dépouiller leur rudesse native et leur gauche timidité, les riches à aimer à se rapprocher des pauvres, à voir en eux des égaux, dignes d'estime et de sympathie, non des inférieurs.

Fig. 59. — Notre société se propose de faire de l'enfant un volontaire toujours prêt à accourir là où il y a une bonne action à accomplir, une mauvaise action à empêcher.

Garçons et filles de cinq à quinze ans sont admis dans notre Société moyennant une cotisation annuelle de 0 fr. 10. Deux sous par an, belle occasion de sourire, ami Marcel, et je t'entends t'écrier : « Voilà qui n'est pas cher; et que faites-vous avec tant d'argent? »

Eh! qu'en ferions-nous, vilain moqueur, puisque nous n'avons pas de frais? A l'encontre de ce qui se passe dans tant d'autres société, l'important, dans la *Société d'émulation au bien*, n'est pas de faire de grosses recettes, mais de recruter le plus grand nombre possible d'adhérents.

XLIV (44). — Le programme de M. Dumoulin.

« Le Problème social est, en dernière analyse, un problème d'éducation. »

LÉON BOURGEOIS.

Ces adhérents sont traités en personnes graves, sachant ce qu'elles font et à quoi elles s'engagent. Chacun, en effet, en devenant membre de notre Société, déclare par écrit qu'il s'engage à en respecter les règlements, et, pour qu'il n'en ignore, on lui remet, au moment de son inscription, une carte nominative sur laquelle figurent, en gros caractères, ces deux adages qui résument toute la morale sociale : *Ne fais pas à autrui ce que tu ne voudrais pas qu'on te fît. — Fais à autrui ce que tu voudrais qu'on te fît à toi-même.*

FIG. 60. — Ne sois pas égoïste : partage avec les autres ce que tu possèdes.

Au verso de cette carte se trouvent inscrits ce que nous appelons les commandements de la Société. Je les transcris à ton usage, ami Marcel, en espérant qu'ils trouveront grâce devant ta raillerie.

La bonne tenue à la maison : Aide tes parents autant que tu le pourras. Sois bon pour tes frères et pour tes sœurs. Ne sois pas égoïste : partage ce que tu possèdes avec les autres.

La bonne tenue à l'école : Sois respectueux envers tes maîtres. Ne cherche pas querelle à tes camarades. *Ne te moque ni d'eux ni de personne.* (Je souligne cela à votre intention, Monsieur Marcel. A bon entendeur salut !) Ne permets jamais qu'un autre soit puni à ta place, parce que c'est une lâcheté. Ne copie pas les devoirs de tes camarades. Ne taille pas la table avec ton canif et n'écris pas sur les marges de tes livres. (On voit, n'est-ce pas ? que nos statuts ont été rédigés par un instituteur qui se connaît en écoliers et qui sait que cet âge est sans pitié pour les tables et pour les livres).

« *La bonne tenue partout :* Salue le premier les personnes de ta connaissance quand tu les rencontres. N'oublie jamais de dire : « s'il vous plaît », ou « merci ». N'interromps pas ceux qui parlent. Ne sois jamais en retard. Bref, ne sois jamais impoli avec qui que ce soit, plus jeune ou plus âgé, plus riche ou plus pauvre. Souviens-toi que

La politesse est à l'esprit
Ce que la grâce est au visage.

Or, que vaut un visage d'enfant sans la fraîcheur et sans la grâce ?

« *Tu te dois à toi-même* d'être sincère, honnête, de ne pas employer de mots grossiers, d'éviter la mauvaise compagnie, de rentrer, à la fin des leçons et des jeux, avec des vêtements propres et sans déchirures.

« *Tu dois aux autres* d'être prévenant à leur égard; surtout quand il s'agit de personnes âgées, d'être toujours empressé à leur rendre de menus services, comme lorsqu'il y a lieu de leur éviter quelque peine ou dérangement, toujours prêt à leur porter secours, de quelque manière que ce soit. »

Et ne crois pas, ami Marcel, que ces prescriptions si précises, d'un caractère tout pratique, qui nous parlent, dans une langue qui est la nôtre, des défauts que nous

nous connaissons le mieux, soient lettre morte pour nous. N'avons-nous pas promis solennellement de les observer? On a beau être un enfant, on est homme d'honneur, n'est-ce pas?

D'ailleurs, pour mieux graver ces conseils dans notre esprit, M. Dumoulin ne manque jamais, le samedi après-midi, à la dernière classe de chaque semaine, de nous les faire relire à haute voix. Il n'est, parmi nous, si étourdi qui ne finisse par les savoir par cœur.

XLV (45). — Le livre d'or de l'École.

« Un bon livre, un bon discours peuvent faire du bien, mais un bon exemple parle bien plus éloquemment au cœur. »

CONFUCIUS.

Enfin, au début de chaque mois, M. Dumoulin nous donne lecture du cahier où sont consignées les bonnes actions accomplies, pendant le mois précédent, par les membres de notre Société. Ce cahier fait partie des archives de l'école.

En voici quelques extraits que j'ai demandé la permission de copier à ton intention. Tu verras qu'il y a de braves gens à l'école d'Estivareilles, quoiqu'il n'y ait pas ici pour moi, hélas ! un autre ami Marcel.

« 15 décembre. — Durand (Jules), onze ans, sortant de l'école, a aperçu un groupe de camarades qui poursuivaient de leurs plaisanteries un vieux mendiant marchant d'un pas mal assuré. « Regarde donc, il ne tient pas debout sur ses jambes, il est ivre. Suivons-le : on va rire ! Ohé ! par ici ! Encore un petit coup, mon vieux ! » — « N'avez-vous pas honte de parler et d'agir ainsi, a dit Durand à ses camarades. Ce vieillard n'est pas ivre. Si son pas chancelle, c'est qu'il n'en peut plus de fatigue et de privations. » — Durand a fait asseoir le vieillard au pied d'un arbre, puis, après l'avoir laissé reposer, escorté de ses camarades qui ne riaient plus et l'aidaient à tour de rôle à soutenir le pauvre homme, il l'a conduit chez sa mère qui lui a donné du café bien chaud et un vieux manteau pour se couvrir. »

« 27 février. — Carion (Alfred), 12 ans, apprenant que son camarade Turot, le fils du facteur, était obligé, par la maladie de sa mère, de manquer l'école et de rester à la maison pour guider ses frères et s'occuper du ménage, s'est rendu chez son camarade à la sortie de la classe, lui a indiqué les leçons et les devoirs et lui a répété de son mieux les explications données en classe. Il a continué ainsi chaque jour pendant les deux semaines qu'a duré l'absence forcée de Turot. »

Fig. 61. — Durand, soutenant le pauvre vieillard, l'a conduit chez sa mère.

« 10 mai. — Bertier (Ferdinand) a rencontré deux élèves de la petite classe qui tenaient à la main un nid de roitelets contenant cinq minuscules oiselets à peine couverts d'un léger duvet. « N'avez-vous donc pas de cœur pour enlever ces pauvres petites bêtes innocentes à leurs parents qui les aiment et les soignent si tendrement ? Ne vous a-t-on pas dit mille fois quels services nous rendent les oiseaux en mangeant les insectes nuisibles à nos semences et à nos vergers ? » Il leur a pris des mains le nid, a exigé qu'ils le conduisissent au buisson où ils l'avaient trouvé, et l'a remis doucement à sa place, tandis que le père et la mère marquaient leur inquiétude en volant autour de lui et en poussant de petits cris stridents. »

Tu vois, ami Marcel, qu'on a bon cœur à la campagne

Fig. 62. — **Principaux oiseaux utiles.** — Ces oiseaux sont les protecteurs des champs et des bois. Il faut se garder de les détruire et combattre les préjugés répandus sur certains d'entre eux dans les campagnes.

comme à la ville. Te moqueras-tu encore de mes petits paysans, incorrigible railleur, parce qu' « ils parlent patois »? Qu'importe le langage pourvu que le cœur y soit ! Et puis, tu sais, je suis moi-même un petit paysan, un paysan pour toujours, je l'espère bien. Gare à toi si tu l'oublies !

Pour te punir, je t'embrasse en patois. *Boun saï* (bonsoir), ami Marcel.

Jean Lavenir. »

SUJET A DÉVELOPPER

Parole donnée. — Expliquez ce que c'est que promettre et dites pourquoi il est malhonnête de manquer à ses engagements.

PLAN. — Promettre, c'est s'engager pour l'avenir avec autrui. Une promesse est sacrée : y manquer, c'est avouer qu'on n'a pas d'honneur.

Nous ne devons jamais donner notre parole sans être sûrs que nous sommes à même de la tenir dans le temps et dans les conditions convenus. Ne pas remplir ses engagements, c'est tromper; c'est parfois occasionner à celui qui a eu confiance en nous, de graves préjudices dont nous sommes responsables.

Il n'est qu'une circonstance dans laquelle il semble permis de violer ses engagements, c'est quand, imprudemment, nous avons promis une chose déshonnête.

Dans tout autre cas, quoi qu'il puisse nous en coûter, nous n'avons pas le droit de manquer à nos promesses. Tant pis si, en acquittant nos promesses, nous courons risque de compromettre nos ressources ou notre avenir : nous gardons au moins intact notre honneur, c'est-à-dire notre bien le plus précieux.

Afin d'éviter toute surprise, toute contestation, nous exigerons toujours que nos engagements soient exprimés d'une façon nette et précise; nous repousserons toute restriction et nous ne voudrons jamais nous abriter derrière un mot à double sens. Tromper hypocritement est doublement méprisable.

XLVI (46). — Un mouvement regrettable.

« La grande chose à considérer dans la vie c'est la douleur que l'on peut causer aux autres. »

BENJAMIN CONSTANT.

En me renvoyant la lettre qui précède, avec quelques autres de la même main et de la même époque, Marcel m'écrivait il y a quelques jours : « Puisque tu te mêles d'écrire tes Mémoires pour l'usage et l'instruction de la postérité, je te fais tenir, ô mon illustre ami, quelques documents qui pourront servir à rafraîchir tes souvenirs. Régale tes lecteurs de ces miettes, qui me régalent encore quand je relis tes confidences d'enfant... »

Maigre régal pour vous, mes chers enfants, j'en ai peur, mais auquel j'ai été obligé de vous convier pour rester l'historien exact et sincère de ma vie. Sincère, il en coûte de l'être parfois, et me voici justement arrivé à un incident que je passerais volontiers sous silence, si je n'étais préoccupé que de vous donner de moi une flatteuse opinion. Mais on ment, vous le savez, aussi bien en ne disant qu'une partie de la vérité qu'en disant le contraire de la vérité. Je vais essayer de ne vous mentir ni d'une manière ni de l'autre : si mon amour-propre souffre, tant pis pour lui, mais tant mieux pour moi.

Fig. 63. — Le maître lisait le récit des bonnes actions accomplies par les élèves de l'école.

En lisant tout à l'heure les extraits du cahier où était consigné le récit des bonnes actions accomplies par les élèves de l'école d'Estivareilles, vous avez dû vous dire : « Tiens ! Ce bon ami Jean Lavenir qui aime tant à parler de lui, de ce qu'il a fait, de ce qu'il n'a pas fait, comment donc n'a-t-il pas saisi une si belle occasion de se citer lui-même à l'ordre du jour en extrayant du cahier le récit de quelques-uns de ses exploits ? Nous l'eussions cru sur parole, et c'eût été tout profit pour lui... »

Vous oubliez ce que je vous ai déjà dit, Messieurs les rieurs, qu'il n'y a jamais eu en moi l'étoffe d'un héros. Je n'ai jamais sauvé un enfant en train de se noyer ; je ne me suis jamais élancé à travers les flammes pour en retirer, au péril de ma vie, une vieille femme impotente... Ai-je eu, dans ma vie d'enfant, l'occasion de faire un peu de bien, de ci de là? C'est possible, mais j'espère que *le livre d'or* de l'école d'Estivareilles n'en a pas gardé trace, et quant à moi, je ne m'en souviens pas, non vraiment, je n'en ai gardé nulle souvenance. Voyez-vous, il ne faut pas ébruiter ses bonnes actions : *le bruit ne fait pas de bien,* a dit quelqu'un, *et le bien ne fait pas de bruit.* Autant il faut se souvenir des services reçus, autant il faut oublier les services rendus. Faites comme moi : c'est le seul moyen de ne jamais faire d'ingrats.

En revanche, je tâche de ne jamais oublier mes torts, non pas seulement pour les regretter, mais pour me mettre en garde contre tout retour offensif des travers de caractère qui en ont été la cause première. Si, à côté du carnet du bien, on eût conservé dans les archives de l'école d'Estivareilles un carnet de morale où chaque écolier, après un libre examen de conscience, eût relaté toutes les semaines ses fautes les plus graves, mon nom y eût figuré peu honorablement certain jour de cette même année.

XLVII (47). — Accès de colère.

« La colère est une courte folie. »

SÉNÈQUE.

Nous étions allés gauler des noix, Dominique, le valet de ferme, petite Marie et moi. Partie de plaisir plutôt que besogne sérieuse. Chacun muni d'une perche et d'un panier avait choisi son noyer et travaillé de son mieux.

— Jean, je suis lasse, dit à la fin petite Marie, arrêtons-nous et comptons nos noix.

Nous nous assîmes tous les trois, chacun à côté de son tas de noix, et nous les comptâmes au fur et à mesure que nous les remettions dans les paniers.

— Cinquante-cinq, s'écria la petite Marie.

— Et moi, soixante-quatorze, dis-je quelques instants après.

Dominique continuait à compter. Il me semblait qu'il n'en finissait plus.

— Quatre-vingt-douze, dit-il enfin.

— Bravo, s'écria la petite Marie en battant des mains, c'est lui qui en a le plus.

— Naturellement, m'écriai-je un peu vexé, c'est toi qui en as le moins, petite Marie, parce que tu es la plus petite, comme c'est lui qui en a le plus parce qu'étant le plus grand, il peut, avec sa gaule, atteindre des branches plus hautes et mieux fournies.

— Peut-être bien qu'il en a plus que toi parce qu'il est plus adroit, répliqua la petite Marie en riant malicieusement.

Fig. 64. — Petite Marie se met bravement entre nous, et c'est sa pauvre petite joue toute baignée de larmes qui reçoit le soufflet destiné à Dominique.

Pourquoi cette simple réponse, où il n'y avait rien de méchant, me mit-elle subitement hors de moi-même? Je n'avais jamais rien eu contre Dominique, un brave garçon dur à l'ouvrage, un peu lourd de carrure et court d'esprit seulement, ce qui n'était pas de sa faute. Et pourtant je m'écriai rageusement :

— Plus adroit que moi, lui! Il est bien trop bête pour cela!

Dominique rougit sous l'injure, et se redressant, il se rua sur moi, le poing fermé :

— Attends un peu, va!

Mais petite Marie s'était jetée au devant de lui, et l'arrêtant :

— Non, Dominique, ne lui fais pas de mal, il ne sait pas ce qu'il dit, puis il n'est pas de ta taille.

Ces derniers mots achevèrent de m'enrager. A mon tour je m'élançai sur Dominique pour le frapper. Petite Marie, interposée entre nous deux, nous empêchait d'en venir aux mains. Fou de colère, j'essayais de la repousser.

— Va-t'en, c'est toi qui es la cause de tout cela, lui criai-je.

— Oh ! Jean, peux-tu bien dire cela?

Et tandis que je l'écarte d'une main, de l'autre je lance un vigoureux soufflet à Dominique. Mais petite Marie me glisse entre les doigts, se remet bravement entre nous, et c'est sa pauvre petite joue toute baignée de larmes qui reçoit le violent soufflet destiné à Dominique.

XLVIII (48). — Repentir.

« Il faut rougir de faire une faute, et non de la réparer. »

J.-J. Rousseau.

Qu'avais-je fait? Éperdu, je m'enfuis dans la campagne. Je courais sans savoir où j'allais, sans oser regarder en arrière, comme un malfaiteur après un mauvais coup. Et n'étais-je pas un malfaiteur en effet? Ne m'étais-je pas oublié, n'avais-je pas perdu le respect de moi-même au point d'insulter bassement, sans la moindre provocation, un brave garçon à qui je n'avais rien à reprocher? Et cela à propos d'un incident insignifiant, avec cette circonstance aggravante que j'avais cédé à un mouvement de ridicule vanité ! J'avais conscience que quelque chose d'irréparable s'était produit, que je n'étais plus ce que j'étais quelques instants auparavant : j'avais le sentiment très net d'une déchéance, de *ma* déchéance.

Je n'avais pas seulement honte de moi-même, j'étais désespéré. Moi qui avais senti auprès de la petite Marie la douceur d'avoir une petite sœur et d'être aimé d'elle, moi qui m'étais juré de lui donner toujours le bon exemple comme un frère aîné dévoué, je m'étais fait voir à elle comme le plus injuste, le plus emporté, le plus brutal des garçons, et je l'avais frappée, la chère et innocente créature, dans un accès d'aveugle colère, en visant un autre non moins innocent qu'elle. Que dirait-elle de moi quand elle rentrerait à la ferme? Que diraient ses parents? Sûrement ils me chasseraient comme le dernier des ingrats... Ah! oui, quelque chose d'irréparable s'était produit par ma faute : en un moment d'égarement, j'avais tout perdu, l'estime de moi-même, mon présent si tranquille et si riant, mes espérances d'avenir, et ce qui m'était le plus cher au monde, la confiance de mes parents adoptifs, l'amitié de la petite Marie.

Que faire? Hors d'haleine, je m'arrêtai à l'orée d'un bois de sapins et je m'assis tristement sur un talus, la tête entre mes mains. Une mauvaise honte m'empêchait de revenir en arrière, de courir après Dominique et la petite Marie. J'osais bien moins encore retourner à la ferme où sans doute ils m'avaient devancé... Enfin, à bout de réflexions :

Fig. 65. — Voulez-vous me permettre, lui dis-je, de vous aider à descendre jusqu'à la route?

— Tout plutôt que de subir l'humiliation d'être chassé de la ferme en présence de la petite Marie et de Dominique ; je mendierai mon pain, je coucherai sur la dure, s'il le faut, mais je n'y reviendrai pas.

Un bruit de feuilles sèches écrasées me fit retourner la tête. Une vieille femme, toute cassée par l'âge, la mère de notre voisin le maçon Oursel, descendait péniblement le talus, une main appuyée sur un bâton, l'autre portant une brassée de bois mort qu'elle venait de ramasser dans la forêt. Heureux de m'arracher à mes tristes pensées, je m'élançai au devant d'elle, et lui enlevant son fardeau :

— Voulez-vous me permettre, lui dis-je, de vous aider à descendre jusqu'à la route ?

— Ce n'est pas de refus, mon petit, car le talus est glissant et mes vieilles jambes bien maladroites.

Je lui tendis la main que j'avais libre et la guidai jusqu'au bas du talus où elle s'assit pour se reposer.

— Tiens, c'est toi, petit Jean, me dit-elle en me dévisageant, je ne t'avais pas reconnu tout à l'heure. Tu as été bien honnête comme toujours. Tu es un brave petit homme. Merci de ta bonté.

— Ne dites pas ça, grand'mère. Il n'est pas vrai que je suis bon.

Et j'éclatai en sanglots.

— Que veux-tu dire? Qu'as-tu, mon *filiot?*

Et la vieille maman Oursel m'attira à elle.

Je parlai, je lui dis tout : à mesure que mes paroles, entrecoupées de larmes, sortaient de mes lèvres, je sentais mon cœur se dégonfler.

Quand j'eus achevé mon récit, elle prit ma tête entre ses vieilles mains tremblantes, et caressant mon front brûlant comme eût fait une mère, elle me dit :

— Ecoute, Jean, il est bien sûr que tu as mal agi. Tu as voulu faire le glorieux devant la fille de tes maîtres; quand elle s'est moquée de toi, tu as perdu la tête, et tu t'en es pris à Dominique qui ne t'avait rien fait. Il n'y a qu'un moyen de réparer le mal que tu as causé, c'est de reconnaître tes torts et d'aller bravement demander pardon à ceux que tu as offensés.

— Mais je suis bien sûr qu'ils ne me pardonneront pas, qu'on me chassera sans vouloir m'entendre.

— Mauvaise raison : va, et même si l'on te chasse, tu auras l'esprit en repos puisque tu auras fait ton devoir.

Qu'il m'en coûtait de m'humilier, d'aller confesser à Mme Rouergues mon incroyable emportement, et de l'obliger, par mon aveu, à reconnaître combien elle avait mal placé sa confiance ! Qu'il m'en coûtait d'aller demander pardon à Dominique !

Eh ! non, je n'étais pas bon, car j'aurais senti qu'il y a de la honte à mal agir, mais non pas à confesser ses torts, à s'en excuser du fond du cœur.

XLIX (49). — Le retour à la maison.

« Il n'y a de grand, de durable, d'éternel en ce monde que le devoir. »

JULES FERRY.

Voyant mon hésitation, maman Oursel se leva, et me prenant par la main :

— J'irai avec toi, me dit-elle.

Je l'accompagnai jusque chez elle, je déposai dans son bûcher la provision de bois mort, puis l'embrassant :

— N'allez pas plus loin, grand'mère, et reposez-vous. Vous m'avez remis dans le droit chemin, j'ai bon courage maintenant.

— Eh bien ! va, mon enfant, il vaut mieux que tu sois seul quand tu feras tes excuses.

FIG. 66. — Dominique bêchait un carré du potager.

Le cœur me battait bien fort quand j'approchai de la ferme. Au bruit que je fis en levant le loquet de la barrière du potager, la petite Marie mit la tête à la fenêtre de la cuisine. Dès qu'elle m'eut reconnu, elle courut au-devant de moi.

— Je te guettais, vilain méchant. Tu sais, j'ai jeté mes noix : elles m'ont trop fait pleurer... Allons, embrasse-moi sur la joue pour qu'il n'y paraisse plus.

— Pardon, petite Marie, lui dis-je d'une voix sourde, je me surveillerai mieux une autre fois... Je ne recommencerai pas, va, j'ai eu trop de chagrin...

Dominique bêchait un carré du potager, à quelques pas de là. Il m'avait vu venir, mais il ne se retourna pas, quand je m'approchai de lui. La petite Marie courut à lui et gentiment prit sa main qu'elle mit dans la mienne :

— Allons, faites votre paix, dit-elle.

Je serrai la main de Dominique.

— Tu n'es pas allé à l'école aussi longtemps que moi, mais tu vaux mieux que moi, Dominique, car tu ne m'aurais pas dit ce que je t'ai dit. Pardonne-moi : je te promets qu'il n'y aura jamais plus de fâcherie entre nous par ma faute.

Un sourire éclaira la bonne figure placide de Dominique.

— La colère tombée, j'ai bien ri en pensant à toi, notre petit Jean. Sais-tu que, quand tu te fâches, tu ressembles tout à fait à notre petit coq nain lorsqu'il est monté sur ses ergots, le bec en avant et ouvert?

La comparaison n'était pas à mon avantage. Cette fois je ne songeai pas à m'en fâcher. Ah! Quel malheur que nous ne puissions nous voir comme les autres nous voient quand nous sommes en colère!...

SUJET A DÉVELOPPER

La jalousie. — Montrez en quoi la jalousie est méprisable. Dites quelle influence elle exerce sur les individus et sur la société. Au lieu d'envier le bien d'autrui, qu'est-il préférable de faire?

PLAN. — Il est en nous des instincts mauvais qui se manifestent aussitôt que nous cessons de les surveiller.

Un des plus méprisables est celui qui nous porte à la jalousie.

Nous devrions toujours être assez justes et assez raisonnables pour applaudir aux mérites de nos semblables, quittes à faire tout ce que nous pouvons pour les imiter et réussir comme eux.

Une société où tous les hommes, à l'envi les uns des autres, travailleraient pacifiquement, mais ardemment, à devenir de jour en jour meilleurs serait une société vouée à un avenir de bien-être et de progrès.

Mais si, au contraire, jaloux des succès de notre voisin, nous essayons de l'arrêter dans sa marche, et si nous-mêmes, dans l'impuissance d'avancer, nous nous décourageons, nous compromettons notre propre avenir tout en nuisant à l'intérêt de tous.

Cherchons notre bonheur en nous-mêmes. Les efforts persévérants ne restent jamais improductifs : si modestes que soient nos moyens, si lente que soit notre marche vers le mieux, nous aurons la consolation d'avoir fait tout ce qui dépendait de nous, et la satisfaction de n'avoir jamais nui à personne.

L (50). — Certificat d'études.

> « Le succès n'est pas ce qui importe. Ce qui importe, c'est l'effort, car c'est là ce qui dépend de l'homme, ce qui l'élève, ce qui le rend content de lui-même. »
>
> JOUFFROY.

Trois mois plus tard j'étais reçu premier à l'examen du certificat d'études primaires. M. l'Inspecteur primaire, qui présidait le jury d'examen, me félicita publiquement et

FIG. 67. — M. l'Inspecteur primaire me félicita publiquement et voulut me serrer la main.

voulut me serrer la main, tandis que M. Dumoulin, notre instituteur d'Estivareilles, qui nous avait accompagnés à Saint-Bonnet, où avait lieu l'examen, ne pouvait se tenir de m'embrasser devant tout le monde.

Tant de gloire ne me fit pas tourner la tête, loin de là. Je me serais bien passé de ces démonstrations touchantes mais gênantes, qui attiraient sur moi tous les regards. Vraiment la chose n'en valait pas la peine. Est-ce que dans les examens il n'y a pas toujours un premier et y a-t-il tant de différence entre le premier et le second que l'un doive être à l'honneur tandis que l'autre passe inaperçu ?

Et puis je ne me faisais pas illusion sur mon mérite... A chaque pas que j'ai fait dans la vie, je me suis convaincu un peu plus qu'il y a, dans tout ce qui nous arrive d'heureux, une part qui est notre œuvre, et une part qui est l'œuvre des autres ou bien des circonstances. Ma part dans ce premier succès, c'était non pas une somme exceptionnelle d'efforts, mais tout simplement la régularité de mon travail quotidien, régularité qui, en ne laissant place à aucun arriéré dans mon instruction générale, en supprimant les trous et les lacunes qui sont la conséquence inévitable d'un travail intermittent, avait rendu ma préparation à l'examen infiniment plus facile et, en même temps, aussi complète que possible.

Mais combien plus ne devais-je pas aux autres qu'à moi-même ! Sans les autres, que fussé-je devenu, moi, pauvre enfant orphelin, incapable de gagner ma vie ? On m'était venu en aide, des mains fraternelles s'étaient tendues vers moi : recueilli, hospitalisé, mis à même de m'instruire, de m'*élever* dans tous les sens du mot, comme si j'avais eu des parents pour veiller sur moi, j'étais devenu le pupille de la Nation. Pouvais-je oublier ce que la solidarité sociale avait fait pour moi ?

Et mes maîtres, mes chers, mes admirables maîtres de Saint-Étienne et d'Estivareilles, ne leur devais-je pas tout ce que je savais, tout ce que j'étais ? C'étaient eux qui avaient ouvert mon esprit, qui y avaient versé goutte à goutte — avec quelle zèle, quelle patience ! — ces connaissances dont je retirais aujourd'hui le premier bénéfice. Mieux que cela, c'étaient eux qui m'avaient donné ces premiers plis de l'esprit et du cœur qui ne s'effacent pas, qui m'avaient appris à apprendre, en m'inculquant le goût de l'ordre, l'habitude de la réflexion; qui avaient éveillé ma conscience en m'enseignant à regarder en moi et autour de moi; en moi, pour m'interroger sans complaisance, me surveiller, me redresser; autour de moi, pour ne pas me séparer des autres, m'associer à leurs tristesses et être toujours porté de bonne volonté envers eux. Ah! oui, je leur devais plus que mon succès, je leur devais ce que je valais, si je valais quelque chose, à ces maîtres vénérés qui avaient fait passer en moi le meilleur d'eux-mêmes.

Je dis tout cela à M. Dumoulin, ou du moins j'essayai de le lui dire, car ce que l'on sent le plus vivement est parfois ce que l'on exprime le moins bien. Je ne manquai pas non plus d'annoncer la bonne nouvelle à M. Baron, heureux de me rappeler à son souvenir en lui témoignant ma reconnaissance.

Puis j'écrivis à M. Dumont pour lui demander conseil sur ce que je devais faire. Courrier par courrier, il me répondit : — Il y a tout avantage pour toi à rester à la campagne pour le moment. Pourquoi reviendrais-tu à la ville et qu'y ferais-tu? J'écris à M. Rouergues pour lui demander s'il ne serait pas possible de te garder auprès de lui comme petit domestique.

— Bravo! s'écria la petite Marie, quand M. Rouergues nous lut, au repas de midi, la lettre de M. Dumont. Comme cela, Jean restera avec nous.

M. et Mme Rouergues sourirent en même temps : ce que petite Marie voulait, ses parents le voulaient toujours. C'est ainsi que je restai attaché à la ferme comme troisième valet, aux gages de douze francs par mois.

LI (51). — L'amour des arbres.

« Si infime que soit mon rôle, je puis du moins cette humble offrande : me rendre utile selon mes forces. »

PAUL et VICTOR MARGUERITTE.

Alors commença pour moi une nouvelle vie. Depuis mon arrivée à Estivareilles, j'avais aimé la campagne comme un enfant de la ville qui est transplanté aux champs. Je l'avais aimée pour la joie d'y vivre, de courir à travers les chemins fleuris, de me griser du grand air pur et des senteurs embaumées.

FIG. 68. — La ferme d'Estivareilles.

Du jour où je fus petit domestique, je n'eus plus le loisir de m'arrêter aux fleurs des champs, au babil des oiseaux, aux sources fraîches qui invitent à la halte. J'aimai la campagne autrement. Quand on travaille la terre, on est amené à ressentir pour elle une affection réfléchie, où il entre de la reconnaissance. N'est-elle pas la mère commune, la vraie mère nourricière des hommes ? Je sentis alors pour la première fois qu'entre la terre et l'homme qui l'arrose de ses sueurs il s'établit un lien très fort. Je compris que la profession agricole ait été longtemps considérée comme auguste et sacrée. Comment le travail qui nourrit les hommes, qui fait sortir du sol remué et fécondé la moisson blonde, n'eût-il pas été le travail par excellence dans les temps primitifs où l'homme devait se procurer par sa seule industrie tout ce qui était nécessaire à ses besoins[1] ?

Vivant ainsi près des choses de la campagne, en contact avec elles, associé à leur vie, j'appris à les voir, elles aussi, d'un autre œil. Enfant étourdi, je les avais d'abord aimées pour moi-même, de cette affection égoïste qui rapporte tout à soi : les fruits par gourmandise, les arbres pour leur ombrage, les fleurs pour le plaisir de les voir, de les respirer, de les cueillir. Que de fois, m'écartant du sentier, j'étais allé, au travers des blés dorés,

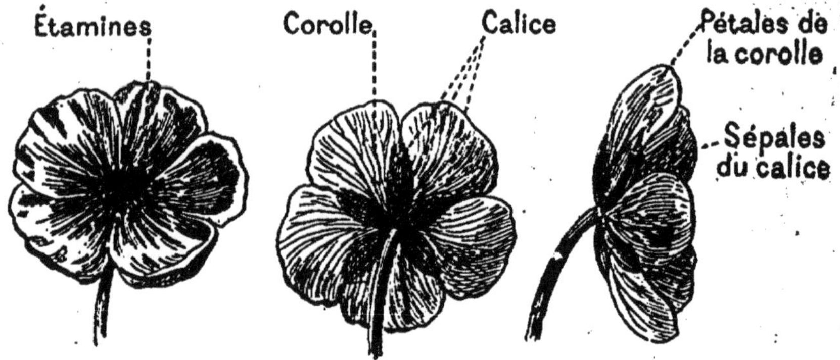

Fig. 69. — Une **fleur de Bouton d'or,** vue par sa *face supérieure*, par sa *face inférieure* et de *côté*.

sans souci de fouler les épis, cueillir les coquelicots et les bleuets pour en parer la petite Marie !

Je me sentais maintenant en vie commune avec les bêtes et les plantes qui m'entouraient. Je les aimais pour elles-mêmes et non plus pour moi. J'avais comme un tendre respect pour les plantes qui nous sont utiles ou pour celles qui sont la joie de nos yeux. Pour rien au monde je n'aurais couru à travers les blés mûrissants, dont la lente venue nous avait causé tant de travail et d'inquiétude, au risque d'écraser leurs tiges précieuses où tenait l'espoir de la récolte, notre pain de l'année prochaine. Je savais trop bien que

> Le blé germant, là-haut, dans la roche brisée
> Y boit plus de sueurs cent fois que de rosée !

1. Voir page 61.

Je me serais fait conscience de couper inutilement les fleurs pour le plaisir d'effeuiller leur corolle ou de les respirer un instant : elles me paraissaient bien plus jolies à leur place, dans les prés ou dans les champs, sur le bord des ruisseaux ou des roches, parmi les trèfles ou les fougères, là où le vent avait semé leurs graines errantes.

Quant aux vieux arbres, j'avais comme une amitié pour eux. Ils sont si beaux, les grands arbres, dans leur vieillesse. Ils sont la parure de la terre qui, sans eux, serait dépouillée et nue. Quand vous regardez un vieux chêne plus que centenaire, comme celui qui étend ses bras encore bien verts et vigoureux au-dessus de la colline, derrière la ferme des Rouergues, ne songez-vous pas que ce chêne a abrité, rafraîchi de son ombre plusieurs générations de travailleurs, et ne trouvez-vous pas, comme moi, qu'il y a dans ce vieil arbre quelque chose de vénérable, cette espèce de majesté que confère aux plantes comme aux hommes le grand âge quand il s'unit à la force et à la beauté? Et puis, vivant ou mort, qu'il nous prodigue ses fruits ou nous prête son ombrage, qu'il donne à l'artisan ses meubles, son berceau au nouveau-né, à l'aïeul son cercueil, l'arbre n'est-il pas notre bienfaiteur, notre compagnon de tous les jours?

LII (52). — Les Sociétés scolaires forestières.

« Je gagnerai ma vie et je serai homme; il n'y a point de fortune au-dessus de cela. »
J.-J. ROUSSEAU.

Aussi qu'ils ont été bien inspirés, les instituteurs, amis des arbres et dévoués à la prospérité de la commune où ils résident, qui ont pris l'initiative de fonder entre les élèves et amis de l'école qu'ils dirigent, des *Sociétés scolaires forestières!* Et qu'ils sont précieux, les résultats obtenus partout où ces Sociétés ont été fondées! Par le concours effectif des membres actifs de ces Associations, qui s'engagent à fournir chacun une ou plusieurs journées de travail par an, de grandes étendues de terrains communaux inutilisés ont été reboisées méthodiquement, particulièrement sur les versants dénudés; la culture pastorale a été améliorée dans les pays de pâturages; la protection des nids et des oiseaux utiles, la destruction des insectes nuisibles ont été organisées systématiquement.

Fig. 70. — La forêt était morte, dévastée par les coupes sombres du propriétaire avide et imprévoyant.

Et, comme il arrive presque toujours en pareil cas, ces entreprises désintéressées, instituées pour accroître le patrimoine de la petite patrie qu'est la commune, ont fini par profiter directement à ceux qui y ont participé. En mettant en commun leurs efforts, les membres des Sociétés scolaires forestières ont appris à se mieux connaître et à se sentir solidaires les uns des autres, en même temps qu'ils profitaient de leur expérience mutuelle et de leurs lumières réciproques. Ainsi s'est trouvée confirmée une fois de plus cette grande vérité, qu'on sert toujours bien son intérêt quand on sert l'intérêt général.

J'ai ouï dire qu'en Angleterre, en Amérique, et aussi chez nous, dans le Jura, dans le Doubs, on a institué dans ces dernières années la *Fête des arbres*. Une fois par an, en la bonne saison, tous les gens du village, riches et pauvres, paysans et bourgeois, châtelaines et filles de la campagne, s'assemblent et s'en vont en joyeuse procession au lieu choisi d'avance. Là, chacun creuse son trou au bon endroit et y plante son arbre. Que dites-vous de cette Fête des arbres? Quel tableau pouvez-vous imaginer plus riant et plus frais, plus plein de lumière et de joie, que celui des habitants du village se réunissant pour fraterniser en une œuvre charmante et utile, plantant des arbres pour les générations à venir, rendant l'ombre et les nids à la terre où ils dormiront un jour?

Voilà, en effet, mes enfants, comment la bonne volonté éclairée de l'homme répare le mal fait à la terre et à lui-même par son ignorance. L'herbe des pentes gazonnées avait été arrachée par la dent vorace des moutons ; la forêt était morte, dévastée par les coupes sombres du propriétaire avide et imprévoyant, la solitude avait remplacé la vie, le roc et les cailloux la verdure, et la voix sauvage du torrent dévastateur, le murmure du ruisseau coulant entre ses rives fleuries. Et voici que les arbres revivent, que le reboisement rend au sol dénudé le manteau et la parure qui cachent sa triste et stérile nudité; voici que la montagne se revêt de gazons et de forêts formant comme un tapis spongieux qui absorbe l'eau des pluies et des neiges; voici que le torrent s'apaise, que là où il grondait, le ruisseau chante de nouveau sous les berceaux de clématite et de chèvrefeuille, parmi les mousses chevelues et pendantes qu'il incline dans la caresse de ses eaux.

N'avais-je pas raison de vous dire que les arbres sont nos amis, qu'il faut les aimer, les protéger, les respecter?

SUJET A DÉVELOPPER

Les arbres. — Montrez comment les arbres sont l'ornement d'un paysage; faites ressortir leur utilité et dites pour quelles raisons il est coupable de les détruire sans motif.

PLAN. — Rien n'est plus monotone qu'un paysage sans arbres, ni plus triste qu'une longue route dépourvue d'ombrage. Les arbres égaient et agrémentent le pays.

Y a-t-il quelque chose de plus beau que les vergers en fleurs ou les forêts en bourgeons, dès les premiers jours du printemps?

Les arbres ont en outre leur utilité : ils produisent des fruits de toutes sortes, ils nous fournissent le plus agréable et le plus sain des combustibles; leurs troncs débités se transforment en meubles élégants et commodes. Comme le dit le fabuliste en parlant de l'arbre :

> ... Pendant tout l'an, libéral il nous donne
> Ou des fleurs au printemps, ou du fruit en automne,
> L'ombre, l'été; l'hiver, les plaisirs du foyer.

Nous devons éprouver à son égard comme un sentiment de reconnaissance et de respect.

Détruire inutilement un arbre en pleine croissance, c'est plus que de la maladresse. On se prive par là bénévolement de ressources précieuses, on anéantit un témoin, discret et gracieux, souvent de plusieurs vies.

Un arbre est quelque peu un ami; il nous manque lorsque nous ne le trouvons plus à l'endroit où nous avions coutume de le voir.

Un vieil arbre devrait être sacré. Il ne devrait être permis de le détruire que dans le cas d'une absolue nécessité.

LIII (53). — L'amour des bêtes : histoire d'Arlequin et d'Arlequine.

> « Le monde des oiseaux est celui de la lumière, du chant. Tous vivent du soleil, s'en imprègnent ou s'en inspirent. »
>
> MICHELET.

— Vite, ta casquette, Jean !

Et sans attendre ma permission, la petite Marie, enlevant de ma tête ma casquette, y plaça deux petits chardonnerets, tombés du nid, qu'elle venait de ramasser dans l'herbe toute mouillée de la rosée du matin, au pied d'un vieux pommier, tout au fond de notre verger.

FIG. 71. — Ils étaient pitoyables, les pauvres innocents...

Du nid aucune trace. En vain je montai dans l'arbre pour le retrouver. Il avait disparu. Un méchant coup de vent l'avait-il emporté? La vie des oiseaux est pleine de ces drames mystérieux. Ils se cachent dans la feuillée pour dormir, pour chanter, pour nicher, ils se cachent pour mourir, et nous ne savons presque jamais la fin de leur histoire, quand ce n'est pas nous qui les tuons.

Je jetai un coup d'œil sur les petits orphelins trempés et grelottants. La tête toute en bec, l'œil noir, perçant, énorme, également incapables de marcher et de voler, sans grâce et sans forme, avec leurs plumes naissantes sortant à peine de leur gaine, un aileron pendant du même côté, comme brisé par la chute, ils étaient pitoyables à voir, les pauvres innocents.

Petite Marie les essuya doucement et recouvrit la casquette de son fichu pour qu'ils n'eussent pas froid.

— Courons à la maison, Jean, me dit-elle, nous les mettrons au chaud, et peut-être nous les sauverons.

Nous les sauvâmes en effet. Une goutte de vin chaud les ragaillardit. Des soins vigilants, une bonne pâtée d'œuf dur et de lait firent le reste. Quinze jours après, *Arlequin* et *Arlequine* — ainsi baptisés par nous à cause de l'habit bigarré des chardonnerets — se posaient sur les bords du nid que je leur avais fait : une boîte carrée bien rembourrée de paille et de morceaux de vieux drap. Ils nous connaissaient bien, petite Marie et moi, criaient la faim et ouvraient de grands becs, quand nous nous approchions d'eux. Un beau jour, ils s'enhardirent jusqu'à voler au devant de nous et à se poser sur les épaules de la petite Marie. Puis nous leur apprîmes à venir chercher des graines sur le bout de nos doigts et jusque sur nos lèvres.

Finalement je fis, non sans crève-cœur, cette grande découverte, qu'Arlequin et Arlequine n'avaient plus rien à apprendre de leurs parents d'adoption, qu'ils avaient envie et qu'ils avaient le droit de voler de leurs propres ailes.

— Il ne faut pas que notre maison soit leur prison, maintenant qu'ils sont capables de se suffire à eux-mêmes, dis-je à la petite Marie par une claire matinée de juin.

— Tu as raison, Jean. Laisse-moi leur ouvrir moi-même la fenêtre.

Arlequin et Arlequine hésitèrent un instant, comme surpris et en défiance de la liberté qu'on leur offrait. Ils sautillèrent sur l'entablement de la fenêtre, puis, prenant leur parti, s'élancèrent d'un vol vigoureux, l'un suivant l'autre, jusqu'aux branches basses d'un peuplier voisin.

— Ils sont perdus pour nous, dit avec un gros soupir la petite Marie. Nous ne les reverrons plus. Adieu, Arlequin et Arlequine!

Et elle envoya de sa main potelée un baiser aux deux oiselets qui nous faisaient vis-à-vis en s'ébrouant et en lissant leurs plumes de leur bec.

Petite Marie se trompait. Nous revîmes Arlequin et Arlequine. Le soir de ce même jour, nous étions en train de causer près de la fenêtre, quand un battement d'ailes nous fit tourner la tête. Arlequin et Arlequine venaient de rentrer dans la chambre et de regagner leur nid bien sagement.

LIV (54). — Comment finirent Arlequin et Arlequine.

« Donner son cœur, voilà la charité suprême. »
JEAN AICARD.

Il en fut ainsi chaque soir pendant la belle saison. Le jour, ils nous accompagnaient, voletant d'arbre en arbre le long de la route que nous suivions pour aller aux champs, nous tenant compagnie quand nous nous arrêtions. Quand nous les perdions de vue et que petite Marie était inquiète d'eux, je les appelais en sifflant doucement. Ils arrivaient aussitôt à tire d'aile, et rien n'était plus joli que de voir Arlequin venir prendre au vol, en battant doucement des ailes, la miette humectée ou le grain de chènevis écrasé, sur les lèvres de la petite Marie, tandis qu'Arlequine se balançait gravement sur sa tête, les pattes empêtrées dans ses cheveux blonds que le vent embrouillait.

Ces chères petites bêtes nous rendaient en joie le bien

que nous leur avions fait. Elles paraissaient si heureuses de vivre, si bien portantes avec leur taille fine, élancée, leurs plumes lisses et brillantes en train de muer du brun gris au roux clair sous la poitrine, au rouge vif et au jaune d'or sur les ailes. Nous nous étions attachés à elles, petite Marie surtout, au point qu'elle en négligeait son vieil ami Phanor qui mordillait la robe de sa maîtresse pour se rappeler à son attention, un peu étonné, lui si fidèle et si bon serviteur, de ne plus être son préféré. Mais les bêtes n'ont pas nos exigences et sont rarement jalouses. Combien d'hommes ne les valent pas !

Fig. 72. — Arlequin venait prendre au vol la miette humectée ou le grain de chènevis écrasé.

Un soir d'octobre, Arlequin rentra seul au logis. Nous veillâmes tard à la fenêtre, petite Marie et moi, attendant et appelant la retardataire. Mais Arlequine ne revint pas, elle ne revint jamais. Fut-elle victime de la griffe d'un chat ou de la fronde d'un méchant enfant dont, confiante à l'excès parce qu'elle avait toujours été bien traitée, elle se laissa trop approcher? Car nous étions sûrs d'elle, nous la savions incapable de déserter ses amis, sa famille d'adoption, son frère Arlequin... Ne vous ai-je pas dit que la vie des oiseaux est pleine de mystères et de drames ?

Arlequin ne s'éloignait plus de la maison ; il ne nous accompagnait plus quand nous nous en écartions. Voletant tout le jour dans les arbres voisins, il appelait sa sœur absente. Bientôt ses appels s'espacèrent, sa voix se fit de plus en plus triste, puis il se tut. Il rentrait bien le soir dans ma chambre par la fenêtre ouverte et semblait nous reconnaître, mais n'avait plus le cœur de nous le témoigner. Quand je lui tendais un doigt, il sautait sur ma main, mais y restait immobile, et détournait la tête si je lui offrais quelque graine. Je vis bien qu'il était malade. Ses plumes perdirent leurs vives couleurs et se hérissèrent. Il ne percha plus la nuit, mais retourna dormir au nid. Un jour il n'en sortit plus. Sous ses plumes ébouriffées je voyais son petit cœur battre bien fort. Je compris qu'il se mourait de l'absence de sa sœur. Un soir il mit sa petite tête sous ses plumes dressées en boules, et s'endormit frileusement dans un coin du nid. Au matin je le trouvai dans la boîte, couché sur le côté, les pattes raidies, les yeux fermés...

LV (55). — Deux amis.

« L'amitié est le ciment de la vie. »
AMYOT.

Le désespoir de la petite Marie, quand elle vit mort son chardonneret, fut immense. Elle pleura au point de m'inquiéter. Phanor avait beau lécher ses mains, comme s'il eût deviné sa tristesse, elle n'y prêtait pas attention. Alors je lui parlai doucement :

— Écoute, petite Marie. Moi aussi j'ai bien du chagrin, car j'aimais bien notre Arlequin et notre Arlequine pour leur gentillesse, pour l'amitié qu'ils nous témoignaient, et aussi parce que je les avais soignés et élevés avec toi, — tu sais bien que j'aime tout ce que tu aimes — mais il faut se faire une raison. Tu pleures comme si tu avais perdu père et mère. Tu n'aurais pas plus de chagrin, j'en suis bien sûr, si c'était moi qui n'étais plus là.

— Tu n'en sais rien, Jean, et peut-être bien que tu voudrais le savoir, me dit-elle en souriant à travers ses larmes. Serais-tu jaloux de mes pauvres petits oiseaux, que tu me reproches de les pleurer ?

— Mais non, petite Marie, puisqu'ils étaient mes amis comme les tiens. Seulement je te dis qu'il ne faut pas aimer trop les animaux, qu'il ne faut pas les aimer comme si c'étaient des personnes raisonnables. Il y aurait de l'injustice à avoir autant d'amitié pour eux que pour nos semblables.

— Écoute, Jean, je ne sais pas si j'ai tort, mais c'est plus fort que moi : je ne puis m'empêcher d'aimer les animaux qui sont ici comme s'ils étaient un peu de notre famille. Quand notre Grise est malade, je vais la voir dans l'écurie et je lui parle, bien sûre qu'elle me comprend à sa manière. Quand elle sera trop vieille pour aller et venir, je demanderai à papa de la garder sans rien faire, et j'aurai le cœur bien gros le jour où elle mourra.

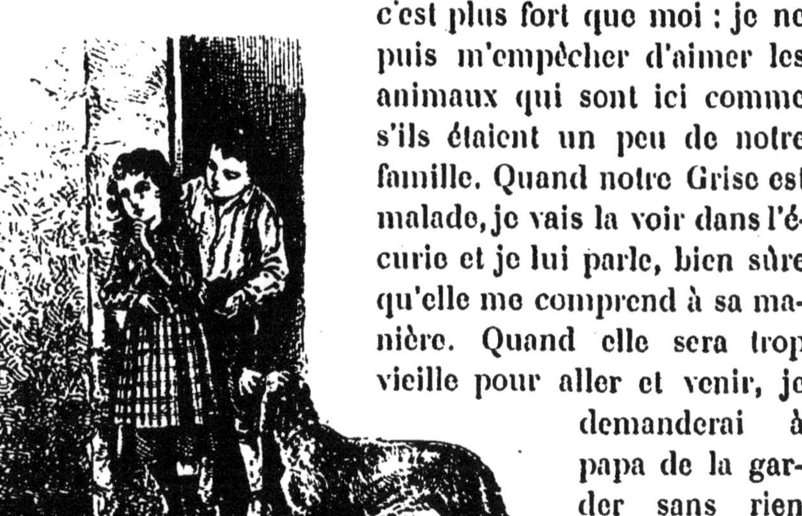

FIG. 73. — Le désespoir de la petite Marie, quand elle vit mort son chardonneret, fut immense.

— Moi aussi, j'aime de tout mon cœur la vieille Grise, et nos bonnes vaches, cette bonne Cousine, surtout, qui t'a donné si longtemps de si bon lait, petite Marie ; je l'aime rien que pour cela. Et notre chien Phanor qui nous est si attaché qu'il ne nous quitterait pas pour des maîtres cent fois plus riches et qui ne nous demande rien en retour de ses services, rien qu'un peu d'amitié ; et mes chevrettes et mes chevreaux qui bêlent et tournent la tête vers moi le matin quand j'entre dans l'étable, et qui, le soir, sur la colline, quand la première brume monte de la vallée, repus et lassés, se groupent autour de moi, leurs têtes posées sur mes genoux, en attendant l'heure du retour, comment ne pas aimer ces chères et douces bêtes ?

— Alors, Jean, si tu aimes tant tes bêtes, pourquoi me reproches-tu d'aimer trop les miennes?

— Je ne te dis pas que tu as tort de regretter Arlequin et Arlequine, petite Marie, je te dis que tu as tort de ne pas te consoler. Il y a encore bien des oiseaux aux champs : si tu veux, nous irons à la recherche des nids, non pour enlever les petits à leurs mères, mais pour émietter du pain à la portée des couveuses. Tu verras comme c'est joli, les petites têtes qui sortent des nids ; et les mères couveuses nous remercieront à leur façon en n'étant plus farouches, en nous laissant approcher comme si elles voyaient en nous des amis.

Fig. 74. — En apprenant à connaître les animaux, j'ai appris à les aimer et pour rien au monde je n'aurais voulu les faire souffrir.

— Je veux bien, Jean, mais, vois-tu, ces nouveaux amis ne me feront pas oublier Arlequin et Arlequine.

— Personne ne te demande de les oublier, petite Marie. Seulement il ne faut pas mettre sur la même ligne tous nos amis, les gens avec les bêtes. Rien n'est meilleur que d'aimer à condition qu'on ne se trompe pas en choisissant ce qu'on aime, et qu'on aime comme il faut, ni trop ni trop peu. Moi qui te parle, en apprenant à connaître les animaux, j'ai appris à les aimer autrement qu'autrefois. A la ville, je voyais bien en eux des êtres qui sont capables de sentir comme nous, et pour rien au monde je n'aurais voulu les faire souffrir. Mais d'abord je ne connaissais guère, à la ville, que deux ou trois espèces d'animaux, les chiens, les chats, les chevaux surtout. Puis ces animaux qui n'étaient pas à moi, étaient pour moi comme des étrangers et ne m'étaient rien. Ici nos bêtes sont tout près de nous, nous travaillons ensemble, nous avons besoin d'elles et elles nous rendent service, elles habitent sous notre toit comme les autres serviteurs de la ferme. Vivant ainsi en commun, nous les comprenons et elles nous comprennent ; nous nous attachons à elles comme elles s'attachent à nous.

— C'est vrai, Jean, l'amitié appelle l'amitié.

— Alors tu es mon amie, petite Marie?

— Tu sais bien, Jean, que si j'avais un frère, je ne l'aimerais pas plus que toi.

— Et si je m'en allais, est-ce que tu me regretterais autant qu'Arlequin?

— Bien sûr, Jean, que je ne te pleurerais pas autant que lui, puisque ça te fait de la peine de me voir pleurer, dit-elle en souriant malicieusement. Puis subitement sérieuse :

— Mais pourquoi parles-tu de t'en aller?

Nous restâmes silencieux, chacun regardant de son côté. Une grande tristesse m'était tombée sur le cœur, et c'était moi, maintenant, qui avais envie de pleurer.

SUJET A DÉVELOPPER

Douce affection. — Comment devons-nous répondre à l'affection qui nous est portée? Quelle doit être notre conduite à l'égard d'un ami et quelles satisfactions procure une véritable amitié?

PLAN. — Nous rencontrons parfois à côté de nous de véritables et bons amis. Aimons-les et laissons-nous aimer; il est si bon de se sentir enveloppé d'une sincère affection.

Soyons, à l'égard de nos amis, indulgents et généreux; ne les condamnons pas pour leurs petits travers : ils supportent bien les nôtres. Restons attentifs à leurs besoins et essayons de contribuer de toutes nos forces à leur bonheur.

L'affection vraie, celle qui nait de l'estime qu'on a les uns pour les autres et que l'estime ne cesse d'alimenter, ne s'efface jamais; elle grandit au contraire et se fortifie avec le temps.

Plus tard elle procure les satisfactions les plus douces et les plus précieuses. La vie est parfois semée de soucis et de tourments : à deux, on se sent, aux heures difficiles, plus résistant, on lutte plus courageusement; on supporte, dans tous les cas, plus vaillamment les coups de l'adversité.

LVI (56). — Au cours d'adultes.

« Il faut l'éducation du peuple pour la conservation de la liberté. »

CARNOT.

— Attends-moi, Jean, je t'accompagne à l'école ce soir.

M. Rouergues m'adressait ces paroles au moment où je m'apprêtais à me rendre à l'école, un soir de novembre, pour y assister à une conférence sur « *Pasteur et son œuvre.* »

FIG. 75. — J'étais un auditeur assidu de ces conférences.

J'étais un auditeur assidu de ces conférences, et pour rien au monde je n'en aurais manqué une seule.

Le jour où j'avais été en possession de mon certificat d'études primaires, je ne m'étais pas cru en possession du droit de ne plus rien apprendre. J'en savais tout juste assez pour me rendre compte que le peu que je savais n'était rien en comparaison de ce que je ne savais pas. De cette constatation au désir de devenir moins ignorant il n'y avait qu'un pas. Mais le moyen d'apprendre quand on est isolé, sans secours, sans livres et surtout sans loisirs, tenu à la tâche du matin au soir?

Quand on sort de l'école et qu'on a besoin de gagner sa vie, on fait tant bien que mal l'apprentissage d'un métier, on s'absorbe dans ce métier, on s'y enferme étroitement, et l'on finit par y être comme derrière un mur qui vous cache l'horizon et le reste du monde.

Le résultat, c'est qu'en vivant ainsi au jour le jour, on oublie peu à peu ce que l'on a appris aux années d'enfance, du moins tout ce qui, dans les connaissances acquises, n'est pas immédiatement nécessaire et utilisable. Le petit savoir qu'on a emmagasiné sur les bancs de l'école, de sept à treize ans, s'évapore peu à peu, l'esprit s'engourdit, la mémoire, comme un outil qui sert rarement, se rouille, et quand on arrive à l'âge où l'on est électeur et soldat, on ne sait que son métier, et on le sait mal, par la routine, comme toujours lorsqu'on ne sait qu'une chose; on est incapable de regarder autour de soi, chez les autres, pour s'instruire par eux et pour eux; on a son gagne-pain, mais on n'a pas ce qui est nécessaire à la vie d'un homme complet, les connaissances par lesquelles il participe utilement à la vie de ses concitoyens et de tous les autres hommes.

C'est pour combler cette lacune entre l'âge où l'on quitte les bancs de l'école et l'âge où l'on entre véritablement dans la vie, que l'on a fondé les cours d'adolescents et d'adultes, c'est-à-dire l'école du soir. Savez-vous qu'il y a actuellement, en chiffres ronds, 45 000 cours d'adolescents et d'adultes, fréquentés par 400 000 garçons et 200 000 jeunes filles? A Estivareilles, les jeunes gens et les jeunes filles n'étaient pas seuls à fréquenter l'école prolongée. Fermiers et domestiques, gens de métier, propriétaires et métayers, jeunes et vieux, enfants et parents, se pressaient dans la salle de classe les soirs où avaient lieu les veillées populaires.

LVII (57). — Les étudiants populaires.

« On ne doit rester étranger à rien de ce que l'on peut apprendre. »

RASPAIL.

M. Dumoulin, l'instituteur, était l'âme de ces cours qu'il avait créés. C'était lui qui avait recruté les premiers auditeurs en allant frapper de porte en porte, priant les uns, entraînant les autres. Associant ses élèves à sa propagande, il avait fait d'eux ses sergents recruteurs :

FIG. 76. — Celui qui fréquente les cours d'adultes ne va pas au cabaret.

— Je compte sur vous, leur disait-il en substance, pour parler à vos parents de l'école du soir. Dites-leur que, grâce à nos réunions, l'école est devenue la maison commune du village, le foyer où l'on vient s'asseoir et se reposer des fatigues de la journée. Il y a place sur nos bancs pour tous les gens de bonne volonté, et profit pour tous. Qui vient chez nous ne va pas au cabaret : autant de temps passé ici, autant de pris sur l'ennemi. Mais ce n'est pas tout : on s'instruit, en suivant nos cours du soir, avec agrément, sans qu'il en coûte rien, ni argent ni fatigue, on s'instruit rien qu'en écoutant et en ouvrant les yeux. Or, rappelez-vous, mes amis, qu'il n'y a si riches, à la campagne ou à la ville, qui, par l'instruction, ne puissent devenir à la fois plus riches et meilleurs, c'est-à-dire plus dignes de leur richesse ; ni si pauvres qui, par elle, ne puissent s'élever, c'est-à-dire améliorer leur condition en s'améliorant eux-mêmes.

Comment les auditeurs ne seraient-ils pas venus ? Ils finirent par affluer. Alors M. Dumoulin s'était mis à compléter son instruction pour instruire les autres. Instituteur des petits pendant le jour, il devenait, le soir, l'instituteur des grands, des adolescents, des parents, le professeur du peuple, toujours sur la brèche, menant de front, avec un dévouement infatigable, la double tâche écrasante de l'école du jour et de l'école du soir.

Chaque année il dressait pendant les vacances ce qu'il appelait son plan de campagne. Il choisissait les sujets des leçons pour l'école du soir de manière : 1° à compléter et à étendre les connaissances professionnelles de ses auditeurs ; 2° à fortifier leur éducation générale, à préparer en eux de bons citoyens, des hommes de cœur, c'est-à-dire des hommes aimant les hommes, capables de comprendre à la fois la nécessité et la beauté morale de la solidarité humaine.

A Estivareilles, les cours de l'école du soir s'inspiraient de cette double préoccupation. C'étaient, pour la partie professionnelle, des cours de dessin linéaire appliqués à la menuiserie ou à la charpente ; ou encore des leçons très simples et très claires sur le calcul, l'arpentage, la comptabilité rurale ; des entretiens, suivis, autant que possible, de démonstrations pratiques, sur les matières qui intéressent tous les cultivateurs, l'élevage du bétail, la taille, le greffage des arbres fruitiers, l'utilisation des amendements, les soins à donner aux engrais.

Ces leçons, d'un caractère pratique et utilitaire, alternaient avec des causeries et des lectures sur l'histoire depuis 1789, sur l'instruction civique (droits de l'homme et du citoyen, le gouvernement, l'impôt et le budget) ; sur ce que nous devons à nous-mêmes et aux autres, tempérance, épargne, association, mutualité, coopération.

LVIII (58). — Le chant.

« Je crois les artistes destinés à exercer, plus que jamais une influence sur les destinées de la foule. L'art est un démonstrateur de la vie. Il la pénètre, il la résume et la fait comprendre. Il jouera un rôle dans la transformation sociale de demain. »

GEFFROY.

De temps en temps M. Dumoulin organisait des fêtes scolaires auxquelles étaient conviées les familles de ses auditeurs et de ses élèves. Rien de plus simple et de plus

FIG. 77. — **Les glaneuses**, par François Millet. Ce tableau, qui se trouve au Musée du Louvre, représente un épisode de la vie des champs. C'est une des meilleures œuvres du peintre Millet.

familial, et cependant rien de plus émouvant que ces petites cérémonies. M. Dumoulin lisait quelques belles pages de prose ou de vers. Il lisait lentement, en brave homme qui sent ce qu'il lit et veut le faire sentir à ceux qui l'écoutent, mais sans enflure, sans déclamation, sans cet apprêt dans les intonations et les gestes trop savants, qui est bon seulement pour le théâtre. Il lisait deux ou trois morceaux seulement par séance, pas davantage, pour ne pas rassasier ses auditeurs et les laisser sous l'impression toute vive, très nette et très distincte, de ce qu'il leur avait lu.

Quant au chant, M. Dumoulin savait en tirer un merveilleux parti pour pénétrer ses auditeurs des émotions les plus douces, les plus fortes, les plus graves. Réagissant contre ce préjugé dangereux des enfants et même de quelques maîtres, qui veut qu'il y ait, dans le programme des écoles primaires, des parties plus importantes que d'autres, que de fois M. Dumoulin nous avait dit :

— Mes enfants, il n'y a pas de parties accessoires dans l'enseignement qui vous est donné; chacune a son utilité et même sa dignité propre. Gardez-vous d'en négliger aucune : le meilleur élève n'est pas celui qui excelle dans telle ou telle branche du savoir, c'est celui qui possède le mieux un ensemble de connaissances se complétant les unes les autres.

En ce qui concerne le chant en particulier, il croyait avec raison à la puissance éducative de la musique.

— Vous ne comprenez pas de vous-mêmes, nous disait-il, les beautés d'un grand écrivain, vous avez besoin d'y être initiés; de même, pour apprécier une œuvre d'art, un noble tableau de Jean-François Millet, le peintre des paysans, par exemple, il faut un long apprentissage. Combien, au contraire, de natures incultes sont de prime abord sensibles à la musique, et en particulier au chant! Regardez autour de vous : le tout petit enfant, qui ne parle pas, alors que l'esprit sommeille encore dans son regard confus, se laisse bercer par le chant de sa mère : son inquiétude, sa fatigue, sa souffrance en sont apaisées et comme endormies. Et plus tard, quand il se tient à peine sur ses jambes, le voyez-vous, garçon ou fille, se trémousser et s'essayer à danser avec les grands, le jour de notre fête villageoise? L'autre jour, je vous ai vus émus — et j'en ai été heureux — quand, vous racontant la bataille de Jemmapes, je vous ai dit qu'au moment où nos soldats, ventre creux et pieds nus, faute de souliers, marchèrent à l'ennemi, la *Marseillaise* « grave, imposante, remplit la vallée, monta aux collines », comme si « une harmonie majestueuse marchait devant la France[1] ». Et n'avez-vous pas senti passer en vous un peu du souffle qui animait les héros de Jemmapes quand, à la fin de la leçon, pour leur rendre hommage, nous avons entonné l'hymne qui les conduisit à la victoire, quand nous avons fait retentir ensemble ce cri sublime : « Aux armes, citoyens », rugissement de la France blessée qui se retourne et fait face tout entière aux « tyrans » coalisés contre sa liberté?

LIX (59). — Le chant et la jeunesse.

« On rougit de ne pas savoir; on ne rougit jamais d'apprendre. »

FRANÇOIS DE NEUFCHATEAU.

A l'école du soir comme à l'école du jour, M. Dumoulin se servait de ce merveilleux instrument d'éducation qu'est le chant pour éveiller chez ses auditeurs à la fois le sentiment du beau et l'émotion intérieure. Quand, le soir, pour compléter ses leçons de morale ou ses entretiens sur l'instruction civique, il invitait ses auditeurs de bonne volonté à se joindre à ses élèves de l'école du jour pour chanter des chants patriotiques ou des hymnes exprimant toutes les belles et généreuses idées de notre temps, il n'y avait pas, dans cet auditoire de paysans, de nature si fruste qui ne comprît cette langue à la fois inachevée et si précise, la seule qui exprime l'inexprimable; il n'y en avait pas un qui ne se sentît pour un instant, dans un attendrissement de tout son être, transporté hors de lui-même, comme s'il eût été un autre homme, dans une autre vie infiniment meilleure.

Je me rappelle encore avec quelle émotion profonde je

1. Michelet, *Histoire de la Révolution française*, livre VIII, ch. V.

mêlai plus d'une fois ma voix à ces deux chœurs magnifiques de Maurice Bouchor, l'*Hymne des Temps futurs* et le *Chant de la Jeunesse*, dont les strophes sont restées gravées au profond de ma mémoire et que je retrouve sous ma plume après tant d'années.

Que la sainte justice
Ordonne la cité;
Que partout retentisse
Un chant de liberté!

Tombez, dernières chaînes,
Vous tous levez le front;
A l'ombre des grands chênes
Les peuples danseront!

Vers et musique admirables, qui font corps et se prêtent un mutuel appui par une vivante pénétration de l'idée et du son!

Je revois cet auditoire des conférences du soir, tous ces braves gens de toutes les conditions, s'exaltant peu à peu dans un enthousiasme grave et noble. Tous ne chantaient pas, mais tous vibraient à l'unisson, aux accents de cette musique admirable qui leur faisait entrevoir, à eux simples paysans, l'humanité future, cette humanité qu'ils ne verraient pas, mais que, dans cette minute d'émotion divine, ils se promettaient de préparer, en travaillant pour elle, durant leur existence, comme de bons semeurs, des semeurs de justice et de bonté.

J'étais fier de faire ma partie dans ces chœurs superbes et je me sentais moi même remué au plus profond de mon être. Qu'il avait raison, M. Dumoulin, quand il nous disait :

— Chantez, mes amis, vous fraternisez en chantant. Les cœurs battent ensemble quand les voix sont à l'unisson. Chantez en l'honneur de la France, cela vous rapprochera les uns des autres et vous fera sentir que vous êtes les fils d'un même pays. Chantez en l'honneur de tout ce qui est bon et généreux, cela vous réunira plus qu'un repas pris en commun, cela vous attendrira l'âme et vous rendra meilleurs les uns pour les autres.

Quand il disait cela, M. Dumoulin se rappelait sans doute quelle force les Allemands puisèrent dans la musique chorale, après les désastres que leur avait infligés Napoléon Ier, pour réveiller et exalter chez eux le sentiment national. Le digne homme eût voulu, dans la bonté de son cœur, que les Français en pussent tirer le même parti pour développer chez eux et faire rayonner au dehors les idées pacifiques de justice réciproque et de solidarité entre les hommes.

FIG. 78. — J'étais fier de faire ma partie dans ces chœurs superbes et je me sentais remué au plus profond de mon être.

C'est Luther, je crois, qui a dit : « Je ne considère pas comme un instituteur l'homme qui ne sait pas chanter. » Cher et vénéré M. Dumoulin, Luther eût été content de vous !

LX (60). — La conférence agricole.

« Quand l'homme qui trompe et exploite ses semblables, s'aperçoit que ses semblables sont éclairés, il n'essaye même plus de placer ses sophismes : il les sent d'avance impuissants. »

FRÉDÉRIC PASSY.

— En route, ami Jean, je suis prêt. Je t'ai fait attendre parce que j'ai fait un brin de toilette. Est-il vrai, Jean, qu'il y aura de la compagnie ?

Le fait est que l'excellent M. Rouergues, rasé de frais, avec sa casquette de soie neuve, sa blouse bleue passée sur un épais gilet de chasse de laine brune, avait tout à fait son bel air des dimanches.

— Mais oui, Monsieur Rouergues, il y aura ce soir grande séance. Ce n'est pas M. Dumoulin qui nous parlera aujourd'hui, c'est M. le Professeur départemental d'agriculture qui, sur la demande de M. le Maire, a bien voulu venir jusqu'à Estivareilles pour nous faire une conférence sur « Pasteur et son œuvre ».

— M. Pasteur, c'était un grand savant, n'est-ce pas, Jean ? M. le Professeur d'agriculture doit être aussi très savant : cela fait beaucoup de savants pour un ignorant comme moi. J'ai peur de ne pas voir très clair dans toute cette science.

— Détrompez-vous, Monsieur Rouergues : les choses les plus obscures deviennent claires quand elles sont bien expliquées.

— Peut-être bien. Mais qu'avons-nous besoin, nous autres paysans, de la science de ces messieurs de la ville, de ces grands inventeurs de Paris ? De la pluie et du soleil en suffisance au bon moment, voilà tout ce qu'il faut pour faire pousser dru mes seigles, et tous les savants du monde, avec leurs belles théories, ne me donneront pas une goutte de pluie, quand mes moissons sècheront sur pied, ou un rayon de soleil, quand elles pourriront par excès d'humidité. Vois-tu, Jean, en agriculture, la pratique est tout et les gens de la ville n'entendent rien à nos affaires.

— Pardonnez-moi, Monsieur Rouergues, il n'y a pas que la pluie et le soleil, et la pratique n'est pas tout. Vos bœufs ont été primés cette année au Comice agricole de Saint-Bonnet; ceux de nos voisins, les Joanne, ne l'ont pas été, et je crois bien que nos voisins en ont eu de l'ennui sans le laisser paraître. Vous étiez bien content, Monsieur Rouergues, quand vous êtes revenu de Saint-Bonnet avec vos deux médailles, et vous aviez bien raison. Car si vos bœufs ont été primés, n'est-ce pas parce que vous avez su mieux les soigner, mieux les nourrir, mieux composer et mesurer leur ration? Or dans tout cela il n'y a pas que de la pratique seulement. Voyez-vous, savoir par la pratique, c'est bien quelque chose, mais cela ne suffit pas et cela peut même être dangereux.

FIG. 79. — Vois-tu, Jean, en agriculture, la pratique est tout.

— Bien sûr, si l'on est routinier, et il est bien vrai que la routine est le plus grand ennemi du progrès, témoin tant de paysans qui croient qu'on ne peut pas mieux faire parce qu'ils font comme on a toujours fait avant eux.

— Ah! Monsieur Rouergues, vous êtes plus savant que vous ne pensez, ou vous ne parleriez pas ainsi et vos bœufs ne seraient pas primés.

— C'est toi qui parles bien, petit, et l'on n'enseignait pas tout cela de mon temps à l'école. N'empêche qu'on apprend la culture en cultivant, comme en forgeant on devient forgeron.

— Ce n'est pas tout à fait la même chose, Monsieur Rouergues, car l'habileté de la main est l'essentiel chez le forgeron; elle ne suffit pas chez le cultivateur. Il y a des méthodes de culture qu'un paysan doit connaître dans son propre intérêt. Il y en a qui disent : tant vaut la terre, tant vaut la récolte. Quelle erreur! Il n'y a pas que la terre, et il n'y a pas que la pluie et le beau temps pour préparer la récolte, il y a aussi la culture. Savez-vous, Monsieur Rouergues, ce que nous a appris M. Dumoulin dans sa dernière conférence? Il nous a dit que dans le nord de la France l'hectare cultivé en blé produit quelque six hectolitres de plus en moyenne que dans le reste de la France. Pourquoi? Parce que les cultivateurs du nord savent bien choisir les semences, les engrais et les amendements. Eh bien! Monsieur Rouergues, supposez que tous les cultivateurs de France obtiennent, dans les terres qu'ils cultivent en blé, seulement un hectolitre de plus à l'hectare, leur revenu et par conséquent le profit du pays tout entier serait augmenté de cent à cent vingt millions par an.

— Et tu crois que ces choses-là, les méthodes nouvelles, les moyens d'augmenter le rendement de la terre, s'apprennent dans les livres?

LXI (61). — Théorie et pratique.

« Nous aimons la terre qui nous a vu naître, à laquelle se rattachent nos premières affections et nos premiers souvenirs, comme nous aimons notre mère. »

RENAN.

— Je ne dis pas cela, Monsieur Rouergues. En agriculture il faut avoir sans cesse recours à la pratique pour contrôler la théorie, et chaque fermier devrait avoir son champ d'expériences. Mais il n'y a pas à dire le contraire : ce sont les savants qui nous apprennent pourquoi tel terrain a besoin de tel amendement, pourquoi telle alimentation convient mieux au bœuf de labour, telle autre au bœuf de boucherie. Il y a en France, nous disait encore l'autre jour M. Dumoulin, une vingtaine de millions de moutons. Que grâce aux indications fournies par les savants, on arrive un jour à gagner un centime — vous entendez bien : seulement un centime par ration — en remplaçant leur ration actuelle par une autre aussi substantielle, mais moins coûteuse, il y aura, en très peu d'années, un profit net de plusieurs centaines de millions pour les éleveurs, et le pays sera enrichi d'autant.

— C'est beau, petit, et je voudrais être moins vieux pour avoir part un jour à ce gâteau. La part sera pour toi qui en sais déjà plus long que moi.

— Vous voulez rire, Monsieur Rouergues. C'est vous qui m'avez appris tout ce que je sais de la culture, et tout le monde est d'accord pour déclarer qu'il n'y a pas de fermier plus habile que vous à Estivareilles.

— Ah ! maître Jean, voici que vous me flattez après m'avoir dit que vous ne croyez qu'à la science et aux savants, et clairement démontré que je n'étais qu'un ignorant. Eh bien ! allons écouter M. le Professeur d'agriculture, puisqu'aussi bien nous voici arrivés à l'école. Mon petit Jean, le plus habile fermier d'Estivareilles a bien peur de n'être pas assez habile pour comprendre ce que va nous dire ton savant de la ville...

Nous étions arrivés, en effet, à l'école. M. Dumoulin nous reçut sur le seuil et fit asseoir M. Rouergues au premier rang, tandis que j'allais me mettre à sa disposition pour lui servir de lieutenant dans les préparatifs de la conférence. Puis M. le Maire, en quelques mots bien sentis, présenta le conférencier et lui donna la parole.

Je ne puis pas vous faire voir tout ce que nous montra M. le Professeur d'agriculture à l'aide des images qu'il projeta sur un écran éclairé à la lumière oxhydrique, car pour s'adresser aux esprits, il savait merveilleusement parler aux yeux. Mais ce que fut sa conférence en dehors de ce défilé d'images, il m'est très facile de vous le dire. En effet le conférencier avait eu l'excellente idée de faire imprimer à l'avance un résumé de sa conférence. Il pria M. Dumoulin de distribuer ce résumé à tous les auditeurs en exprimant le vœu qu'ils voulussent bien le garder en souvenir de cette réunion, et l'espoir qu'ils y retrouveraient, s'ils prenaient la peine de le lire, les grandes lignes de l'exposé qu'il allait nous faire.

FIG. 80. — M. le Maire, en quelques mots, présenta le conférencier et lui donna la parole.

Je conservai en effet ce résumé, selon le vœu du conférencier. Je viens de le relire, et il m'a paru si clair que je n'ai pu résister au plaisir de le reproduire. Vous excuserez, mes chers enfants, cet intermède. D'ailleurs « Pasteur et son œuvre », c'est un beau sujet : je serais bien étonné si vous jugiez les pages qui suivent trop sérieuses pour vous intéresser, et bien déçu si elles ne vous apprenaient pas quelque chose d'essentiel sur l'un des plus grands hommes de notre pays et sur quelques-unes des plus merveilleuses découvertes de notre temps.

Je les transcris telles quelles ci-après.

SUJET A DÉVELOPPER

La routine. — Dites ce qu'est la routine et montrez-en les résultats déplorables chez les individus et dans la société.

PLAN. — La routine est une des plus désastreuses conséquences de l'ignorance; elle est pour les familles et pour la société une cause réelle d'appauvrissement.

Celui qui ne suit pas le progrès retarde aussitôt sur son temps; non seulement il cesse d'être un agent actif et utile dans la société, il devient une gêne, une entrave dans le mouvement vers le mieux.

Le cultivateur qui ne sait pas bénéficier des procédés nouveaux de culture capables de rendre la terre plus féconde, de même que l'industriel qui persiste dans l'usage d'un outillage vieilli, usent leur activité en pure perte. Leurs produits sont inférieurs en qualité comme en quantité; ils sont écrasés par la concurrence; leur ruine est certaine.

La prospérité, la richesse accompagnent au contraire le progrès. L'avenir, qu'il s'agisse des individus ou des peuples, appartient à ceux qui savent tirer le meilleur profit des forces et des ressources dont ils disposent. En outre la routine paralyse les esprits : les besoins dans la société se modifient sans cesse, de même que la façon de sentir et de penser; on va lentement vers un idéal toujours plus élevé de bien-être, de justice et de fraternité. Celui qui s'attarde n'apparaît bientôt plus que comme un vestige fâcheux d'un passé oublié et nullement regrettable.

LXII (62). — Pasteur.

> **« Je crois invinciblement que la science et la paix triompheront de l'ignorance et de la guerre; que les peuples s'entendront, non pour détruire, mais pour éclairer, et que l'avenir appartiendra à ceux qui auront le plus fait pour l'humanité souffrante. »**
>
> PASTEUR.

PLAN DE LA LEÇON :

1° ***La vie de Pasteur.***

2° ***Son noble caractère*** *: sa reconnaissance filiale; son patriotisme éclairé qu'il ne séparait pas de l'amour de l'humanité.*

3° ***L'œuvre de Pasteur*** *: les ferments et les maladies des vins et des bières; les microbes, les maladies des vers à soie et la guérison de la rage.*

La Vie de Pasteur.

I. — Né à Dôle en 1822 d'une famille d'humbles travailleurs, Louis Pasteur commença ses études en province et les termina à Paris. Élève de l'École normale supérieure qui forme, à Paris, les professeurs de lycées, il débuta dans l'enseignement comme professeur de physique au lycée de Dijon, et fut successivement professeur de chimie aux Facultés de Strasbourg, de Lille, de Paris et directeur des études scientifiques à l'École normale supérieure. C'est dans son laboratoire de l'École normale qu'il procéda aux études et aux expériences qui préparèrent ses plus belles découvertes.

FIG. 81. — Louis Pasteur, né à Dôle en 1822, est mort à Paris en 1895. Ses études remarquables sur les fermentations, sur le choléra des poules, sur le charbon, le conduisirent à la guérison de la rage, guérison jugée impossible avant lui. La France et avec elle toutes les nations décernèrent à Pasteur les plus grands honneurs. A l'Institut qui porte son nom, ses disciples continuent son œuvre féconde.

Ses travaux ne restèrent pas sans récompense et il fut célèbre de bonne heure. Membre de l'Académie des sciences, puis de l'Académie de médecine et enfin de l'Académie française, la plus illustre de toutes les Académies, il reçut en 1874, par un vote spécial des représentants du pays, une pension de 20 000 francs par an à titre de *récompense nationale.*

A partir de 1888, Pasteur dirigea l'Institut qui porte son nom. Cet établissement a été organisé avec le produit d'une souscription à laquelle prirent part, dans tout l'univers, les admirateurs de Pasteur. Il existe toujours et rend les plus grands services en continuant les recherches scientifiques inaugurées par Pasteur et en soignant les malades selon sa méthode. C'est ainsi que, pour préserver de la rage les personnes qui ont été mordues par des chiens ou par des chats enragés, on inocule chaque jour le vaccin de la rage à plus de cent personnes à l'Institut Pasteur.

Pasteur mourut en 1895.

II. — Ce grand homme fut, dans la vie privée, le meilleur et le plus simple des hommes, la plus droite et la plus scrupuleuse des consciences. Il assista vivant à son apothéose quand l'Europe scientifique célébra son jubilé. Mais il semblait gêné de tant de gloire, intimidé de tant d'hommages, et sa modestie était touchante à force d'être sincère.

Fig. 82. — Tous les jours à l'Institut Pasteur, on inocule le vaccin de la rage aux personnes qui ont été mordues par des chiens enragés. Le nombre des guérisons est considérable.

Au milieu de ce qu'il appelait « un excès de gloire, un empiètement sur le jugement de la postérité », il eut une de ces inspirations qui peignent un homme. Quand le Conseil municipal de Dôle inaugura la plaque commémorative placée sur la maison où il est né, Pasteur, dans un élan de cœur admirable, associa son père et sa mère à l'honneur fait à leur fils. Il n'y a pas dans notre langue de page plus émouvante, plus noble, que cet hommage du plus glorieux des fils à ses humbles parents.

« O mon père et ma mère, ô mes chers disparus, qui avez si modestement vécu dans cette petite maison, c'est à vous que je dois tout ! Tes enthousiasmes, ma vaillante mère, tu les as fait passer en moi. Si j'ai toujours associé la grandeur de la science à la grandeur de la patrie, c'est que j'étais imprégné des sentiments que tu m'avais inspirés.

« Et toi, mon cher père, dont la vie fut aussi rude que ton rude métier, tu m'as montré ce que peut faire la patience dans les longs efforts. C'est à toi que je dois la ténacité dans le travail quotidien. Regarder en haut, apprendre au delà, chercher à s'élever toujours, voilà ce que tu m'as enseigné.

« Soyez bénis l'un et l'autre, mes chers parents, pour ce que vous avez été, et laissez-moi vous reporter l'hommage fait à cette maison. »

Passionnément dévoué à la France, qu'il aimait d'un patriotisme à la fois ardent et délicat, il unissait, dans son âme ouverte à tous les sentiments généreux, l'amour de l'humanité à l'amour de la patrie. « Je crois invinciblement, disait-il, que la science et la paix triompheront de l'ignorance et de la guerre ; que les peuples s'entendront, non pour détruire, mais pour édifier, et que l'avenir appartiendra à ceux qui auront le plus fait pour l'humanité souffrante. »

Et ces conseils à la jeunesse, si dignes d'être entendus :

« Jeunes gens, jeunes gens, dites-vous d'abord : « Qu'ai-je fait pour mon instruction ? » Puis à mesure que vous avancerez : « Qu'ai-je fait pour mon pays ? » Jusqu'au moment où vous aurez peut-être cet immense bonheur de penser que vous avez contribué en quelque chose au progrès et au bien de l'humanité. Mais, que les efforts soient plus ou moins favorisés par la vie, il faut, quand on approche du grand but, être en droit de se dire : « J'ai fait ce que j'ai pu. »

Telle a été, dans sa belle unité, la vie de cet homme de génie qui fut, par une alliance trop rare, en même temps qu'un grand savant, un grand caractère et un grand cœur. Aucun Français n'a honoré davantage la France devant l'humanité qui reconnaît en lui un de ses bienfaiteurs et qui doit à Pasteur, selon le mot d'un savant anglais, « une gratitude éternelle ».

LXIII (63). — L'œuvre de Pasteur.

« Une des plus belles découvertes de la science moderne est celle qui nous a montré qu'à côté des nombreuses espèces animales et végétales connues, il existait un monde, jusqu'alors inconnu, d'êtres infiniment petits. »
PASTEUR.

III. — Il y a, sur les murs du laboratoire de l'École normale supérieure où, pendant vingt-cinq années de sa vie, Pasteur poursuivit ses patientes recherches, une plaque de marbre avec cette inscription :

ICI FUT LE LABORATOIRE DE PASTEUR

—

1857
FERMENTATIONS

1860
GÉNÉRATION SPONTANÉE

1865
MALADIES DES VINS ET DES BIÈRES

1868
MALADIES DES VERS A SOIE

1881
VIRUS ET VACCINS

1885
PROPHYLAXIE DE LA RAGE

—

1864-1888

—

Cette inscription résume tous les travaux de Pasteur. Pour les exposer il suffit de suivre l'ordre de cette énumération.

Le principe de toutes les découvertes de Pasteur se

trouve dans ses études sur la *fermentation*. Vous avez tous vu fermenter de la pâte dans un pétrin de boulanger, ou du raisin dans une cuve. Dans les deux cas il y a dégagement de gaz, boursouflement de la matière : ce sont les indices certains de la fermentation.

Jusqu'à Pasteur on avait cru que la fermentation était une sorte de travail intérieur par lequel les corps en voie d'altération, la viande en train de se gâter, le lait qui s'aigrit etc., achevaient peu à peu de se décomposer, l'altération gagnant de proche en proche toutes les parties de la masse.

Fig. 83. — Pasteur a étudié les fermentations et les stérilisations qui ont amené des améliorations considérables dans les industries de la vinification, de la fabrication de la bière, etc.

Pasteur établit que la fermentation était non une destruction de matière organique due à l'action de l'oxygène de l'air, comme on l'avait pensé jusqu'à lui, mais au contraire le théâtre d'un accroissement de matière vivante dû à un être infiniment petit, particulier à chaque fermentation, levain, levure de vin, levure de bière, fleur de vin (qui transforme le vin en vinaigre), etc. Cet être, sorte de champignon microscopique, c'est le *ferment*.

En prouvant que c'est le ferment qui engendre la fermentation et non la fermentation qui engendre le ferment, Pasteur ruina l'hypothèse généralement admise avant lui de la *génération spontanée* des ferments.

Tirant de cette découverte des conséquences pratiques d'importance capitale, Pasteur montra que les substances alimentaires fermentescibles peuvent être conservées très longtemps, si l'on détruit les ferments par la chaleur et si on les garde ensuite à l'abri de l'air, véhicule de nouveaux germes nuisibles.

C'est ainsi qu'il prouva que toutes les maladies du vin (vins qui se piquent, vins qui tournent, etc.) proviennent de la présence de ferments autres que la levure de vin. Chauffez le vin à 60 degrés, les ferments sont détruits.

De là les procédés de *pasteurisation* qui ont si heureusement transformé les industries de la vinification, de la fabrication de la bière, etc. Pasteur n'a pas seulement révélé les moyens de conserver les vins et la bière, il a enseigné le moyen de les améliorer, de les *bonifier* en développant leurs qualités essentielles et particulières. Rien que pour les vins, on a pu dire qu'il avait fait plus pour l'amélioration de la production vinicole que tous les vignerons de France et d'Algérie.

L'étude des ferments conduisit Pasteur à l'étude des microbes *pathogènes*, c'est-à-dire des microbes producteurs de maladies. Les microbes sont des êtres vivants, immobiles comme les champignons-moisissures et qui ont généralement la forme de bâtonnets. Ils sont tellement petits que, mis côte à côte, il en faudrait, pour certains d'entre eux, des milliers pour couvrir un millimètre. Introduits dans un être vivant, ils se développent à ses dépens et se multiplient en se séparant en deux moitiés, dont chacune se sépare en deux plus tard, et ainsi de suite indéfiniment.

Tous les microbes ne sont pas nuisibles, et c'est heureux pour nous, car nous vivons au milieu des microbes et beaucoup vivent en nous. La chaleur et aussi certaines substances dites *antiseptiques*, telles que la chaux, le sulfate de cuivre, à doses voulues, détruisent les microbes. C'est pourquoi en temps d'épidémie on recommande de faire bouillir l'eau qui est le véhicule de quelques-uns des plus terribles microbes. L'eau bouillie se trouve en effet *stérilisée*, c'est-à-dire indemne de tout microbe, par suite de la chaleur à laquelle elle a été soumise.

Dès 1866, étudiant la *pébrine*, maladie des vers à soie

qui menaçait de ruiner l'industrie séricicole dans la vallée du Rhône, Pasteur avait constaté que cette maladie était due à un parasite vivant dans le corps du ver et que pour en préserver le corps des animaux sains, il suffisait de détruire les vers à soie reconnus malades à l'examen microscopique.

Cette constatation l'amena à penser que les infiniment petits jouent un rôle décisif dans la production et la transmission des maladies contagieuses. Il isola le microbe du *charbon*, le cultiva et prouva qu'il était bien la cause de cette terrible maladie des moutons, des bœufs et des chevaux, en injectant le bouillon de culture à des animaux sains qui en moururent. Dès lors le moyen de préserver les animaux du charbon était trouvé : pour éviter la survivance et la transmission du microbe pathogène, il suffisait de brûler les corps des animaux morts.

FIG. 84. — En cherchant le remède de la maladie des vers à soie, Pasteur a découvert le microbe du *charbon*. Les bouillons de culture dont il se servait, l'ont, de même, conduit à la guérison de la rage.

Poussant plus loin ses investigations, Pasteur constata : 1° que le charbon n'attaque pas également tous les animaux, que certains y sont réfractaires ; 2° que le charbon ne récidive pas, c'est-à-dire qu'un animal qui survit à cette maladie infectieuse en est à jamais indemne.

Il en conclut et l'expérience prouva qu'un animal à qui on inocule le virus atténué est vacciné contre la maladie. Ce virus atténué, Pasteur l'obtint en abandonnant à l'air pendant plusieurs jours le bouillon de culture. Tel est le principe de la *vaccination pastorienne*, aujourd'hui universellement adoptée dans les pays d'élevage.

Ce principe, c'est-à-dire l'atténuation des virus par l'inoculation d'un vaccin approprié, Pasteur l'appliqua successivement au traitement du choléra des poules, de la rage, etc. Il a été appliqué au traitement de la diphtérie par son élève, le docteur Roux, plus récemment au traitement du tétanos et de la peste, et il servira de plus en plus à la guérison des maladies transmissibles.

Telle est l'œuvre de Pasteur. Ses travaux, en définitive, ont abouti à multiplier à l'infini les puissances d'expansion de la vie en permettant à l'homme de terrasser les plus terribles fléaux qui menacent son existence, et la mort désormais ne cessera plus d'être vaincue par les méthodes pastoriennes, instrument de découvertes sans prix.

SUJET A DÉVELOPPER

Les grands bienfaiteurs. — Montrez que tous nous pouvons servir l'humanité, mais que le titre de bienfaiteurs n'appartient réellement qu'à ceux qui apportent un réel soulagement aux misères humaines.

PLAN. — Tous ceux qui mettent dans l'accomplissement de leur tâche toute leur intelligence et leur bonne volonté servent effectivement l'humanité. Il n'est pas de petits efforts inutiles; les moindres matériaux contribuent à la solidité d'un édifice.

Mais ceux-là méritent surtout la reconnaissance qui, à force de travail et de recherches, sont arrivés à atténuer ou à guérir une misère humaine.

La fortune n'est rien sans la santé. Les maladies de toutes sortes nous inquiètent et nous accablent; quelques-unes sont de véritables fléaux menaçant l'humanité entière.

Grâce au génie, aux découvertes de savants dont beaucoup illustrent la France, des remèdes ont été trouvés, préservant les hommes des ravages de maux effrayants.

Combien seraient vénérés le nom et le souvenir de celui qui nous garantirait des atteintes de la tuberculose!

Sont aussi des bienfaiteurs ceux qui ajoutent quelque chose à notre sécurité, à notre bien-être. Combien la petite lampe du mineur a épargné de vies et combien aussi les progrès dans l'ordre industriel ont épargné de fatigues et de périls! Toute découverte qui tend à diminuer les souffrances de l'humanité, à rendre son sort meilleur, est un bienfait dont nous devons être reconnaissants à son auteur.

LXIV (64). — Séparation.

« Les bonheurs d'autrefois ressemblent à l'herbe des prés ; ils n'ont tout leur parfum que lorsqu'ils sont fauchés et couchés à terre. »

André Theuriet.

Nous ne fûmes pas des derniers, je vous l'assure, M. Rouergues et moi, à applaudir le conférencier quand il termina sa conférence.

— Eh bien, dis-je à M. Rouergues quand nous fûmes en route pour revenir à la ferme, pensez-vous qu'un savant comme Pasteur n'ait pas droit à la reconnaissance des cultivateurs et êtes-vous toujours d'avis qu'en agriculture la pratique est tout ?

— Parbleu, petit, tu n'es pas content d'avoir raison, tu veux que je m'avoue vaincu. Ce n'est pas généreux de ta part.

— Oh ! Monsieur Rouergues, pouvez-vous supposer...

— Tant pis pour moi qui ai parlé trop vite devant toi... La vérité, c'est que je voudrais bien pouvoir apprendre toutes ces belles choses nouvelles, me tenir au courant de tous les progrès qui intéressent la culture. Mais il est trop tard : je ne suis plus bon qu'à travailler avec mes bras. Vois-tu, petit, le bel âge pour apprendre, c'est le tien, quand la mémoire est toute neuve, l'esprit frais et curieux. Enfin je compte sur toi pour m'aider plus tard.

— Hélas ! Monsieur Rouergues, il ne suffit pas d'avoir l'âge d'apprendre, il faut en avoir les moyens. Vous oubliez que je ne suis qu'un petit domestique de culture.

— Tu en sais déjà plus que n'importe quel domestique et j'ai idée que tu ne t'arrêteras pas là. L'occasion ne manque jamais à ceux qui sont bien décidés à apprendre.

M. Rouergues ne croyait pas si bien dire. Au mois d'août suivant, arriva de Saint-Étienne à mon adresse une lettre qui m'apporta une grande joie et un grand chagrin. Mon excellent protecteur, M. Dumont, m'écrivait :

« Bonne nouvelle, ami Jean! Sur le rapport de M. l'Instituteur d'Estivareilles qui a fait valoir tes titres, en particulier ton assiduité aux cours du soir, et comme suite à mes démarches personnelles en ta faveur, une des bourses qu'entretient le département de la Loire à l'école pratique d'agriculture d'Ecully (Rhône) vient de t'être attribuée. Je te connais assez pour être sûr que tu justifieras par ta conduite et ton travail la faveur dont tu es l'objet et que tu

Fig. 85. — Les jardins de l'École pratique d'agriculture d'Ecully. (D'après une photographie communiquée par M. E. Durand, directeur de l'école).

ne me donneras pas lieu de regretter d'avoir été ton répondant. Te voilà plus que jamais responsable de ta destinée. Tu en as l'outil entre les mains, à toi de t'en servir comme il faut... »

Vous dire que je lus cette lettre avec un plaisir sans mélange serait vous tromper. Certes j'étais bien heureux de l'occasion inespérée qui m'était offerte de compléter mon éducation. Je ne serais donc plus un petit domestique de ferme condamné à rester domestique toute sa vie. Boursier à l'école d'Ecully, c'était comme si je montais en grade, comme si, subitement, il me devenait permis d'aspirer aux grades supérieurs.

Oui, mais au prix de quel sacrifice et de quels regrets !

Bien peu savaient parmi ceux qui, quelques semaines plus tard, me félicitaient de partir, combien il m'en coûtait de quitter Estivareilles. Il y a des départs qui n'ont rien de triste : on se sépare le sourire aux lèvres lorsque le retour est prochain et que ceux qui s'en vont et ceux qui restent sont sûrs de se revoir bientôt. Mais il y a des départs qui font saigner le cœur, comme quand on laisse derrière soi pour longtemps, peut-être pour toujours, ceux qu'on aime, quand on rompt avec tout un passé cher et doux. C'était l'heure d'une de ces séparations cruelles qui avait sonné pour moi.

Je cachai mon chagrin à mes parents d'adoption et j'évitai de parler de mon départ à la petite Marie, de peur de lui en dire trop long. Ce fut elle qui aborda le sujet la première :

— Il paraît, Jean, que tu auras là-bas un bel uniforme, un uniforme comme celui des collégiens de Saint-Étienne.

— Eh! oui, petite Marie, un uniforme si beau avec ses boutons d'or que tu ne me reconnaîtras pas quand tu me reverras.

— Pas de danger, va, Jean. Phanor et moi nous te reconnaîtrons toujours. Lui et moi nous n'oublions pas nos amis.

— Tu m'écriras, petite Marie, pour me donner des nouvelles de la ferme.

— Bien sûr, Jean, si cela te fait plaisir... Mais tu me dis cela d'un air tout triste.

— C'est qu'en effet je suis bien triste de quitter la ferme, de te quitter, petite Marie.

— Moi aussi j'ai du chagrin de te voir partir, mais je me dis que c'est pour ton bien. Et puis tu reviendras...

Moi, je trouvais qu'elle avait trop de courage, qu'elle ne prenait pas mon départ assez à cœur. Pourtant, pendant les semaines qui le précédèrent, elle ne cessa de travailler pour moi : ses doigts agiles aidèrent Mme Rouergues à préparer mon trousseau. Quand l'heure fut venue de remplir la vieille malle que M. Rouergues avait mise à ma disposition, petite Marie voulut ranger elle-même mes effets.

— Tiens, me dit-elle en empilant une douzaine de mouchoirs neufs, j'ai brodé ton initiale sur ces mouchoirs. Quand tu t'en serviras, tu songeras à moi, n'est-ce pas?

Croyez-moi si vous voulez, je ne trouvai rien à répondre à cette gentillesse et je me hâtai de tourner la tête pour qu'elle ne vît pas que j'avais envie de pleurer.

Et quand vint le moment de la séparation à la gare de Saint-Bonnet, où m'avaient accompagné M., Mme Rouergues et la petite Marie dans cette même carriole où ils étaient venus me chercher quatre ans auparavant, je restai muet de même, bien que j'eusse le cœur plein de choses à leur dire. Je caressai de la main une dernière fois les flancs de la vieille Grise, j'embrassai M., Mme Rouergues et la petite Marie, et je demeurai accoudé, silencieux, à la portière du wagon.

Fig. 86. — Je me rejetai dans un coin du compartiment et donnai un libre cours à mon chagrin.

— On dirait que tu es fâché, Jean, dit la petite Marie.

— Ah ! oui, fâché de m'en aller...

C'est tout ce que je trouvai à leur dire. Debout à la portière, quand le train s'ébranla, j'essayai de sourire, en même temps que j'agitais la main pour dire adieu à mes amis. Je vis Phanor aller et venir en jappant comme s'il était malheureux, comme s'il ne savait s'il devait me suivre ou rester avec la petite Marie. Je me rejetai bien vite dans le coin du compartiment où je me trouvais seul, et je donnai libre cours à mon chagrin.

LXV (65). — A l'École d'agriculture.

« La plaine, aujourd'hui déserte,
— Labourons, ensemençons —
Dans quelques jours sera verte,
Et couleur d'or aux moissons ! »

JEAN AICARD.

Mon arrivée, mon installation à Ecully, cette vie nouvelle, si différente de celle que j'avais menée à Estivareilles, tout cela m'apparaît aujourd'hui un peu comme en rêve, dans ces brouillards du lointain dont le temps voile peu à peu les choses du passé, à mesure que nous nous en éloignons. Vie nouvelle, mais vie saine et excellente à laquelle j'eus vite fait de m'accoutumer. J'avais toujours au cœur le regret de mes amis absents, de la douceur de l'existence en commun avec eux. Mais on est moins malheureux quand on travaille, et pour me distraire, je travaillai de tout mon cœur, je fus tout entier à ma besogne.

Tant et si bien que mon chagrin, d'abord si vif, fit place à quelque chose de très différent : au lieu de regarder en arrière, de m'absorber dans le passé, je songeai à l'avenir. N'avais-je pas le devoir de travailler pour faire honneur à M. Dumont qui avait répondu de moi, pour réjouir le cœur de mes parents d'adoption, et aussi pour que la petite Marie fût fière de moi quand je reviendrais à Estivareilles? Chose étrange, le souvenir de la petite Marie, qui d'abord m'avait hanté si tristement, je trouvais maintenant comme une douceur à l'évoquer le soir, dans la lassitude de la fin des journées bien remplies. Et, sans que je me rendisse compte pourquoi, j'en étais comme stimulé à redoubler d'efforts et de bonne volonté.

En dehors de quelques élèves boursiers comme moi, je n'avais pour camarades à Ecully que des fils de fermiers et de propriétaires de petits domaines. C'est, en effet, pour cette catégorie spéciale de jeunes gens que la loi du 30 juillet 1875 a organisé les Écoles pratiques d'agriculture. Ces écoles répondent si bien à un besoin pressant qu'elles se sont multipliées avec rapidité : il n'en existe pas moins de 41 à l'heure actuelle.

La durée des études, dans les écoles pratiques d'agriculture, est de deux ou trois ans, suivant les écoles. En effet, elles ne sont pas toutes établies d'après un type uniforme. Très sagement on a voulu les adapter le mieux possible aux besoins des régions desservies par elles.

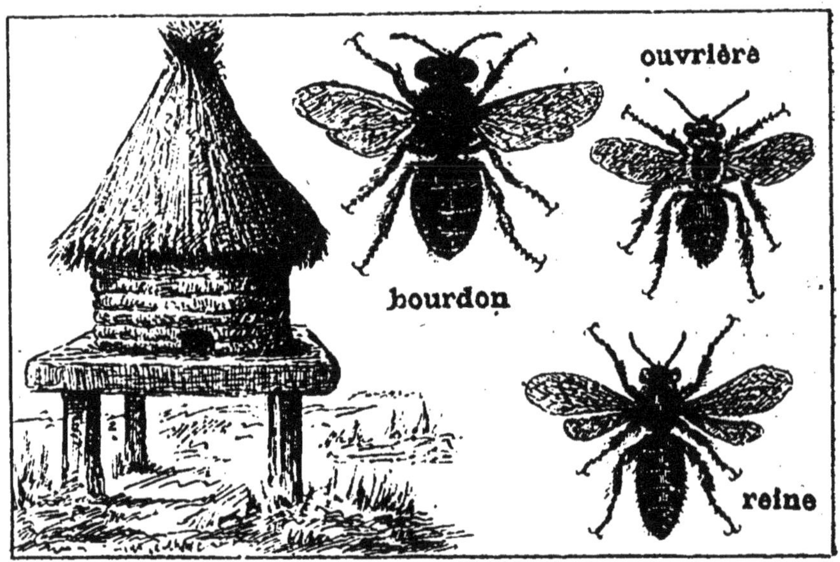

FIG. 87. — **Abeilles et leur ruche.** — Les abeilles nous donnent la cire et le miel. Seules, les *ouvrières* travaillent; elles construisent les rayons, butinent les fleurs, font le miel et la cire et veillent à la sécurité de la ruche. Les *bourdons* ou mâles périssent tous les ans à l'automne. La *reine* a pour fonction de multiplier l'espèce; elle dépose ses œufs dans les alvéoles des rayons d'où sortiront plus tard de jeunes abeilles.

A Ecully, les journées étaient divisées en deux parties. Pendant une moitié de la journée nous suivions des cours ou bien nous travaillions à l'étude.

Pendant l'autre moitié, nous exécutions aux champs, à l'étable, au jardin, tous les travaux de la ferme sous la direction des chefs de pratique : soins à donner à la basse-cour, élevage des abeilles et des vers à soie, horticulture, culture potagère et arboriculture, tous les travaux que comporte une exploitation bien ordonnée nous étaient enseignés méthodiquement.

On ne se contentait pas de nous dire et de nous montrer ce qu'il fallait faire : on nous expliquait pourquoi il fallait le faire, et cela à tous les moments du travail exécuté par nous. Bien mieux, on s'appliquait à nous faire trouver et à nous faire constater par nous-mêmes les conséquences pratiques des méthodes qu'on nous enseignait, de manière à nous les faire toucher du doigt et à graver pour toujours la leçon dans nos esprits.

LXVI (66). — Expériences agricoles. Les engrais.

« Faire en sorte que les terres soient bien garnies d'engrais pour les plantes, comme le râtelier doit être garni de fourrage pour les bestiaux : c'est là presque toute la science agricole. »

CONISSET-CARNOT.

Voici, par exemple, l'expérience à laquelle notre professeur nous fit procéder, sous sa direction, dans le jardin de l'école pour nous convaincre de l'efficacité des engrais chimiques. Deux parcelles de terrain contiguës de 5 mètres carrés chacune, après avoir été travaillées et mises à point par nous, reçurent de nos mains les engrais suivants : *Parcelle n° 1* : Fumier, 6 kilogrammes. — *Parcelle n° 2* : Fumier, 6 kilogrammes ; Phosphate, 250 grammes.

Sur chacune de ces deux parcelles nous semâmes à la volée un décilitre de seigle.

Les tiges de seigle poussèrent uniformément sur les deux parcelles pendant les premières semaines, mais à partir du mois de février les tiges de la parcelle n° 2, qui avait reçu le phosphate, prirent une avance sensible sur le seigle de la parcelle n° 1.

A la fin de mars, notre professeur nous fit répandre sur le parcelle n° 2, 75 grammes d'azotale de soude. Peu de temps après, le seigle de cette parcelle se distingua du seigle de la parcelle n° 1 par l'ampleur de ses feuilles et par leur coloration d'un vert très foncé. A la fin d'avril, les tiges de la parcelle qui avait été traitée au phosphate et à l'azotate de soude s'élevaient de 10 à 12 centimètres au-dessus des seigles de la parcelle n° 1. Elles étaient, en outre, sensiblement plus épaisses et les épis plus allongés.

A la fin de juin, nous procédâmes à la récolte, puis au dépiquage et au mesurage du grain et de la paille. Quand ces opérations furent terminées, notre professeur nous fit trouver nous-mêmes, par un problème d'application, les résultats comparatifs qu'on aurait obtenus, par hectare,

FIG. 88. — Notre professeur nous fit procéder, sous sa direction, à une expérience pour nous convaincre de l'efficacité des engrais chimiques.

dans une exploitation agricole, d'après les expériences faites dans les deux parcelles, et la plus value en argent qu'aurait donnée l'emploi des engrais chimiques.

Rien de plus simple et de plus saisissant : la récolte en grains obtenue sans autre engrais que *le fumier* était : 34 hectolitres de grains et 56 quintaux métriques de paille à l'hectare ; la récolte obtenue avec *fumier* et *engrais chimiques :* 42 hectolitres de grains et 75 quintaux métriques de paille à l'hectare. Comme le prix des engrais chimiques eût été de 62 fr. 50, il serait resté à l'agriculteur, assez avisé pour les employer, un bénéfice net de 81 francs, tous frais payés. Cela revient à dire qu'il eût placé son argent à 129 0/0. Un placement de père de famille, n'est-ce pas ?

LXVII (67). — Le tissage du lin.

« Nous avons à choisir entre la science et la souffrance : c'est seulement en utilisant sagement les applications de la science que nous pouvons conserver quelque espoir de donner au peuple abondance et confort. »

SIR JOHN LUBBOCK.

Je me souviens d'une autre leçon de choses, des plus ingénieuses, qui nous fut donnée à Ecully. Je vous en parle, parce que vous pourrez la reproduire, mes chers enfants, si le cœur vous en dit, sous la direction de vos excellents maîtres, pour compléter votre instruction tout en venant en aide à quelques déshérités.

On nous avait expliqué, à l'Ecole pratique d'agriculture d'Ecully, quel intérêt il y a à développer la culture du lin, qui est, vous le savez, la plus précieuse des plantes textiles, et l'on nous avait appris qu'une loi a institué des primes pour encourager les agriculteurs à cultiver cette plante. A titre de démonstration, on nous fit semer du lin dans un carré du jardin de l'école. Nous connaissions tous cette culture pour en avoir vu des champs entiers, mais l'on s'intéresse toujours aux plantes que l'on a vues pousser, et c'est pourquoi nous fûmes fiers de notre récolte, quelques poignées de tiges de 60 à 65 centimètres, uniquement parce qu'elle était notre œuvre.

Que faire de cette maigre récolte? Sur le conseil de notre professeur, nous retirâmes le grain, et nous exposâmes notre gerbe, étendue sur l'herbe, à l'action de la rosée et du soleil. Puis nous la plongeâmes dans le courant d'un ruisseau qui longe le jardin de l'école. L'eau entraîna la gomme et nous nous débarrassâmes de la chènevotte, qui seule restait, en broyant entre nos mains les tiges préalablement séchées.

Nous voilà donc en possession d'une minuscule provision de lin. Après l'avoir peigné, nous le confiâmes, sur les indications qui nous furent données, à une bonne vieille du voisinage qui se chargea de le filer. Elle nous rendit trois écheveaux de lin. Avec quelques sous nous nous procurons chez l'épicier-mercier un peu de coton bleu pour la trame, et nous portons le tout, écheveaux de lin et coton, chez la fille de notre vieille voisine, tisserande de son métier.

La brave femme nous avait invités à venir voir tisser notre lin le jeudi suivant. Nous fûmes fidèles au rendez-vous. Bien assise sur son banc de bois, les pieds sur la pédale, elle faisait avec agilité croiser les fils, la trame s'allongeant d'un nouveau fil à chaque mouvement de la navette circulant rapidement de droite à gauche. Elle avait ajouté le fil de la chaîne à une pièce qu'elle devait exécuter, et c'est ainsi qu'elle tissa sous nos yeux, quand elle fut au bout de la pièce, l'étoffe nécessaire à la confection d'une blouse.

Fig. 89. — **Le rouissage.** — Après l'arrachage, on lie le chanvre et le lin en bottes, que l'on met dans une eau courante, afin de faire dissoudre la gomme qui unit les fibres de ces plantes. On place de grosses pierres sur les bottes immergées, afin d'éviter que le courant ne les entraîne. Cette opération s'appelle le *rouissage*.

Oui, mais comment la transformer en blouse? La chose n'était pas de notre compétence. Nous portâmes notre étoffe à l'école de filles d'Ecully, et là, sous la direction de leur maîtresse de couture, les petites filles de l'école nous confectionnèrent une belle blouse qui faisait honneur aux petites couturières.

Restait à utiliser la blouse, produit commun de notre travail et de celui de nos petites associées. Nous aurions pu la faire mettre en bonne place dans le musée de l'École d'agriculture pour la faire admirer par les générations futures d'élèves comme un produit de notre industrie. Quelle pensée ridicule ! Le beau mérite que nous avions eu ! Comme si tout le monde n'eût pu en faire autant ! D'ailleurs une blouse est faite pour être portée. Nous nous en allâmes tout simplement chez l'instituteur d'Ecully et nous lui offrîmes notre blouse en le priant de raconter son histoire aux élèves de l'école primaire et d'en faire don à celui d'entre eux auquel elle pourrait être le plus utile. Il vint nous remercier quelques jours plus tard et nous dit :

— Vous avez fait un heureux avec votre blouse. Je l'ai donné à un enfant de l'Assistance publique. Pour une fois les rôles sont changés : c'est lui qui est fier et ce sont ses camarades qui l'envient.

LXVIII (68). — Syndicat agricole.

« L'association sous toutes les formes dominera le XXe siècle, finira par régénérer les masses populaires et, par elles, la société elle-même. »

STUART MILL.

Très sagement on se gardait donc de nous confiner dans l'école, on essayait d'étendre notre horizon au delà de ses murs, de nous mettre en contact avec les gens et les choses de notre entourage, de donner à nos études leur complément indispensable en nous ouvrant une fenêtre sur la vie et en particulier sur la vraie vie agricole. Que de choses j'appris alors qu'on n'apprend guère à l'école, rien qu'en regardant autour de moi !

Par exemple, on m'avait dit merveilles du Syndicat agricole d'Ecully et des services qu'il rendait aux cultivateurs de la région. J'eus la curiosité de me rendre compte du mécanisme de cette institution de date récente, et j'allai m'informer, un dimanche matin, auprès du secrétaire du syndicat. Je résume ici les explications qu'il me fournit avec un empressement et une complaisance dont je lui sus un gré infini.

« Le désir bien légitime des cultivateurs, me dit-il en substance, est d'acheter le meilleur marché possible ce qui est nécessaire à leur profession, semences, engrais, outils agricoles, et de vendre au mieux, c'est-à-dire le plus cher possible, leurs produits. Or, qu'il s'agisse d'achat ou de vente, le bénéfice sera accru, si l'intermédiaire, qui prélève nécessairement son profit sur le montant de l'achat ou de la vente, est supprimé. Le premier bienfait des syndicats agricoles est précisément la suppression des intermédiaires.

« S'agit-il d'achats? Nous achetons directement en fabrique, et comme nous achetons en gros, c'est-à-dire par grandes quantités, et que nous faisons grouper les expéditions, nous faisons bénéficier nos adhérents : 1° du bénéfice de l'intermédiaire; 2° du prix réduit accordé à l'acheteur en gros; 3° de la diminution des frais de transport. Faut-il ajouter que nous sommes mieux servis, que nous avons toujours des marchandises de choix et, tout au moins, les sortes et les qualités que nous avons commandées, les gros clients étant toujours plus considérés et mieux traités que les petits?

« S'agit-il de vendre nos produits? Plus de ces courtiers marrons s'entendant comme larrons en foire pour abaisser les prix, pour acheter nos récoltes à des prix de famine. Ici encore l'intermédiaire est supprimé. Le syndicat est en relations directes avec l'un des grands facteurs des Halles centrales de Paris. Une fois par semaine ce facteur nous télégraphie le cours — facile à vérifier d'après les cours officiels du marché de Paris — auquel il est acheteur de nos œufs, de nos volailles, de nos beurres, de nos légumes, de notre viande sur pied. Ici encore les expéditions étant groupées, les frais de transport sont réduits.

« Comment s'établissent nos comptes? Nous commençons par déduire le montant de nos frais généraux, d'autant plus réduits que l'importance des expéditions est plus grande. Le produit net de la vente est inscrit sur le carnet de chaque sociétaire au prorata de son apport. En d'autres termes, chaque syndiqué a son carnet sur lequel on inscrit chaque fois son apport, le prix de vente, sa part dans les frais généraux, et l'argent qu'il prélève pour

FIG. 90. — **Baratte immobile**; des ailes situées à l'intérieur reçoivent le mouvement d'une turbine. A gauche, une écrémeuse danoise sépare en quelques instants le lait de la crème. Au fond, le beurre est pesé et emballé.

ses besoins sur son compte courant syndicataire. Sa peine et son temps sont épargnés : il n'a plus à marchander, il ne se trompe pas et il n'est plus trompé quand il achète; pour vendre, il n'a plus à courir les marchés et les foires, et aussi les cabarets où tant de contrats se scellent à coups de rasades et de petits verres.

« Voilà quelques-unes des merveilles de la *coopération*. Il y en a bien d'autres. Chaque jour nous l'étendons un peu plus à la production agricole, à l'exemple des *fruitières* du Jura et des associations coopérative agricoles des États-Unis. Venez me trouver un de ces jours : je vous ferai visiter notre Beurrerie coopérative. C'est un modèle du genre. Nous y fabriquons, par les procédés les plus récents et au moyen de l'outillage le plus perfectionné, un beurre exquis avec le lait que nous envoient nos adhérents. Nous vendons ce beurre beaucoup plus cher qu'ils n'auraient vendu le beurre inférieur qu'ils auraient fabriqué eux-mêmes avec un outillage rudimentaire et une connaissance moins précise des détails de la fabrication.

« Oui, moins de peine et plus de profit, voilà bien les résultats de la coopération agricole, tant il est vrai que l'union, qui fait la force, fait aussi la richesse, et que les intérêts des cultivateurs, comme ceux de tous les travailleurs, sont solidaires les uns des autres. En définitive, en agriculture comme dans tout le reste, le progrès se ramène à cette grande loi de la solidarité qui régit la destinée des hommes : plus ils se conforment à cette loi, plus ils sont puissants pour le bien et mieux ils sont armés pour protéger leurs intérêts naturels et légitimes. »

SUJET A DÉVELOPPER

La solidarité. — Montrez que l'homme isolé mène fatalement une vie incertaine et misérable, qu'au contraire les hommes, en associant leurs moyens, deviennent aussitôt capables d'adoucir leurs peines et d'assurer leur sécurité et leur bien-être.

PLAN. — Les résistances que nous rencontrons autour de nous sont tellement puissantes et nombreuses qu'à nous seuls, il nous est bien difficile de faire notre chemin. Nos forces comme nos ressources sont insuffisantes, quand elles sont isolées, pour nous frayer dans la vie un chemin vers un sort plus doux.

Nous nous débattons souvent en vain dans le milieu étroit où nous vivons et nous menons une existence misérable.

Si nous associons nos moyens à ceux de nos compagnons de souffrance, nous disposons aussitôt de forces qui nous permettent de lutter avec succès et de donner à notre activité tout l'essor que nous rêvons. L'union fait la force des faibles et la prospérité des pauvres.

Par l'union nous bénéficions des initiatives de chacun : ce que l'un ne conçoit pas est conçu par l'autre ; l'œuvre commune s'améliore ainsi de jour en jour pour le profit de chacun.

Nous cessons d'être isolés, nous ne sommes plus exposés à ces coups imprévus qui renversent si rapidement les fortunes particulières, même les plus solides. C'est, pour tous et pour chacun, l'assurance de la tranquillité et de l'aisance pour les jours à venir.

LXIX (69). — Amis perdus, amis retrouvés.

« Le plus grand malheur qu'on puisse avoir, c'est de n'aimer rien du tout. »

HAWTHORNE.

N'avais-je pas raison de vous dire que je n'avais pas le temps de m'ennuyer à Ecully? J'y goûtais même de temps en temps des satisfactions du cœur que j'avais cru perdre en quittant Estivareilles. Il m'arrivait en effet une fois par quinzaine de recevoir des nouvelles des amis que j'y avais laissés, et c'était fête pour moi, quand on me remettait une lettre portant le timbre du village lointain.

Quand Mme Rouergues m'écrivait, elle s'informait naturellement de ma santé, de l'état de ma garde-robe sur laquelle elle veillait de loin avec la vigilance d'une ménagère avertie, et m'annonçait presque toujours l'envoi de quelque douceur ou friandise qu'elle m'expédiait en grande vitesse, soi-disant pour avoir l'avis d'un gourmand tel que moi, « les gourmands étant, comme elle me l'écrivit un jour, les meilleurs juges en pareille matière ».

Les lettres de M. Rouergues, beaucoup plus espacées, étaient aussi beaucoup plus courtes. Que de fois je souris à la lecture de ces quelques lignes écrites de sa grosse écriture de brave homme plus habitué à manier le manche de la charrue que la plume! Bien entendu, il ne soupçonnait pas que, vivant loin d'Estivareilles, je pusse m'intéresser à autre chose qu'à la ferme et aux récoltes de M. Rouergues. Il ne manquait jamais de m'en donner des nouvelles, avec une brièveté expressive qui confondait dans la même formule les bêtes, les choses et les gens : « Nous avons eu trois veaux de plus que l'an passé... Les seigles vont bien et nous aussi... »

Mais les lettres les plus intéressantes pour moi étaient celles de la petite Marie. Il ne se passait guère de mois que je n'en eusse une. Il me semblait qu'elles m'apportaient un peu du bon air de la montagne et quelque chose de mes amis de là-bas.

La petite Marie me donnait de leurs nouvelles à tous. « La *Grise* tousse, le vétérinaire dit qu'elle a un catarrhe et qu'elle ne s'en guérira pas, mais qu'elle peut vieillir longtemps encore... Le petit veau de la *Bise* est très drôle avec ses poils roux très longs, son mufle rose et son petit corps mal proportionné sur ses jambes grêles et trop hautes. Devine comment j'ai appelé le fils de la Bise? Mais *Bison* naturellement!... Phanor est boiteux pour s'être mis une épine dans la patte en poursuivant l'autre jour, malgré ma défense, à travers la haie qui borde la route, une poulette de notre voisine, la mère Oursel. Bien fait pour le méchant qui voulait faire peur à la poulette, n'est-ce pas? Tu sais, il ne veut toujours pas me suivre dans ta chambre quand j'y entre: il reste à la porte, en se battant les flancs de sa queue en signe d'inquiétude, et me regarde avec des yeux pleins de reproches comme si nul n'avait le droit d'entrer chez toi, en ton absence: il serait comique s'il n'était pas si malheureux. Il est à côté de moi pendant que je t'écris et me regarde comme s'il savait que je t'envoie des nouvelles. Je crois bien qu'il me dit, à sa façon, de te faire bien des amitiés de sa part... »

Des lettres comme celle-là, c'était un charme pour moi de les recevoir, un charme d'y répondre le dimanche, quand j'avais tout mon temps à moi. Quand je lisais les lettres de la petite Marie ou que je lui écrivais, il me semblait que j'étais encore à Estivareilles auprès d'elle, et j'en avais comme du soleil au cœur, et je ne me sentais pas seul, non, je ne me sentais jamais seul.

Mes fidèles amis de Saint-Étienne, Robert et Marcel, m'écrivaient aussi. Robert s'était rapproché de moi: il était employé à la Chambre de Commerce de Lyon. Il me pressait d'aller passer une ou deux journées à Lyon auprès de lui. Je demandai à Marcel de venir m'y rejoindre afin que nous pussions nous retrouver tous les trois ensemble. « Je ferai mieux, me répondit Marcel, j'irai te chercher à Ecully. Tu m'annonces que la fête locale coïncide avec la

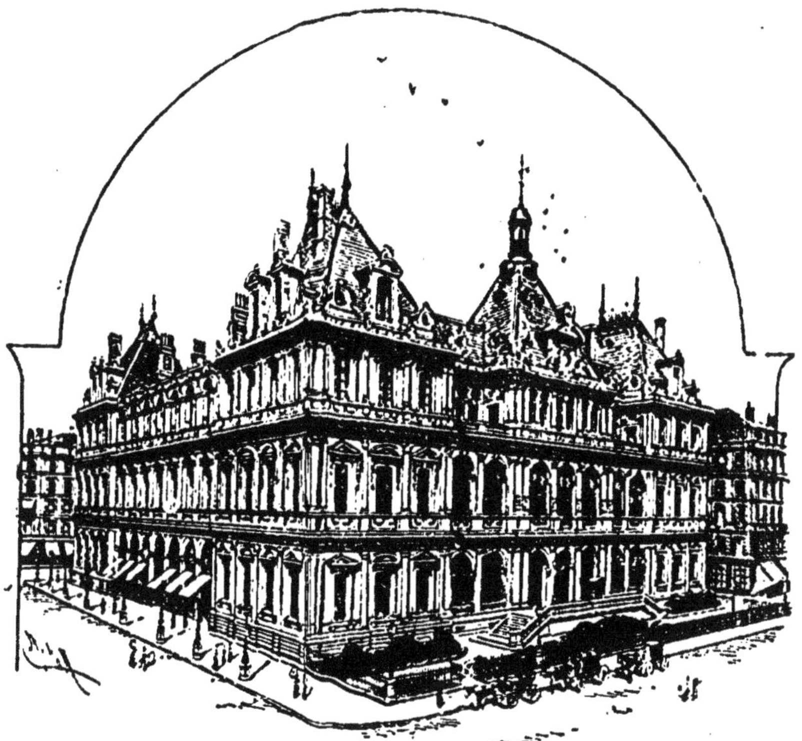

Fig. 91. — Lyon. — Vue du palais du Commerce et de la Bourse. — Situé au centre de la ville. C'est un monument d'une remarquable élégance; il a été construit par l'architecte Dardel.

Pentecôte. J'ai la curiosité de savoir si l'on s'amuse là-bas comme à Saint-Étienne et d'aussi bon cœur. Je m'invite puisque tu ne m'invites pas. Attends-moi dimanche. Nous passerons à Ecully les journées de dimanche et lundi, et mardi, à la première heure, nous débarquerons à Lyon où nous resterons avec Robert jusqu'à la fin des congés de la Pentecôte. Ami Jean, tu proposes et je dispose. Ne reconnais-tu pas ton Marcel à cette noble indépendance?... »

Si je reçus mon cher Marcel à bras ouverts le dimanche

suivant, je vous le laisse à penser. Après les premières effusions :

— Tu es mon hôte, lui dis-je, bien que je n'aie pas de chez moi. J'ai retenu pour toi une chambre à l'hôtel du *Cheval blanc*. Le temps de t'y accompagner pour prendre langue, et j'entends que tu sois à moi, tout à moi. Ne vous en déplaise, Monsieur le railleur, ici c'est moi qui propose et qui dispose... de vous.

Marcel comprit, et souriant :

— Fi donc! Je ne te savais pas si rancunier... Enfin fais de moi ce que tu voudras. Je m'abandonne à mon sort.

LXX (70). — La Société de Tir.

« Il faut que la Patrie soit sentie dans l'École. »

MICHELET.

— Pour commencer, lui dis-je un quart d'heure après, en sortant de l'hôtel avec lui, permets-moi de te faire les honneurs de notre Société de tir.

— Vous avez une Société de tir à Ecully ?

— Mais oui, ami Marcel, une société très prospère et qui rend de très sérieux services tout en fournissant un agréable passe-temps aux futurs conscrits d'Ecully. Il s'est trouvé ici, il y a quelques années, un homme d'initiative, l'instituteur lui-même, pour organiser une société de tir à l'école des garçons d'Ecully.

— Peste, voilà un aimable homme et qui doit être bien vu de ses élèves ! Heureuse école où les exercices scolaires sont remplacés par les exercices de tir, les cartons à dessin, les cartes de géographie et autres instruments moroses de travail, par les cartons-cibles ! Que ne l'ai-je connue plus tôt !

— Parlons sérieusement, incorrigible moqueur. Oui ou non, l'école doit-elle être, avant tout, une préparation à la vie, à tous les devoirs de la vie sociale, et, par conséquent, au devoir militaire comme aux autres ? Si oui, (tu te tais : qui ne dit mot consent !) tu m'accorderas que l'enseignement du tir est un de ces enseignements accessoires — ne dis pas superflus, car ce serait plus que jamais le cas de répéter : *le superflu, chose si nécessaire* — qui méritent de trouver place à l'école ou à côté de l'école, sous la direction active et désintéressée de l'instituteur communal.

Fig. 92. — L'école doit être avant tout une préparation à la vie sociale et, par conséquent, au devoir militaire comme aux autres devoirs.

— Mais alors l'école n'est plus que l'antichambre de la caserne !

— Certes non ! A chacun son métier. Je dis seulement qu'il n'est jamais trop tôt pour se préparer à remplir avec honneur et utilité le rôle de défenseur de la patrie. Quel appoint pour le soldat qui arrive au régiment, ainsi instruit et formé à la tâche la plus importante de la vie militaire ! La meilleure arme ne vaut que par l'adresse de celui qui s'en sert, et les meilleurs soldats eux-mêmes que par le parti qu'ils savent tirer de leurs armes. Ceux qui ont confiance dans leurs fusils et savent bien les manier ne perdent pas leur sang-froid et sont solides au feu.

— On cultive donc tout, à l'école d'agriculture d'Ecully, même l'éloquence ! Sais-tu que tu es presque éloquent ?

— Je ne le suis pas assez puisque je ne t'ai pas convaincu, sans quoi tu ne raillerais plus. Regarde autour de nous :

partout le tir est en honneur. Il y a, en Belgique, en Allemagne, d'innombrables sociétés de tir ; en Suisse, le moindre village a la sienne. Les tireurs se forment ainsi peu à peu la main et l'œil, s'entraînent pacifiquement à la guerre, s'y préparent comme il convient, de loin, par un exercice sain qui les délasse agréablement.

— Tu oublies les accidents toujours possibles.

— C'est précisément avec les tireurs gauches, inexpérimentés, qui ignorent le maniement des armes à feu que les accidents sont à redouter. D'ailleurs ici, tu vas le voir, toutes les précautions sont prises. »

Nous étions arrivés à la porte de l'école. Des coups de feu nous avertissaient que le tir était commencé. Marcel s'arrêta un instant pour lire « l'extrait du règlement » affiché sur la porte :

LXXI (71). — Exercices pratiques.

> « Les hommes sont le vrai rempart de la Cité. »
>
> PLUTARQUE.

Extrait du règlement de la Société de tir d'Ecully.

« Les exercices de tir auront lieu deux fois par mois, le deuxième et le quatrième dimanche, de dix heures à midi.

« Chaque sociétaire tirera une série de cinq balles, puis se portera à gauche du peloton pour revenir à son tour tirer une nouvelle série.

« Pendant le tir, les élèves garderont le plus profond silence et écouteront les observations faites au tireur, afin d'en profiter. »

Nous entrâmes dans la grande cour où les tireurs étaient réunis. Je serrai la main à ceux que je connaissais, je saluai M. Marchand, le directeur de l'école d'Ecully. Il surveillait attentivement les exercices de tir, chargeant seul l'arme, et la remettant lui-même au sociétaire, après avoir pris soin de placer le canon dans l'ouverture du portique, par surcroît de précaution, afin que l'étourderie d'un tireur ne pût faire dévier l'arme avant le moment précis de tirer.

Nous assistâmes au tir pendant quelques minutes. Deux ou trois bons tireurs firent d'excellents cartons.

— Allons, à ton tour, me souffla Marcel à l'oreille, voici le moment de prêcher, non plus de parole, mais d'exemple.

Fig. 93. — Je fis un carton dont je n'eus point à rougir.

J'allai me placer à la gauche du dernier tireur, et quand mon tour fut venu, je fis un carton dont je n'eus point à rougir : quatre coups dans le noir et un coup dans le blanc de la cible, en tout 26 points sur le maximum possible de 30 points.

Marcel ne riait plus, mais suivait très attentivement les exercices de tir. Je vis bien qu'il était piqué au jeu.

— Veux-tu faire un carton? lui dis-je.

— Je veux bien, mais, ajouta-t-il en souriant, tu vas avoir ta revanche : à toi de te moquer de moi maintenant.

— Pourquoi donc? Il faut un commencement à tout.

Sur ce, aidé de M. Marchand, je lui donnai les indications nécessaires, je lui appris à bien viser, c'est-à-dire à faire passer la ligne de mire par le fond de l'œil et le but, puis à presser sur la gâchette, en amenant l'une après l'autre les deux détentes.

— Vingt points, s'écria-t-il avec enthousiasme, quand

il eut entre les mains son premier carton. Je suis prêt à recommencer...

— Oui, mais je ne suis pas prêt à te laisser recommencer : il est l'heure d'aller déjeuner, maître Marcel, mon estomac m'en avertit.

— Eh bien ! si tu veux, nous reviendrons ici aussitôt après déjeuner.

— Après déjeuner ? Tu oublies le règlement que tu as lu tout à l'heure, ou tu l'as bien mal lu : le tir n'a lieu qu'un dimanche sur deux, de dix heures à midi.

— C'est vrai, je l'avais oublié, me dit-il d'un ton de désappointement.

J'éclatai de rire en voyant sa figure s'allonger.

— Ah ! ah ! tu es puni par où tu as péché, ami Marcel. Tu t'es moqué des cartons-cibles, des exercices de tir, des braves gens qui s'y livrent, et maintenant que tu voudrais t'y livrer toi-même, maintenant que tu fais amende honorable, il est trop tard. Heureusement que j'ai pitié de toi. Allons déjeuner, et cet après-midi, comme fiche de consolation, je te mènerai visiter les baraques de tir installées sur la grande place.

— Alors je suis tout consolé. Parbleu, Jean, tu es un homme de ressources. Quel précieux compagnon !

Le déjeuner que j'offris à Marcel dans le restaurant de l'hôtel du *Cheval blanc* fut excellent. Comment ne l'eût-il pas été quand nous étions ensemble, avec tant de choses à nous dire, et si heureux de nous retrouver ? Il se prolongea si bien que je finis par m'apercevoir que nous étions seuls dans la grande salle à manger de l'hôtel.

— Je n'ai jamais si bien déjeuné, me dit Marcel en se levant.

— Ni moi si longuement, lui répondis-je en riant.

LXXII (72). — La fête villageoise.

« Toute joie s'accroît par cela seul qu'elle est communiquée. »

ADAM SMITH.

La fête battait son plein quand nous arrivâmes sur la grande place.

Nous connaissions, Marcel et moi, pour les avoir goûtées plus d'une fois à Saint-Étienne, toutes les séductions que pouvait nous offrir la fête d'Ecully. Le champ de foire était pour nous sans mystère, mais non pas sans attraits. Avec l'enthousiasme que professent toujours les nouveaux convertis, Marcel n'eut pas de cesse qu'il n'eût visité les trois tirs installés sur la place. Nous brisâmes, à coups de carabine Flaubert, d'innocentes pipes nées pour un meilleur sort, nous fîmes voler en éclats des œufs blancs et rouges, cible mobile que balançait à son sommet le panache oscillant d'un minuscule jet d'eau, et par un coup triomphal, Marcel eut la gloire de faire montrer ses dents blanches à un nègre récalcitrant qui les cachait avec obstination.

Vous confierai-je encore que, montés à califourchon sur les blancs lapins d'un manège à vapeur, nous connûmes les joies pures, mais bruyantes, d'une promenade circulaire à vitesse tour à tour croissante et décroissante, accompagnée de la musique d'un orgue à vapeur, qui affolait les chevaux dans un rayon de quelques centaines de mètres, mais nous remplissait d'aise et nous mettait le diable au corps ? Musique, poussière, soleil, rumeur de la foule en joie, tout cela grisa si bien Marcel qu'il voulut m'entraîner... au *Théâtre des puces savantes*, alléché par un prospectus qu'on nous avait remis et qui promettait monts et merveilles : des puces qui s'alignaient, tiraient des coups de canon, des puces qui traînaient un carrosse, des puces innocentes et dociles qui ne mordaient plus... qu'à la science ! (Madame Rose, professeur de ces gracieux animaux, disait textuellement le prospectus, garantit le public contre les évasions de ses élèves).

— Croyons sur parole le distingué professeur, dis-je à Marcel en l'entraînant, et gardons-nous de faire plus ample connaissance avec ses gracieuses élèves : il pourrait nous en cuire.

Pour dédommager Marcel, je le régalai des vues d'un diorama voisin. Là, pour la modeste somme de dix centi-

FIG. 94. — La fête battait son plein quand nous arrivâmes sur la grande place.

mes, nous fîmes en un quart d'heure le tour du monde, nous embarquant au Havre sur le transatlantique *la Lorraine* pour débarquer une minute après — ni plus ni moins — sur l'autre rive de l'Atlantique, à New-York, la métropole de la jeune Amérique.

Une simple enjambée, d'un verre à l'autre du diorama, nous emmena à San-Francisco, la reine du Pacifique américain, où nous prîmes le bon paquebot *la Ville-de-Pékin* qui nous transborda l'instant d'après à Yokohama, le grand port du Japon. Le temps d'apercevoir les maisons japonaises toutes menues, véritables maisons de poupées, qui marchent et que l'on déplace à volonté, grâce à leurs parties démontables ; le temps de dire bonjour aux petites Japonaises d'une grâce frêle et souriante, et nous voilà à Vladivostock, le Toulon russe du Pacifique.

De là, le Transsibérien, enjambant en quelques secondes (au lieu de quinze jours en réalité), les grands fleuves, les grandes forêts de mélèzes, les steppes à bouleaux de la plaine sibérienne, nous emmène en un clin d'œil à Saint-Pétersbourg, la jeune capitale de toutes les Russies, fondée il y a deux cents ans dans les marécages de la Néva par Pierre-le-Grand qui voulait donner à la Russie, pays asiatique jusqu'alors, une fenêtre sur l'Europe civilisée.

Adieu les palais de marbre de la *Perspective Newski*, la locomotive halète et le train n'attend pas : nous sautons dans un des wagons luxueux du *Nord Express*, véritable hôtel roulant, et nous voici à Paris où nous débarquons frais et dispos, heureux de nous retrouver chez nous, d'entendre résonner cette vieille langue de France plus douce que la plus douce musique aux oreilles qui en ont été sevrées pendant quelque temps.

— Eh bien! dis-je à Marcel en sortant, es-tu satisfait de ce voyage rapide et peu coûteux ?

— Je crois bien : ni bagages, ni poussière, ni mal de mer, est-il possible de voyager à meilleur compte? Ce tour du monde est plein de renseignements et charmant dans son raccourci pittoresque. Il me donne plus que jamais une envie folle de voyager, de voir du pays, de remplir mes yeux d'horizons nouveaux...

— Tant il est vrai, m'écriai-je philosophiquement, qu'on peut s'instruire, même dans une fête de village, qu'il y a toujours à glaner en s'amusant, pourvu que l'on choisisse son amusement.

SUJET A DÉVELOPPER

Repos et distractions. — Le repos est nécessaire ainsi que les saines distractions; chacun peut et doit se procurer les heures de récréation et de plaisir indispensables à la santé du corps et de l'esprit. La chose est toujours possible; il ne s'agit que de bien choisir. Montrez-le.

PLAN. — Il est bon, il est juste de nous dégager, aussi souvent que possible, des misères de l'existence et de nous procurer le repos indispensable à notre santé, ainsi que les distractions nécessaires à l'esprit.

La vie ne doit pas être toute de fatigues et d'inquiétudes : il convient d'y introduire des heures de délassement et de joie saine. Des moments de repos économisent nos forces et nous rendent capables, pour le moment suivant, d'une nouvelle et fructueuse énergie.

Chacun trouve, autour de soi et suivant ses goûts, les distractions qu'il préfère; il n'est pas utile d'aller les chercher au loin. Les douceurs du foyer, les réunions réconfortantes de famille et d'amis sont les plus proches et les plus précieuses; les lectures, pendant les soirées d'hiver, récréent et instruisent, les promenades, pendant la belle saison, distraient et fortifient.

Rien de meilleur d'autre part que de participer aux réjouissances qui s'organisent près de nous : la solidarité doit s'étendre aux joies comme aux peines.

Nous avons à choisir, toutefois, parmi les distractions qui se présentent, celles qui développent le mieux en nous les qualités qui font les hommes robustes, intelligents et bien élevés. Et nous n'avons que l'embarras du choix : de tous côtés s'organisent des associations, ouvertes aux jeunes gens, qui se proposent de les amuser et de les instruire en même temps. A nous d'en profiter.

LXXIII (73). — L'ivrognerie.

« L'alcool fait de nos jours plus de ravages que ces trois fléaux historiques : la famine, la peste et la guerre. »

GLADSTONE.

Huit heures du soir. Le jour tombe sur les rues poussiéreuses, sur les dîneurs en plein air attablés sous les tonnelles des restaurants, sur les baraques de la foire qui sommeillent, vides et silencieuses, dans l'accalmie qui précède le bruyant réveil et les éclatantes fanfares de la parade du soir...

— Que faire de notre soirée? dis-je à Marcel. Je suis à tes ordres.

— Ma foi! j'ai bonne envie d'aller respirer un peu d'air pur.. J'en ai assez de la fête... Veux-tu que nous allions faire un tour sur la grande route en devisant au clair de lune?

— Parfait, rien ne vaut une promenade en rase campagne, les soirs de fête à la ville ou au village.

— Pourquoi donc?

— D'abord parce qu'on a besoin de respirer un peu de fraîcheur et d'air pur après la poussière et les fatigues de la journée; et puis parce que, le soir, on voit de trop près ce que j'appellerai l'envers de la fête, la gaieté se changeant parfois en un grossier délire, la bonne humeur de la foule et la paisible harmonie des promeneurs qui hument l'air en flânant, remplacées par les cris des mauvais gars et les rixes des buveurs avinés. Te rappelles-tu certains soirs de fête à Saint-Étienne?

— Je ne m'en souviens que trop; mais nous ne sommes pas ici dans une grande ville et tu calomnies les braves gens d'ici et leur fête villageoise.

— Hélas! les hommes sont partout les hommes et les buveurs partout les mêmes.

Je ne croyais pas si bien dire. A peine avons-nous fait quelques pas sur la route, que nous distinguons un groupe mouvant de gens criant et riant aux éclats. Nous les rejoignons. Ils tiennent compagnie à un homme qui, tête nue, les cheveux en désordre, l'œil vague et la poitrine débraillée, zigzague sur la route en chantant à tue-tête,

Nous suivons l'ivrogne, Marcel et moi, avec les autres. En croirai-je mes yeux? Entre deux zigzags et deux hoquets, le voici qui se jette sur un des arbres qui bordent la route. Il l'entoure de ses bras tendrement, et, d'une voix larmoyante et pâteuse :

— Ah! mon ami, que je suis content de te revoir! Laisse-moi t'embrasser.

Et l'ivrogne embrasse l'arbre. Puis, se reculant :

— Viens déjeuner avec moi, demain; on boira à ta santé, et du bon, tu sais. Allons, à demain!

Nous voilà riant aux larmes, Marcel et moi; nous emboîtons le pas à l'ivrogne qui, titubant et chantant derechef, traverse la route. Arrivé à deux pas d'un autre arbre, il s'arrête, se balance sur ses jambes mal assurées qui plient comme si elles refusaient de le porter, puis, subitement, avec des sanglots dans la voix :

Fig. 95. — L'ivrogne se jette sur un arbre, et l'embrasse comme une personne naturelle.

— C'est toi, mon pauvre Jules, je ne pensais plus te revoir... Ta mère va être bien heureuse. Viens que je t'embrasse. Allons, vi... vi...ens!

Et le voilà qui de nouveau se jette sur l'arbre, le caresse et l'embrasse comme une personne vivante, avec un mélange de cris inarticulés et de protestations émues, si émues que sa main tremblante finit par tirer de sa poche un mouchoir avec lequel il s'essuie les yeux.

La foule qui fait cortège à l'ivrogne est en joie. Les quolibets se croisent.

— Par ici, lui crient deux gamins en l'entraînant vers un arbre; regarde donc ton ami Arthur.

— Ohé! par ici, crie un autre, c'est Eugène qui t'appelle, tu sais bien, ton cousin Eugène.

Et, plein de bonne volonté, l'ivrogne va, ou plutôt essaie d'aller d'Arthur à Eugène, d'Eugène à Arthur, comme si son cœur et ses jambes hésitaient entre les deux.

Marcel et moi nous riions à gorge déployée. Pour rien au monde nous n'aurions donné nos places à ce spectacle gratuit qui n'avait pas été prévu au programme de la fête d'Ecully. Rien n'est si contagieux que le rire. Nous riions de voir le bonhomme ivre rire et pleurer en reconnaissant ses amis dans les arbres du chemin; nous riions de voir les autres rire. Le voilà bien le rire fou, irrésistible, incoercible, qui vous prend aux entrailles. De ma vie je ne m'étais si bien amusé!

LXXIV (74). — La famille de l'ivrogne.

« Savez-vous ce que boit cet homme dans ce verre qui vacille dans ses mains tremblantes ? Il boit les larmes, le sang, la vie de sa femme et de ses enfants. »

LAMENNAIS.

Tout à coup, un cri perçant retentit dans cette foule en délire.

— C'est lui, maman, c'est lui, voilà papa!

Une femme, misérablement vêtue, pieds nus, un tout jeune enfant sur les bras, un autre en haillons accroché à sa jupe, s'élance vers le misérable, lui prend le bras, et fondant en larmes :

— Enfin te voilà... Où étais-tu? Je t'ai cherché tout l'après-midi avec les petits... Allons, viens, mon homme!

Et elle veut l'entraîner, le tire à elle. Lui la regarde d'un œil éteint :

— Qu'est-ce qu'elle me veut, celle-là? Je ne vous connais pas. Je vais chez Arthur avec Eugène. Bonsoir.

Et il essaie de se dégager.

— Tu ne me reconnais pas, Benoît? Tiens, regarde tes enfants. Embrasse le petit.

Et elle lui tend la chère petite créature qu'elle porte dans ses bras.

Le regard de l'ivrogne devient mauvais, une lueur s'allume dans son œil terne; brusquement il se recule, et soudain, d'un coup de tête en pleine poitrine, il envoie rouler dans la poussière de la route la mère de ses enfants et ses enfants eux-mêmes. L'aîné se relève, le plus jeune pousse des cris perçants; la mère reste étendue sans bouger.

FIG. 96. — Brusquement l'ivrogne se recule et soudain d'un coup de tête en pleine poitrine il envoie rouler dans la poussière de la route la mère de ses enfants et ses enfants eux-mêmes.

On s'empresse autour d'elle : elle est pâle comme une morte. Je m'écrie :

— Le misérable l'a tuée!

Nous la transportons sur le talus, tandis qu'on court chercher de l'eau dans une maison voisine. Nous lui aspergeons le visage, elle ouvre des yeux hagards, comme si elle ne se souvenait de rien et pousse un profond soupir.

— Vous souffrez? lui dis-je.

Elle ne me regarde pas, ne me répond pas.

Tout à coup, je me sens tiré par la manche. L'aîné des enfants est là, il me dit :

— Maman a faim, elle n'a rien mangé d'aujourd'hui. Moi aussi j'ai faim, nous avons faim tous les trois!

Mon cœur se serre d'une angoisse qu'il n'a jamais connue jusqu'ici.

— Vite, Marcel, du pain, de la soupe, un peu de vin.

Marcel part en courant, tandis que je soutiens de mon bras le buste de la malheureuse toujours immobile et silencieuse, le regard rigide et comme figé.

Personne ne rit plus dans la foule. On fait cercle autour de nous; on chuchote.

— Où est le misérable? gronde une voix tout à coup.

Nous regardons. A une vingtaine de mètres, il est là, la figure grimaçante, les yeux injectés de fureur, balbutiant des mots qui ne s'achèvent pas. Il lève, dans la direction de sa femme, de ses enfants, son poing qui tremble; son bras retombe, trop lourd pour lui.

— A mort, à mort! crient quelques exaltés, de ceux qui riaient le plus tout à l'heure, oubliant qu'un coupable, fût-ce un criminel, est une chose sacrée, qu'aucun homme n'a droit sur lui, qu'il n'appartient qu'à la société de le juger et de le condamner. Ils marchent sur lui, menaçants. Il veut fuir, ses jambes s'entrechoquent, il tombe, ferme les yeux dans un dernier hoquet, ivre-mort. Pas besoin de le protéger contre la fureur de la foule : d'elle-même elle se détourne de cette loque humaine.

Un cri du bébé qui se roule dans l'herbe, à côté d'elle, a réveillé de sa torpeur la pauvre mère. Elle le reconnaît, se souvient, et, trop faible pour se lever, lui tend les bras.

— Je le garderai pendant que vous mangerez, lui dis-je, Buvez ceci pour reprendre des forces.

Et j'élève à ses lèvres un bol de bouillon chaud que Marcel a rapporté, tandis que l'aîné des enfants mange avidement un morceau de pain et de fromage.

— Ne vous pressez pas, prenez votre temps, dit Marcel à la malheureuse. Je ramène du secours. Voici le charron d'à côté, chez qui j'ai frappé. Il a attelé sa carriole pour vous reconduire chez vous. C'est nous-mêmes, mon ami Jean et moi, qui vous y accompagnerons avec lui.

— Merci, dit-elle d'une voix faible. Et deux grosses larmes coulent le long de ses joues dans le sillon que les larmes y ont creusé depuis des années. Tandis que je reste auprès d'elle, veillant à ce qu'elle se restaure, tâchant de détourner son attention et ses pensées de ce qui se passe autour d'elle, Marcel disparaît. A voix basse, pour que la pauvre femme n'entende pas, il demande à chacun son obole. Pas un ne la lui refuse. Un grand vent de pitié souffle sur ces curieux que le hasard a rassemblés. Les sous pleuvent dans la casquette de Marcel, et même quelques pièces blanches viennent s'y mêler.

La carriole vient se ranger près de nous. Nous aidons la pauvre mère à y monter avec ses enfants. Nous avons fait à peine quelques pas que la malheureuse femme frissonne et pousse un cri : elle a aperçu le corps de son mari étendu dans le fossé qui borde la route.

— Je vous en supplie, arrêtez-vous, ramenez-le chez moi !

Le croirez-vous ? Il m'en coûta d'obéir à cette prière. Marcel et moi nous eûmes comme un haut-le-cœur en soulevant le corps de l'ivrogne pour le transporter dans la carriole. Il serait trop naturel de faire son devoir et la chose serait sans mérite, si l'on n'y avait que de l'agrément.

Arrivés à l'*échoppe* qu'habite la malheureuse, nous l'aidons à étendre sur le lit son misérable mari que rien n'est plus capable de réveiller jusqu'à ce qu'il ait fini de cuver son vin. Puis, tandis que Marcel verse silencieusement sur le manteau de la cheminée le contenu de sa casquette, je regarde autour de moi. Pauvre chambre ! Deux fenêtres l'éclairent : elle a dû être gaie et riante autrefois quand, le samedi soir, le père était pressé d'y rentrer pour donner à la ménagère l'argent de sa semaine. Aujourd'hui, elle est presque vide : les couvertures sont allées chez le fripier, les meubles chez le revendeur. Une table, le lit, un berceau, deux chaises, quelques ustensiles de cuisine, voilà tout ce qui reste dans ce logis où l'on s'aima autrefois, où l'on fut si heureux autour de ce berceau.

Tout ce qui y reste? Hélas! non. Il y a là deux enfants innocents, amaigris, rachitiques, qui pleurent parce qu'ils ont faim, parce qu'ils voient pleurer leur mère. Il y a là, pâle et gémissante, une pauvre créature qui fut fière et joyeuse et dont la vie est devenue un martyre, qui souffre dans tout ce qu'elle aime, qui a froid en hiver, qui a faim et honte tout le temps. Et elle est là aussi, gisant dans sa mortelle ivresse, la brute humaine au visage terreux, le misérable qui a tué le bonheur de ceux qui l'aimaient, le lâche qui, pour satisfaire son vice ignoble, laisse mourir de faim sa femme et ses enfants, l'abject ivrogne, candidat à la folie ou au crime, que guette le cabanon ou l'échafaud.

Et, tandis que je contemple cette scène sinistre à la lumière falote d'une lanterne empruntée à notre carriole, je me répète à moi-même, comme hanté d'une obsession douloureuse, la phrase qu'au début de chaque semaine notre instituteur d'Estivareilles inscrivait en gros caractères au tableau noir de notre classe : « Savez-vous ce que boit cet homme dans ce verre qui vacille dans ses mains tremblantes? Il boit les larmes, le sang, la vie de sa femme et de ses enfants. »

SUJET A DÉVELOPPER

Tempérance et intempérance. — Dites ce que vous entendez par la tempérance; montrez qu'il y a en nous des instincts auxquels nous devons résister, et d'autres instincts, au contraire, auxquels il convient d'obéir entièrement, et faites ressortir les conséquences de l'intempérance.

PLAN. — La tempérance, nécessaire à notre santé, n'est pas moins nécessaire à la conservation de notre dignité.

Résister à ses appétits, limiter ses besoins au juste nécessaire n'est pas toujours chose facile. La pente qui nous entraine aux plaisirs sensuels est glissante, et, si on n'y prend garde, on la descend rapidement.

Il faut se rendre la vie aussi douce et aussi heureuse que possible, en donnant, autant qu'il est permis, satisfaction à ses désirs légitimes ; mais il est imprudent de s'abandonner à ses appétits et aux jouissances grossières qu'ils procurent.

Les satisfactions que nous éprouvons en accomplissant nos devoirs dans la famille et dans la société sont autrement élevées. Il n'y a jamais d'abus dans notre affection pour les nôtres ou dans notre bonté pour autrui.

L'intempérance tue les sentiments généreux de notre cœur en même temps qu'elle ruine notre santé, affaiblit notre intelligence et détruit le ressort de notre activité ; elle fait de nous des êtres égoïstes, inutiles, parfois même dangereux. Le degré d'avilissement où elle peut conduire n'a pas de mesure : elle abaisse l'homme au-dessous de la bête, qui ne boit qu'à sa soif.

Aussi combien il est nécessaire que nous sachions de bonne heure dominer nos instincts. Le vrai plaisir est dans les joies du cœur et les distractions de l'esprit, et non dans l'assouvissement bestial de nos appétits.

LXXV (75). — Guerre à l'alcool.

« Les liqueurs fortes ont été la malédiction de l'ouvrier. C'est en y renonçant complètement qu'il se sauvera et qu'il s'élèvera. Le premier pas vers la dignité de l'homme, c'est de renoncer à ce qui de l'homme fait une brute. Le peuple doit apprendre à s'abstenir et à se conduire, ou bien on le tiendra sous le joug et on usera de lui comme d'un outil. »

CHANNING.

— Nous reviendrons vous voir demain, dis-je à la pauvre femme en la quittant.

— Oui, demain. Je vous remercierai mieux. Aujourd'hui, j'ai l'esprit troublé... ma pauvre tête n'est pas encore remise. Il me semble que je rêve... Demain, mon homme lui-même vous dira merci. Vous verrez, Benoît n'est pas un méchant homme quand il n'a pas bu...

— Quel est son métier?

— Jardinier, quand il travaille. Mais il a perdu trois places successivement parce qu'il buvait, et maintenant il est sans ouvrage.

— Personne ne veut de ce malheureux parce qu'il boit, me dit Marcel quand nous fûmes sur la route, et il s'en console en buvant un peu plus.

— Oui, c'est là ce que les ivrognes appellent « noyer leur chagrin ». Mais peut-être celui-ci n'est-il pas incorrigible?

— Rappelle-toi l'espèce de délire furieux dans lequel nous l'avons vu. Quand bien même il se jurerait de ne plus boire que de l'eau...

— Oui, je sais, serment d'ivrogne... Mais tout n'est pas perdu s'il est vrai, comme sa femme nous l'a dit, qu'il a bon cœur quand il est à jeun. Puisqu'il est jardinier, j'irai demain matin conter son cas à M. le directeur de l'École d'agriculture et je lui demanderai de s'intéresser à ce malheureux Benoît et à sa famille.

— Vous avez eu raison de venir à moi, me dit le lendemain M. le directeur. Flétrir le vice est bien, s'employer à redresser les coupables est mieux. Il est trop commode de proclamer les malades incurables, pour se dispenser de les soigner.

— En effet, tout alcoolique est un malade.

— Oui, mais l'alcoolisme n'est pas une maladie comme une autre. C'est une maladie particulière qui veut un traitement propre. Vous savez que jusqu'à ces dernières années on ouvrait les asiles d'aliénés aux alcooliques invétérés : c'était confondre l'effet et la cause. On a créé dans le département de la Seine un asile spécial d'alcooliques, à l'imitation des asiles semblables qui existent aux États-Unis, en Angleterre, en Suisse, en Allemagne, où ces sortes d'hôpitaux ont fait leurs preuves.

— Et quel est le traitement que suivent les buveurs dans ces asiles spéciaux?

— Cela vous intéresse? Voilà qui est bon signe, mon enfant, et je suis trop heureux de pouvoir satisfaire votre curiosité. Le traitement qu'on impose aux buveurs, est double : abstinence totale d'alcool, régime à l'eau pure, grande activité et dépense musculaire, voilà pour le physique. Mais comment faire mentir le proverbe : « Qui a bu boira » et garantir des rechutes le buveur repentant et guéri? Ici intervient le traitement moral. C'est ce traitement que nous essayerons d'appliquer à votre protégé. Nous allons tâcher de lui trouver de l'ouvrage ici même, pour l'arracher à la misère qui trempe les forts, mais qui est mauvaise conseillère pour les faibles. Cela fait, vous et moi nous veillerons sur lui, nous n'aurons garde de l'abandonner à lui-même, aux tentations de la rue, aux

Fig. 97. — **L'Asile Sainte-Anne** (du nom d'Anne d'Autriche) fut fondé au XVIIe siècle pour les pestiférés et affecté aux aliénés après la Révolution. Un quartier spécial de cet asile est réservé aux fous alcooliques qui sont les plus exaltés et les plus dangereux.

vieilles influences qui le guettent et qui le ressaisiraient; nous l'affilierons à la section d'Écully de l'*Union française antialcoolique*, section qui constitue un véritable comité de patronage : cette société l'entourera d'une sollicitude discrète et ingénieuse, lui offrira d'agréables distractions : excursions collectives, matinées gratuites musicales et littéraires, et, en lui donnant le goût des jouissances saines et élevées, réussira peut-être à créer autour de lui un autre milieu et comme une atmosphère nouvelle. Ainsi enveloppé, isolé de lui-même, qui sait s'il ne dépouillera pas le vieil homme, n'aura pas l'horreur de son vice au point de ne le comprendre plus? S'il en vient là, il sera sauvé, définitivement guéri.

— Le croyez-vous, monsieur le directeur? cela n'est-il pas trop beau pour être vrai?

— Nullement. On cite des asiles d'alcooliques, tels que celui d'Ellikon (canton de Zurich), en Suisse, qui accusent jusqu'à 71 % de guérisons parmi leurs hôtes, après un séjour de quatre à douze mois. Et quant aux cures accomplies ou parachevées par l'*Union française antialcoolique*, elles ne se comptent plus.

— J'ai peine à imaginer un buveur de vin transformé en buveur d'eau.

— Précisément, l'*Union française antialcoolique* ne se propose nullement d'acclimater, dans notre pays de vigne, le régime exclusif de l'eau, à l'exemple des sociétés anglaises de tempérance, car la France n'est pas l'Angleterre. Elle prêche l'abstinence des spiritueux et préconise, au contraire, l'usage modéré des boissons fermentées. La croisade qu'elle a entreprise, les enseignements qu'elle répand, ne vont donc pas contre les vieilles habitudes de notre race, contre un genre de vie séculaire, et cette modération même lui a conquis la faveur du public. Aujourd'hui, l'*Union antialcoolique* étend le réseau de ses sociétés filiales jusqu'aux villes et aux villages les plus reculés.

— Il me semble que les instituteurs doivent être ses meilleurs auxiliaires.

— C'est leur devoir, en effet, de lutter contre l'épouvantable fléau de l'alcoolisme, et ils n'y manquent pas. Dans les cours du soir, chaque année, plus de 20 000 conférences contre l'alcoolisme sont faites par les instituteurs dans autant de communes.

« Mais les « éducateurs nationaux » ne bornent pas leur mission aux adultes. Ils se rappellent que prévenir vaut mieux que guérir, et, non contents de prémunir par leur enseignement l'esprit de l'enfant contre le vice odieux et dégradant de l'ivrognerie, ils réagissent efficacement contre les tristes exemples que lui donnent souvent les rues de nos villes, et, dans les familles ouvrières, la maison paternelle elle-même, en créant dans les écoles qu'ils dirigent des *sections cadettes* de l'*Union française antialcoolique*.

« Sans doute nous n'en sommes point encore au même point que la Belgique, où des Sociétés de tempérance existent dans la moitié des écoles primaires et y ont comme adhérents plus du tiers des jeunes garçons qui les fréquentent. Il n'en reste pas moins vrai que, grâce au patriotique bon vouloir des instituteurs, la lutte contre l'alcoolisme est d'ores et déjà fortement organisée dès l'école, et que chaque jour voit grossir le nombre des enfants enrôlés dans ces sociétés scolaires de tempérance que les Anglais ont si bien baptisées du beau nom de « bataillons de l'espérance ». Il était grand temps, d'ailleurs, de réagir contre l'alcoolisme, car, à en juger par les progrès désolants de cette terrible maladie, c'est toute une partie de la nation, si l'on n'y avait pris garde, qu'il eût fallu songer avant longtemps à hospitaliser.

SUJET A DÉVELOPPER

L'alcool. — Comment le considérait-on autrefois? Qu'est-il en réalité? Pourquoi est-il si dangereux et que menace-t-il en nous? Que fait-il de nous et de nos descendants? N'est-il pas un danger social?

PLAN. — On accordait autrefois à l'alcool des vertus innombrables. Par lui, on acquérait force et santé, agilité et énergie, intelligence et adresse. C'était le remède universel.

Combien tout cela était folie! L'alcool est le plus redoutable des ennemis de notre pauvre humanité. Fléau universel, installé en maître au palais aussi bien que sous le chaume, il a pour lui l'attrait d'un beau nom : « l'eau-de-vie ». Combien sont rares ceux qui résistent à la séduction de ces liqueurs aussi tentantes d'apparence que flatteuses au goût, qu'on appelle curaçao, anisette, etc.; et qui se refusent à reconnaître dans l'alcool, habillé des noms de bitter, vermouth, absinthe, etc., un fortifiant et un apéritif utile!

L'alcool est d'autant plus dangereux qu'il tue sournoisement en dissimulant ses crimes. On meurt d'une méningite, d'une paralysie, d'une affection du foie ou des reins, etc., mais presque jamais on ne tombe frappé visiblement par l'alcool! On perd la mémoire, les jambes flageolent, les mains tremblent, l'ouïe s'épaissit, la vue s'obscurcit, on décline, on s'éteint lentement; la cause en est à tout, excepté au petit verre qu'on a trop de fois caressé! Le poison tue en se cachant.

L'alcool brûle l'estomac, atrophie le cœur et le cerveau, empoisonne le sang. Il fait de notre corps une misérable loque, hideuse et souffrante, dépourvue d'énergie et privée de raison.

Tels sont les progrès de l'alcoolisme que l'existence des sociétés en est menacée. Aussi de la bouche de tous ceux qui savent et qui pensent, de tous ceux qui aiment l'humanité, sort aujourd'hui formidable le cri de « Guerre à l'alcool! »

LXXVI (76). — Ce que coûte l'alcoolisme.

« L'intempérance est l'extinction volontaire de la raison. »

CHANNING.

— Est-il vrai, comme je l'ai entendu dire si souvent, que la consommation de l'alcool ne cesse d'augmenter en France dans des proportions plus qu'inquiétantes, vraiment effroyables?

— Écoutez la statistique, qui ne ment pas, et jugez par vous-même. Voici quelques chiffres que j'ai découpés dans un rapport inséré au *Journal officiel :* En 1850, la consommation moyenne d'alcool pur était, en France, de 1 lit. 50 par habitant; elle dépasse maintenant 4 lit. 50. Voulez-vous d'autres chiffres? En 1885, l'octroi de Paris avait enregistré l'entrée de 57 732 hectolitres d'absinthe et de liqueurs à essences; il enregistrait, en 1892, 129 670 hectolitres. Ainsi, en *sept ans* seulement, la consommation de l'absinthe *a doublé* à Paris!

— L'alcoolisme comprend donc autre chose que les ravages de l'alcool proprement dit?

— Hélas! oui. Ce mot s'applique non seulement aux méfaits de l'alcool, mais encore à l'empoisonnement provoqué par les liqueurs à essence : absinthe, bitter, amers, apéritifs, dont l'abus constitue une forme de l'alcoolisme spéciale à la France, et, chose bonne à dire, à répéter sans cesse, la plus redoutable des formes de l'alcoolisme. L'ivresse de l'ouvrier qui se laisse aller à boire une fois du vin plus que de raison, n'a qu'un temps. Le buveur d'absinthe ou d'apéritifs s'empoisonne peu à peu, silencieusement, sans qu'il y paraisse d'abord, sans qu'il s'en doute lui-même. Il se tue en détail, un peu chaque jour. Tout buveur d'absinthe est un condamné à mort : la folie, l'épilepsie, la tuberculose le guettent.

« Mais il y a quelque chose de plus effroyable encore. Retenez bien ceci, mon enfant : l'alcoolique habituel, l'alcoolique endurci n'est pas seulement un condamné à mort, il condamne à mort ceux qui naîtront de lui ; car le virus meurtrier ne meurt pas avec lui, il se propage en ondes infinies, d'amplitude croissante, à travers ses descendants, incurables de naissance, voués au rachitisme et à l'imbécillité.

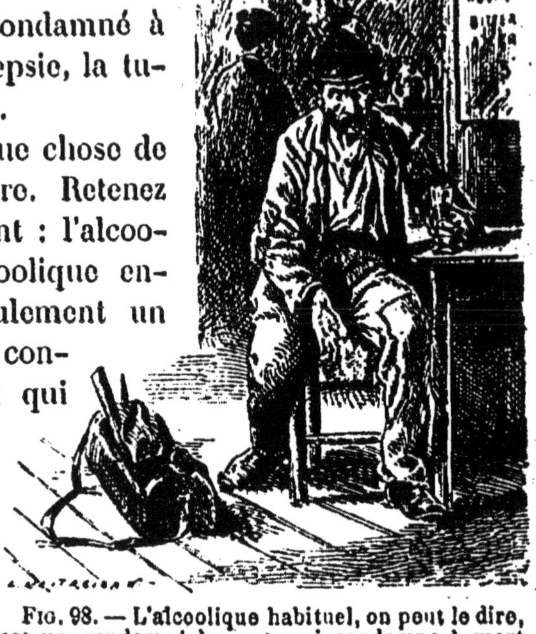

Fig. 98. — L'alcoolique habituel, on peut le dire, est un condamné à mort, qui condamne à mort ceux qui naîtront de lui.

— N'est-ce pas là une terrible cause d'appauvrissement et de dépopulation pour notre pays ?

— Jugez-en par vous-même :

En 1895, les 1549045 hectolitres d'alcool consommés en France ont coûté aux buveurs (prix d'achat, impôt, octroi).	320 658 850 fr.
Si l'on ajoute à cette première mise de fonds : 1° La dépense pour les alcooliques aliénés . . .	8 114 000
2° La dépense pour la répression des délits et des crimes commis par les alcooliques	9 000 000
3° Les dépenses de l'Assistance publique . . .	70 000 000
4° Les pertes résultant des suicides et des morts accidentelles des alcooliques.	5 000 000
5° Les salaires perdus par maladies, chômages divers	1 340 000 000
On arrive à un total de	1 752 772 850 fr.

« *Un milliard sept cent cinquante-trois millions*, voilà ce que l'alcoolisme coûte par an à la France[1]. Notre pays a beau être riche, il n'y a pas de richesse qui puisse résister à une pareille saignée, renouvelée et même aggravée d'année en année. Car il est trop vrai que l'alcoolisme gagne de proche en proche, comme une marée montante, qu'il peuple de misérables nos prisons, d'aliénés et d'épileptiques nos hôpitaux et nos asiles; que ces criminels constituent un danger permanent, ces malades une charge permanente pour leurs concitoyens. Après la cause d'appauvrissement, la voilà bien la cause de dépopulation : car il n'est que trop vrai aussi, mon enfant, que ce vice abominable, non content de ruiner la santé des générations présentes, voue nos descendants à la plus affreuse dégénérescence, puisque l'hérédité aggrave la prédisposition à l'alcoolisme et les tares lamentables qui en sont la conséquence.

— Quelle épouvantable responsabilité pour ceux qui cèdent à cette honteuse passion!

— Voilà pourquoi il faut agir préventivement, dès l'école, sur les jeunes générations. Ne nous lassons pas d'expliquer à l'enfant que l'alcool n'est pas, n'est jamais un aliment réparateur, qu'il ne s'assimile pas; qu'au contraire il traverse l'estomac et pénètre tel quel dans le sang qu'il altère. Il absorbe, en effet, l'oxygène du sang qui a pour fonction de brûler les éléments inutiles ou nuisibles à l'organisme et de donner ainsi au corps sa chaleur régulière. L'alcool s'élimine lentement par la peau, les poumons et les reins, si lentement que tout buveur d'alcool — ne l'avez-vous pas remarqué? — se dénonce, longtemps après qu'il a bu, par l'odeur caractéristique de son haleine.

« Disons encore à l'enfant, répétons-lui sans cesse que l'alcool n'altère pas le sang seulement, mais tous les organes dans lesquels il passe ou stationne : l'estomac, le cœur, les poumons, le cerveau; et mettons-lui sous les

1. *Revue politique et parlementaire*, 10 novembre 1896.

yeux, faisons-lui toucher du doigt ces images saisissantes : gravures, tableaux, photographies, qui reproduisent les altérations effrayantes de ces organes chez les alcooliques.

« Apprenons-lui enfin que l'alcoolisme diminue la résistance de l'organisme, qu'il affaiblit les tissus et que par là il ouvre la porte à toutes les maladies, toujours bien plus graves chez un alcoolique que chez un homme sobre, particulièrement aux plus terribles de toutes, à la folie (à Paris, un tiers des aliénés sont des alcooliques), à la tuberculose, qui fait périr chaque année 200 000 Français, la fleur de notre jeunesse. Savez-vous que *la moitié des morts subites* sont imputables à l'alcool, eau-de-mort plutôt qu'eau-de-vie, que les Peaux-Rouges de l'Amérique du Nord désignaient bien plus justement du nom d'*eau-de-feu*, car l'alcool ravage, brûle et dévore comme le feu.

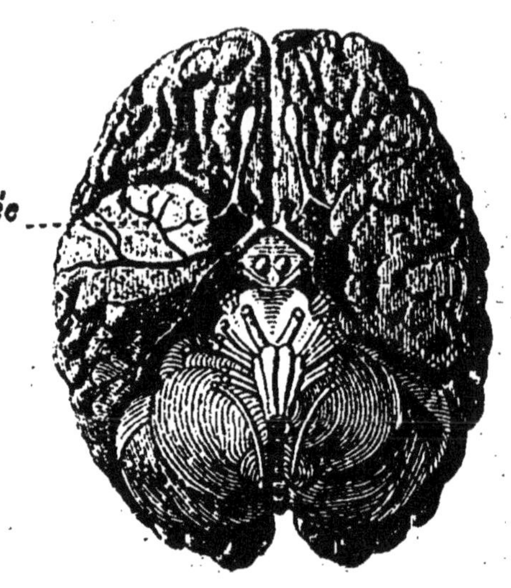

FIG. 99. — **Troubles de la circulation** — Le sérum du sang se sépare de la masse et se coagule. Le caillot ainsi formé occasionne la mort par paralysie du cerveau ou asphyxie pulmonaire.

LXXVII (77). — Réhabilitation.

« Être un homme, nous le voulons, nous le pouvons, nous le sommes vraiment ; mais quand nous le sommes, il y a là un effort qui rachète bien des faiblesses, et un tel contentement que la vie avec ses tristesses infinies ne paraît pas trop chère à ce prix. »

E. BERSOT.

« Mais je m'oublie et je m'aperçois, mon cher enfant, que je vous prêche comme si vous n'étiez pas converti ou plutôt comme si vous aviez besoin de l'être. C'est que, voyez-vous, il ne s'agit pas seulement d'être convaincu, il s'agit de convaincre les autres, de crier « au feu ! » avant que la maison ne brûle tout entière. Qu'arriverait-il le jour où nos campagnes, déjà hélas! entamées par l'alcoolisme, mais où il y a encore tant de réserves de sève et d'énergie pour notre vieille race, seraient tout entières la proie du fléau qui ravage nos villes, ruine la santé de tant d'ouvriers, les rend misérables et fait que, sur 100 malades, il y a dans les hôpitaux 70 alcooliques; dans les prisons, sur 100 mendiants, 80 alcooliques, et, sur 100 voleurs, 70 alcooliques? Sauvons nos campagnes, tandis qu'il en est temps encore. Directeur d'une école pratique d'agriculture, j'ai le devoir plus qu'aucun autre de pousser le cri d'alarme, et le droit d'espérer qu'il sera entendu de mes élèves, futurs chefs d'exploitation agricole, tout désignés pour payer de leur personne dans la croisade patriotique contre l'alcoolisme.

— Je le comprends si bien, Monsieur le directeur, que je n'ai pas hésité à frapper à votre porte pour solliciter votre aide en faveur du malheureux qui m'amène ici.

— Bonne inspiration. Venez avec lui cet après-midi. Je le ferai causer, je verrai ce qu'il peut faire, et, si son cas n'est pas désespéré, nous tâcherons de le sauver à nous deux. Je dis « à nous deux », car on est bien plus puissant pour le bien quand on est deux pour le faire, quand l'on s'éclaire, l'on s'encourage mutuellement, et, qu'au besoin, l'un remplace l'autre dans l'œuvre commune. C'est là une belle et bonne complicité.

— Eh bien! c'est entendu, Monsieur le directeur, nous conspirerons ensemble en faveur de ce malheureux et je serai votre complice.

— Mettons les choses au point, mon enfant : c'est moi qui serai le vôtre. Pour rien au monde je ne voudrais vous enlever le mérite de votre bonne action. Je vous seconderai, voilà tout !

J'eus toutes les peines du monde à amener Benoît chez

M. le directeur, l'après-midi. Avec sa mine défaite, ses vêtements misérables, le malheureux avait honte de lui-même.

— Je n'ose pas me présenter ainsi... Et puis, on me reconnaîtra dans la rue... Vous ne savez pas à quoi vous vous exposez en voulant vous faire voir en ma compagnie...

FIG. 100. — Benoît, les yeux baissés, tournait gauchement sa casquette entre ses doigts.

Mes instances et les supplications de sa femme eurent raison de sa résistance. Personne ne fit attention à lui dans la rue, et M. le directeur accueillit admirablement mon protégé, sans faire la moindre allusion à son triste passé.

— Nous avons besoin d'un aide-jardinier à demeure. M. Lavenir m'a dit que vous étiez sans ouvrage et s'est porté garant pour vous. Présentez-vous demain matin à six heures au jardinier en chef. J'oubliais l'essentiel, ajouta-t-il en se levant pour congédier Benoît : voici un acompte sur votre première quinzaine pour vos dépenses d'installation.

Benoît tournait gauchement sa casquette entre ses doigts, les yeux baissés. A la fin, surmontant son émotion :

— Je vous remercie bien, s'écria-t-il. Ah! si j'avais toujours eu affaire à de braves gens comme il y en a ici, je n'en serais pas où j'en suis...

— Ne croyez-vous pas plutôt, mon ami, que si les braves gens vous ont manqué, c'est que vous leur avez donné de bonnes raisons de se détourner de vous? Vous voilà de retour parmi eux, ne les quittez plus et ils ne vous abandonneront pas. Allons, bon courage, et à demain.

Vous devinez bien que tant que je restai à Écully, je veillai sur Benoît.

— Vous n'aurez pas à regretter ce que vous avez fait pour moi, m'avait-il dit.

Du jour au lendemain, il fut un autre homme, ou plutôt il redevint lui-même, le travailleur sobre et courageux, le bon père qu'il avait cessé d'être pendant une période de sa vie dont il ne parlait qu'en rougissant. Pour rien au monde on ne l'eût persuadé d'entrer au cabaret, de boire un seul petit verre. Il se rappelait l'exemple qu'il avait donné, les larmes qu'il avait fait verser :

— Est-ce bien possible, Monsieur Jean, que ce soit moi qui ai causé un pareil scandale, moi qui ai failli tuer ma femme et presque laissé mourir de faim mes pauvres petits?

Il me disait cela un dimanche après-midi. Il m'avait invité à aller déjeuner chez lui ce jour-là en l'honneur de la fête de sa femme.

— Encore ses idées noires, me dit la brave créature. Allons, tais-toi, ajouta-t-elle en se tournant vers lui. Ne vaut-il pas mieux regarder autour de toi que derrière toi? Qu'est-ce qui te manque pour être heureux ici maintenant, mon homme? Tout est propre et gai, les enfants sont au chaud en hiver et mangent à leur faim en tout temps. N'est-ce pas qu'il fait bon ici, Monsieur Jean?

Notre conversation fut interrompue par les cris de joie, les rires en fusée des enfants qui jouaient sur la natte avec un pantin articulé que je leur avais apporté. De belles couleurs roses étaient revenues sur leurs joues.

— Eh oui, Madame Benoît ; il fait si bon chez vous que je ne me fais jamais prier, vous le savez, pour y revenir.

— Tout cela, Monsieur Jean, c'est grâce à vous ; nous ne l'oublierons jamais.

— Grâce à moi ? Non, grâce à vous, Madame Benoît, qui êtes la meilleure des ménagères ; grâce à ces chers enfants qui sont la joie de votre foyer, grâce à leur père qui, par le courage qu'il a déployé pour remonter le courant qui vous entraînait tous à la ruine, a montré qu'il était un homme, — un brave homme que je suis fier d'avoir pour ami, dis-je à Benoît en lui tendant la main.

SUJET A DÉVELOPPER

Une vie nouvelle. — Que pensez-vous du malheureux qui s'est adonné au vice ? Peut-on espérer le ramener dans la bonne voie ? Comment convient-il de s'y prendre ?

PLAN. — Le vice jette parfois en nous des racines si profondes qu'il devient difficile de nous en délivrer.

Et cependant il ne faut jamais désespérer de ramener au bien un malheureux qui s'en est éloigné ; il est toujours possible d'inspirer le dégoût des vilaines choses en même temps que le goût des choses belles et bonnes.

Il reste toujours au fond des cœurs les plus coupables, même les plus endurcis au vice, quelque lueur de raison et quelques vestiges de bons sentiments qu'on peut faire revivre.

Tout d'abord il s'agit de s'attaquer aux passions qui étouffent la voix de la raison ; le plus sûr est de les laisser s'éteindre faute d'aliments ; on finit par ne plus désirer une chose dont on s'est longtemps abstenu. Petit à petit, à mesure que le vice va s'affaiblissant, la raison se dégage et reprend son empire, le cœur se rouvre aux sentiments délicats, aux douces affections : on est sauvé.

Sans doute, la plus grande patience est indispensable à celui qui accepte une telle tâche ; mais y a-t-il une œuvre plus tentante et plus noble que celle qui se propose d'arracher un misérable au vice qui le perd et de le rendre à sa famille, à la société, comme un homme nouveau et un citoyen honorable ?

LXXVIII (78). — Lyon et la soierie. Travail et industrie.

« Ouvriers, respectez les machines, parce qu'elles sont le seul moyen de domination de l'homme sur la matière, parce que, par elles, les ouvriers ont pu devenir libres et moins malheureux que dans le passé. »

BAUDRILLART.

Six heures du matin. En route pour Lyon! Nous montons, Marcel et moi, dans le tramway qui nous conduit, en quelques minutes, d'Ecully à Pont-Mouton où nous nous embarquons sur la Saône. L'air est frais, le ciel transparent. Que je plains les gens qui font la grasse matinée et se privent ainsi des heures les plus douces de la journée!...

Nous avions rendez-vous avec Robert au débarcadère du pont Morand. J'eus peine à reconnaître, dans le jeune homme dégourdi et élégant qui nous attendait, le petit camarade aux cheveux en broussaille, aux yeux effarouchés, dont je protégeais naguère la gauche timidité contre l'impudence des mauvais compagnons de l'école de M. Legris à Saint-Étienne. Mais à la manière dont il m'embrassa, je vis bien qu'il n'y avait rien de changé dans ses sentiments pour moi.

— Vous êtes à moi tous les deux pendant ces deux jours, nous dit-il. Ma chambre vous attend. Une vieille tante qui me veut du bien m'a offert l'hospitalité pendant votre séjour à Lyon. J'ai tout prévu, tout réglé, tout arrêté, vous n'avez qu'à obéir. Entendu, n'est-ce pas? Pour commencer, suivez-moi.

A la suite de Robert, nous franchissons les quais de la Saône et la Saône elle-même grouillante de vie et de mouvement et, par la rue Grenette et la rue de la République, magnifique et toute moderne avenue dont les Lyonnais s'enorgueillissent à juste titre, nous voici au cœur de la ruche bourdonnante. Encore quelques pas et nous nous arrêtons devant un superbe et immense monument qui forme comme un carré dont les côtés correspondent aux quatre points cardinaux.

— Halte-là, mes amis! nous dit Robert. Vous êtes ici devant le *Palais du Commerce et de la Bourse*. Nous allons y entrer, si vous le voulez bien, pour visiter le *Musée historique des tissus*, musée vraiment unique au monde. Mais il appartenait à la ville de Lyon, qui a dû sa fortune au tissage, de réunir les plus beaux échantillons de l'industrie locale pour en former un musée résumant toute son histoire.

Fig. 101. — Tissu représentant le tombeau de Napoléon à Sainte-Hélène. Au premier plan le chapeau de Napoléon.
(Lyon. — Musée historique des tissus).

Nous entrons, et en effet, ce sont bien toutes les annales de l'artistique fabrication que nous avons sous les yeux. Voici des morceaux d'étoffes égyptiennes datant de quatre mille ans, une tapisserie du moyen âge, des tissus de soie brochés d'or sortant des fabriques de Venise au temps de la Renaissance italienne, voici des broderies de soie, chef-d'œuvre de Philippe de la Salle, le grand dessinateur lyonnais du XVIIIe siècle. Ici, c'est la salle des dentelles, où sont groupées d'étonnantes collections de minuscules chefs-d'œuvre, trésors de finesse et de goût, puis la salle des tapis d'Orient qui est peut-être, nous dit Robert, le joyau du musée. Voici enfin la salle moderne : j'admire le velours décoré de branches de laurier fleuri, destiné à la chambre à coucher de Napoléon Ier, le portrait tissé de Jacquard, l'inventeur du métier à tisser la soie, et enfin les tissus, admirables de qualité, de composition, d'éclat, qui figurèrent aux dernières expositions de Paris et de Lyon.

— Si mauvais juge que je sois, ne puis-je m'empêcher de dire à Robert, il me semble que de pareilles merveilles permettent d'affirmer bien haut que l'industrie lyonnaise n'est pas près de décliner, qu'elle est digne de son passé et de sa vieille réputation.

— Depuis que Charles VII accorda à Lyon, en 1450, le monopole de la vente de la soie dans tout le royaume, l'industrie lyonnaise a subi plus d'une crise. Arrêtée en plein essor, au XVIe siècle, par les guerres de religion, elle perdit, à la suite de l'exécrable Révocation de l'Édit de Nantes à la fin du XVIIe siècle, plus de la moitié de ses tisseurs qui, émigrés en Angleterre, en Allemagne, en Suisse, devinrent ses plus redoutables concurrents. Elle se releva, grâce au génie de Philippe de la Salle et des incomparables dessinateurs de son école, dont vous venez d'admirer les chefs-d'œuvre.

« Mais peu s'en fallut que la Révolution, gardienne de l'intégrité nationale, ne lui portât le coup mortel. Lyon, s'étant insurgé contre la Convention, dut capituler après un siège de deux mois (octobre 1793). La répression fut impitoyable. La guillotine, trop lente en besogne, fut remplacée par la mitraille, la Convention fit raser 1 600 des plus belles maisons de la ville et lui enleva jusqu'à son nom glorieux auquel elle substitua celui de *Commune-Affranchie.*

« L'énergie de ses habitants releva Lyon de ses ruines et l'admirable invention de Jacquard, le plus illustre de ses enfants, rendit la prospérité à son industrie. De 1801 à 1820 le nombre des métiers à tisser passa de 2 000 à 20 000.

LXXIX (79). — Fabrication et commerce.

> « Il faut faire comprendre aux peuples que leur intérêt, comme leur devoir, est de substituer au sanglant et stérile antagonisme qui les a divisés jusqu'ici un antagonisme pacifique et fécond qui n'exclut pas, mais appelle, au contraire, la concorde et la paix. »
>
> JULES BARNI.

« Au XIXe siècle, Lyon est devenu le grand marché des soies (6 000 000 de kilogrammes annuellement, valant environ 400 millions de francs), dont le commerce était naguère monopolisé par les Anglais. Sur ces 6 000 000 de kilogrammes Lyon en revend 3 500 000 à l'étranger et consomme le reste pour son industrie.

FIG. 102. — **Métier Jacquard.** — On emploie ce métier pour le tissage des étoffes de soie unies et brochées. La figure représente un métier à rubans qui peut tisser de 4 à 36 rubans à la fois.

L'une des causes du merveilleux essor de la fabrication lyonnaise, c'est la souplesse avec laquelle elle a toujours su s'adapter aux circonstances nouvelles. Par exemple, autrefois le « canut » tissait à façon sur son métier, aidé par sa femme et par ses enfants, la soie que lui apportait le fabricant, et ainsi l'industrie lyonnaise conserva longtemps un caractère familial que n'ont pas les grandes industries modernes concentrées dans d'immenses fabriques, manufactures ou usines. Mais cette organisation tout intime et patriarcale avait le tort d'être plus coûteuse, et la réduction dans les prix de revient est, vous le savez, l'essence du commerce et de l'industrie. C'est pourquoi, tandis que le nombre des métiers à main montés à Lyon même n'a pas cessé d'aller en décroissant, le nombre des métiers montés dans la campagne voisine, et en particulier des métiers mécaniques, augmente sans cesse, cette émigration et cette transformation procurant au fabricant une économie sensible dans ses débours.

« N'oubliez pas d'ailleurs qu'à l'industrie de la soie se rattachent une foule d'industries qui en dépendent, teinture, apprêt, impression, etc., et vous ne serez pas surpris d'apprendre que cette industrie et les industries annexes occupent et font vivre 300 000 ouvriers à Lyon et dans ses environs.

— Ah ça ! s'écria Marcel. Mais notre ami Robert est devenu un puits de science. Puisque tu sais tout, un dernier renseignement : combien les plus belles soieries se vendent-elles ? Je n'ai aucune idée du prix de ces soieries fastueuses que nous venons de voir au Musée des Arts.

— L'industrie lyonnaise, et c'est sa force, fabrique de tout, travaille pour tous les goûts et pour toutes les bourses. Elle livre au commerce des étoffes de doublures à 0 fr. 60 le mètre, et des brocarts épinglés à 400 fr. le mètre. Mais en réalité, pour lutter contre la concurrence étrangère et pour se conformer au goût du public, elle s'adonne de plus en plus à la production des étoffes à bon marché. C'est ainsi que le prix moyen du mètre de soierie fabriquée à Lyon qui était d'une dizaine de francs il y a une cinquantaine d'années, est tombé à trois francs environ aujourd'hui.

— Et quels sont les meilleurs clients des fabricants lyonnais ?

— La France d'abord, naturellement, qui leur achète le tiers environ de leur production, puis l'Angleterre qui leur en prend pour 100 millions, et les États-Unis pour 60 millions.

— Ma foi ! mon cher Robert, si — soit dit entre nous — tu n'étais pas à Saint-Étienne le meilleur élève de M. Baron, tu es devenu à Lyon le meilleur des professeurs. Mais où as-tu donc appris tout cela ?

— Tout simplement, mon cher Jean, en faisant honnêtement et consciencieusement mon métier de petit employé à la Chambre de Commerce de Lyon. Au fait, j'oubliais de vous dire que vous êtes ici chez moi : la Chambre de Commerce de Lyon siège, en effet, au premier étage du Palais du Commerce et de la Bourse.

A ce moment Marcel me toucha du coude :

— Sais-tu que mon estomac crie la faim et commence à me tirailler fortement.

Puis changeant sa voix qu'il fit implorante, et nous tendant une main suppliante, à Robert et à moi, avec une grimace comique :

J'ai faim : vous qui passez, daignez me secourir !

Je tirai gravement un sou de mon porte-monnaie et le mis dans la main de Marcel qui l'empocha non moins gravement.

— Parbleu ! s'écria le bon Robert, Marcel a raison. Trêve aux discours : ventre affamé n'a point d'oreilles. En route pour le déjeuner. Qui m'aime me suive !

LXXX (80). — A travers Lyon. — Guignol.

« La vie s'apprend partout, même chez Guignol. N'est-ce pas Molière lui-même qui ne dédaignait pas d'aller s'asseoir au théâtre de Polichinelle? »

Le temps fuit... Nous nous retrouvons après le déjeuner, au centre de Lyon. Robert ne veut pas nous dire où il nous conduit. Nous sentons qu'il nous ménage une surprise, mais laquelle? Je l'interroge en vain. Il met mystérieusement un doigt sur sa bouche. Nous voilà de retour sur les bords de la Saône. Nous nous arrêtons quai Saint-Antoine; je regarde... Guignol, c'est Guignol!

Connaissez-vous Guignol? Je vous plains si vous ne le connaissez pas. Mais, du moins, vous en avez entendu parler, car il y a des guignols un peu partout aujourd'hui, il n'est guère de grande ville qui n'ait le sien. Pourtant, sachez-le, le vrai théâtre de Guignol, le père de tous les guignols de France, c'est à Lyon qu'il faut venir le chercher.

Les pantins sont comme des êtres vivants que vous jureriez en chair et en os, tant leurs mouvements sont vifs, naturels, tant leurs grimaces sont expressives, leurs attitudes et leur costume conformes à leur condition. Lyon est la patrie de Guignol, le héros de tous les théâtres qui portent ce nom, et il n'y a pas un Lyonnais qui ne soit fier d'avoir Guignol pour compatriote.

Pourtant, l'ami Guignol n'est pas parfait, loin de là. Guignol est un canut, comme on l'est presque toujours à Lyon, quand on fait œuvre de ses mains. Point méchant, mais léger de scrupules, plus léger d'argent — les deux vont trop souvent ensemble — fertile en ressources, aimant à rire et sans respect pour les puissances, tel est Guignol, inséparable de son ami Gnafron, grand buveur qui a le vin gai quand il a bu, et qui est généralement gai du matin jusqu'au soir.

Quelle que soit la pièce où Guignol figure, que Guignol déménage, qu'il soit soldat ou qu'il descende aux enfers, vous le retrouverez toujours le même, grand dupeur de bourgeois naïfs, l'esprit et la langue aussi prompts que la main, toujours prêt à dire leur fait aux imbéciles, à arracher leur masque aux fourbes et aux hypocrites, mais sans déclamation, sans grands mots violents et amers,

Fig. 103. — **Lyon. Théâtre Guignol.** — Les acteurs sont de petites marionnettes sculptées en bois.

très capable de rosser les gendarmes et de désarmer leur courroux en les faisant rire.

Car c'est là le secret du succès de Guignol : il fait rire. Petits et grands, riches et pauvres, il met en joie tous les âges, toutes les conditions. Rien qu'en le voyant, avant même qu'il ait ouvert la bouche, les enfants éclatent de rire, et les parents, moins naïfs, mais heureux de retrouver cet ami de leur jeune âge, sourient de bon cœur en savourant le grain de philosophie dont Guignol assaisonne ses propos.

Vous n'attendez pas de moi que je vous raconte par le menu les péripéties des *Couverts volés*, la pièce à laquelle nous assistâmes, la pièce toujours jeune, qui ne manque jamais de faire salle comble, après avoir amusé je ne sais combien de générations de Lyonnais. Qu'il me suffise de vous dire que je n'aurais jamais imaginé que tant d'esprit pût entrer dans une tête de bois, dans la tête sans cervelle d'une marionnette. Pauvres chères marionnettes, quelle injuste réputation des ingrats vous ont faite! On dit d'un homme léger, capricieux, sans caractère, qu'il est une marionnette. Demandez à Guignol, ce fin renard, si bien des hommes ne pourraient envier l'esprit de suite, le sens avisé et pratique, la persévérance madrée de certaines marionnettes.

LXXXI (81). — Au Palais-de-Justice.

« Sois avare du moindre écart d'honnêteté.
Sois juste en détail. Voir des deuils, rire à côté;
Mentir pour un plaisir, tricher pour un centime,
Cela ne te fait rien perdre en ta propre estime?
Eh bien, prends garde! Tout finit par s'amasser.
Des choses que tu fais presque sans y penser,
Vagues improbités, parfois inaperçues
De toi-même, te font tomber, sont des issues
Sur le mal, et par là tu descends dans la nuit...»

VICTOR HUGO.

Ces réflexions, je me les faisais en visitant, quelques minutes plus tard, le Palais-de-Justice qui s'élève de l'autre côté de la Saône et dont la longue colonnade attire tous les regards.

— Que de misérables viennent échouer ici, tristes épaves de l'humanité, dont la vie commence ou s'achève en quelque navrant naufrage! pensai-je en regardant un avocat en robe, qui, à quelques pas de moi, entrait dans la salle du tribunal correctionnel.

— Si nous entrions? s'écria Marcel. Je n'ai jamais vu de près un voleur, et le tribunal est, avec la prison dont il est trop souvent l'antichambre, le seul endroit où l'on puisse, à l'occasion, examiner tout à son aise un voleur sans craindre qu'il ne vous demande « la bourse ou la vie ».

— Entrons, répliqua Robert. Il n'y a pas que les voleurs qui viennent s'asseoir sur les bancs de la police correctionnelle, puisque tous les auteurs de faits qualifiés *délits* par la loi — la liste en est longue hélas ! — sont passibles des peines correctionnelles. Mais, incontestablement, les voleurs forment la catégorie la plus nom-

Fig. 104. — **Lyon. Le Palais-de-Justice et le coteau de Fourvière.** — Le Palais-de-Justice a été construit en 1825 sur l'emplacement où s'élevait autrefois le palais des comtes du Forez et de Roanne. Il n'a de remarquable que sa belle colonnade.

breuse de délinquants, et peut-être l'ami Marcel sera-t-il servi à souhait...

Nous entrons. Un homme noir, au visage noir, aux mains noires, est assis entre deux gendarmes.

— Regarde donc l'accusé, me glisse le facétieux Marcel à l'oreille, et dis-moi s'il n'a pas la figure d'un homme qui a l'âme noire?

Le président, ni jeune ni vieux, figure glabre éclairée

par deux yeux pénétrants, d'une voix posée interroge le prévenu :

— Vous êtes charbonnier de votre état, cela se voit... En somme, il résulte de la déposition de l'agent qui vous a dressé procès-verbal, qu'interpellé par lui dans la rue au moment où vous portiez sur votre épaule un sac de charbon, vous avez refusé de déclarer chez quel client vous portiez cette marchandise parce que votre sac contenait 45 kilos de charbon, au lieu de 50 kilos qui vous avaient été commandés.

Le prévenu. — Mon président, je vais vous dire... C'est par hygiène que je me promenais à travers les rues avec un sac de charbon sur le dos. Je n'avais plus d'appétit. Alors j'ai pensé qu'une petite promenade, avec un sac de 45 kilos sur les épaules...

Le président. — C'est par hygiène aussi que vous ne portez que des sacs de 45 kilos?...

Et le président, après avoir consulté les deux juges assesseurs, condamne le charbonnier à huit jours de prison pour tromperie sur la quantité de la marchandise vendue.

— Voilà quelque chose, au moins, qu'il n'aura pas volé, me souffle Marcel, tandis qu'on emmène l'homme noir.

Le rôle est chargé. Les affaires appelées se succèdent, sans grand intérêt. Notre attention est pourtant retenue par le cas douloureux et poignant d'un enfant, délaissé de ses parents, que la police, pour la seconde fois, a trouvé errant à travers les rues, et qui ne peut indiquer quel est son gîte Cet orphelin qui vit au hasard des rencontres, qui mange et couche où il peut, le président le confie à la *Société de l'Enfance abandonnée et coupable* : cette société le prendra en tutelle, puis le remettra à une famille de braves gens. Là de bons exemples, une éducation affectueuse suffiront sans doute à remettre et à maintenir dans la bonne voie ce petit malheureux et à le préparer à devenir plus tard un homme utile.

LXXXII (82). — Le bon juge.

« On ne peut être juste si on n'est humain. »
VAUVENARGUES.

La scène change. Au printemps succède l'hiver. Et un petit drame se déroule qui nous prend au cœur.

— Gardes, faites entrer la prévenue.

Une vieille femme, ridée, cassée et comme recroquevillée par l'âge, vient s'asseoir sur le banc des accusés. Elle a le costume d'une paysanne pauvre, ses vêtements noirs sont propres, mais rapiécés, et sa jupe a pris cette teinte jaunie des étoffes décolorées par un long usage. Est-ce l'âge ou la honte qui fait trembler ses mains? Elle n'ose lever les yeux, reste debout gauchement, et répond d'une voix faible, à peine perceptible, aux questions du président qui lui demande son nom et son âge.

Soixante-quatorze ans! Le vers du fabuliste me revient à l'esprit et je l'adapte à la circonstance :

Passe encor de bâtir, mais *voler* à cet âge!

car — en croirai-je mes oreilles? — c'est une accusation de vol qui amène cette vieille femme sur les bancs de la police correctionnelle.

— Veuve Martin, reprend le président, vous habitez Yzeron depuis vingt-cinq ans, et les renseignements fournis sur vous par le maire de cette commune sont excellents. Veuve d'un couvreur mort en tombant d'un échafaudage et qui vous laissa sans ressources, vous avez recueilli et élevé les enfants de votre fille. Combien en avait-elle laissé?

— Trois, Monsieur le juge.

— Sont-ils vivants?

La vieille paysanne met la main sur ses yeux pour cacher ses larmes et murmure :

— Ils sont morts tous les trois, le dernier il y a treize mois.

— Pourtant, reprend le président, et sa voix se fait bienveillante, le témoignage du garde-champêtre d'Yzeron est formel, il vous a vue sortir, à quatre heures et demie du matin, le 17 juin, une gerbe de fleurs à la main, du jardin du sieur Guillaume Legrand, propriétaire à Yzeron. Attiré par les cris du fils de cet homme qui vous poursuivait, il vous a arrêtée au moment où ce jeune homme allait vous atteindre et vous faire un mauvais parti. Reconnaissez-vous l'exactitude de ces faits?

FIG. 105. — Le garde-champêtre vous a vue sortir du jardin du sieur Legrand avec une gerbe de fleurs.

— Oui, murmure la vieille, plus pâle et plus tremblante que jamais.

— Le sieur Legrand, qui a porté plainte contre vous, déclare que vous avez saccagé ses parterres, dépouillé notamment de leurs plus belles fleurs quelques-uns de ses rosiers de prix, et que vous lui avez causé un préjudice appréciable dont il demande une réparation qui puisse servir d'exemple. L'accusation, d'accord avec lui, prétend que vous avez volé ces fleurs pour aller les vendre au marché de Vaugneray, qui a lieu le jour où le vol a été commis. Est-ce exact?

La pauvre vieille se redresse, et, toute rouge d'émotion :

— Il est vrai que j'ai volé, monsieur le juge, et je le regrette bien... Je passais de grand matin, le jardin bordait la route. Je me suis laissé tenter. J'avoue que j'ai eu tort. J'avais cueilli quelques roses et quelques lis — une douzaine en tout, peut-être, pas davantage — quand le fils Legrand m'a surprise et menacée.

Le président. — Le tribunal appréciera l'importance du vol, quelle qu'elle soit; vous ne vous en êtes pas moins approprié le bien d'autrui.

La prévenue. — N'importe qui, à Yzeron, m'eût donné ces fleurs, si je les avais demandées.

Le président. — Justement, il fallait les demander, et non les prendre. Est-il exact que vous vouliez aller les vendre au marché de Vaugneray?

La prévenue. — Si c'est possible qu'on m'accuse d'avoir volé pour de l'argent, moi qui ai été pauvre et honnête toute ma vie!... Monsieur le juge, je vous le demande, une douzaine de fleurs, cela valait-il la peine et le voyage?

Le président. — Mais, alors, pour quelle raison avez-vous coupé ces fleurs?

La prévenue (d'une voix entrecoupée de sanglots). — Je vais vous dire, Monsieur le juge... Le 17 juin, c'est l'anniversaire de la mort de mon dernier petit-fils. J'ai perdu l'un après l'autre mon mari, mon gendre, ma fille, puis ses deux aînés. Mon petit Paul, son plus jeune, me restait. Une mauvaise fièvre me l'a enlevé il y a treize mois, à sept ans, et je suis demeurée seule, toute seule au monde... Ce matin du 17 juin, je me suis levée de bonne heure pour aller pleurer sur la tombe de mon petit Paul et lui parler tout bas. En passant devant le jardin de M. Legrand pour aller au cimetière, j'ai vu ces belles fleurs, j'ai pensé que mon petit Paul serait moins seul et plus joyeux, si je déposais une gerbe de lis et de roses sur sa tombe. Vous ne savez pas, Monsieur le juge, comme il aimait les fleurs... C'était son bonheur d'en mettre partout, de venir à moi, quand nous nous promenions, les mains pleines des marguerites et des violettes nées au bord du chemin... Alors on m'a arrêtée et je n'ai su que dire, tellement j'étais honteuse... J'ai pleuré, j'ai pleuré, et mon petit Paul est resté seul et n'a pas eu ses fleurs... Voilà pourquoi je suis ici, Monsieur le juge.

SUJET A DÉVELOPPER

Le vol. — Montrez comment la propriété est une chose nécessaire et respectable, qu'elle fait partie en quelque sorte de nous-mêmes et que personne n'a le droit d'y toucher. Faites voir que celui qui attente, à son profit, à la propriété d'autrui est un voleur qui mérite le mépris.

PLAN. — Sans la possession de certains objets : aliments, abri, vêtements, instruments de travail, ou sans l'argent qui, dans nos sociétés, procure tout cela, nous mourrions de misère et de faim. Le vol est donc, dans une certaine mesure, un attentat à la vie humaine.

Ce que nous possédons est bien à nous : nous l'avons acquis par notre travail, ou bien nous le tenons de parents ou d'amis qui nous l'ont transmis ou légué. C'est notre propriété, c'est quelque chose de nous-mêmes ; y toucher, c'est manquer au respect qui nous est dû, c'est attenter à notre personnalité. De là le mépris qui partout s'attache au vol et les peines édictées contre les voleurs.

Le voleur parfois use de moyens détournés afin de surprendre la bonne foi de ceux dont il veut abuser : tel le commerçant qui trompe soit sur la quantité, soit sur la qualité des marchandises qu'il vend. C'est la fraude, plus méprisable peut-être que le vol, puisqu'elle se complique d'une hypocrisie intéressée.

N'est-il pas aussi un voleur celui qui garde un objet trouvé, au lieu d'en chercher le propriétaire ?

Un préjugé malheureusement fort répandu, c'est qu'en faisant tort à l'État de ce qui lui revient, on ne fait tort à personne. Il y a là cependant un acte coupable et frauduleux, qui nuit à la communauté, privée par ce vol de ressources qu'elle attend, — aux bons citoyens, obligés de supporter des impôts rendus plus lourds par la malhonnêteté de quelques-uns, — à la moralité publique, par l'exemple donné de la désobéissance à l'autorité légale, — à soi-même, en ce qu'on prend l'habitude dangereuse de mépriser et de violer la loi.

(D'après L. CARRAU).

LXXXIII (83). — Le jugement. — La bonté dans l'équité.

« ... Je n'ai fait qu'une chose très naturelle, j'ai obéi à ma conscience, j'ai cru qu'il fallait faire plier la justice juridique devant la justice équitable. »

Président MAGNAUD.

La pauvre vieille avait dit tout cela avec des soupirs et des gémissements dans la voix. C'était comme la plainte d'un pauvre être faible, sans force contre le malheur et à bout de souffrances.

— Ainsi, reprit le président, vous avez pris ces fleurs uniquement pour les porter sur la tombe de votre petit-fils?

Puis, après en avoir délibéré avec ses assesseurs : « *Le Tribunal...*, attendu que la veuve Martin est prévenue de s'être introduite dans le jardin du sieur Legrand, propriétaire à Yzeron, et d'y avoir soustrait frauduleusement des fleurs;

« Attendu que les meilleurs renseignements sont fournis sur le compte de la veuve Martin; qu'il résulte des faits de la cause et de ses déclarations, faites avec un accent de sincérité indéniable, que l'intention frauduleuse manque dans l'espèce;

« Attendu, d'autre part, que le dommage subi par le sieur Legrand est tellement insignifiant, qu'il n'est pas possible au tribunal de l'évaluer;

« Par ces motifs :

« Renvoie la femme Martin des fins de la prévention et ordonne qu'elle soit remise immédiatement en liberté. »

— Merci pour mon petit Paul, dit la vieille grand'mère, et, redressant péniblement sa taille cassée, elle fit une révérence aux juges avant de sortir de la salle d'audience.

Nous avions suivi avec une attention haletante les péripéties du petit drame évoqué devant nous...

— Bien jugé, me dit Marcel d'une voix que l'émotion faisait trembler un peu. Voilà vraiment un brave homme de juge, un juge humain, pitoyable, devant qui la misère trouve grâce. Il n'y a pas à dire, légalement parlant, il avait devant lui une voleuse, car il n'y a pas de petites indélicatesses et tout larcin est un vol. Pourtant il n'a pas hésité à acquitter une vieille grand'mère coupable d'avoir fait de ses doigts qui tremblent, une répréhensible, mais

Fig. 106. — Ainsi, reprit le président, vous avez pris ces fleurs uniquement pour les porter sur la tombe de votre petit-fils.

pieuse cueillette dédiée au souvenir de son petit-fils. En effet, ce n'est pas la raison qui fait agir les maraudeurs ordinaires, celle-là ! Bravo, mon président !

Nous nous hâtâmes, Robert et moi, de sortir avec Marcel, dont l'enthousiasme devenait quelque peu compromettant.

A peine avions-nous fait quelques pas que nous nous trouvâmes nez à nez avec la grand'mère du petit Paul, qui, appuyée sur une canne, cherchait à travers les couloirs, sans la trouver, une porte de sortie.

— Pardon, mes bons Messieurs, pouvez-vous me dire par où l'on sort d'ici?

Je m'apprêtais à lui répondre et j'allais m'offrir à l'accompagner, quand un huissier du Palais-de-Justice la rejoignit et lui remit une enveloppe fermée :

— De la part de M. le Président, lui dit-il, et il s'éloigna.

— Mes yeux ne peuvent plus lire, voulez-vous avoir la bonté de lire pour moi?

Et elle me tendit l'enveloppe.

Je l'ouvris. Elle contenait une petite pièce d'or enveloppée dans du papier, et une carte sur laquelle je lus à haute voix ces mots : « Pour acheter des fleurs au petit Paul. »

Je me sentis remué jusqu'au fond du cœur :

— Ce brave homme de juge, comme disait Marcel, je lui aurais sauté au cou à ce moment, s'il avait été près de moi. Il ne s'est jamais douté comme il l'avait échappé belle, ce jour-là!

Les Orientaux ont exprimé bien délicatement le respect dû à la faiblesse de la femme : « Il ne faut pas, dit un de leurs proverbes, frapper une femme, même avec une fleur. » Bon juge, vous avez jugé qu'il ne faut pas non plus la frapper à propos de quelques fleurs. Béni soyez-vous, bon juge, qui mettez de la pitié dans la justice et qui, dans vos arrêts, tenez compte aux misérables de leur misère!

SUJET A DÉVELOPPER

Justice et pitié. — Comment comprenez-vous la justice. Y a-t-il, à votre avis, différentes façons d'être juste, et admettez-vous que la pitié, en certaines circonstances, puisse fléchir la justice?

PLAN. — Il n'y a qu'une seule façon de comprendre la justice. Le bien ne saurait être autre chose que le bien, et le mal autre chose que le mal.

Les droits de tous les hommes sont égaux et quiconque manque aux égards dus à autrui est coupable. On ne saurait admettre, quand il s'agit de la justice, qu'il y ait deux poids et deux mesures. Et cependant n'est-il pas des circonstances dont le juge doit tenir compte avant de se prononcer?

La liberté de l'accusé était-elle complète au moment de sa faute? Sa raison n'était-elle pas obscurcie par quelque idée ou quelque sentiment dominant sa pensée, obsédant son esprit? Le malheureux tenaillé par la faim et sans ressources, qui dérobe un morceau de pain, est-il aussi répréhensible que le voleur de profession?

Dans tout jugement il y a place pour la pitié. On ne doit jamais oublier, avant de condamner, qu'on peut avoir devant soi un malheureux, dont la responsabilité est atténuée par les souffrances qu'il endure ou par les misères au milieu desquelles il vit. L'indulgence s'allie très bien à la plus stricte justice.

LXXXIV (84). — Départ pour le régiment.

« Savoir au vrai pourquoi l'on est triste, c'est être bien près de savoir ce qu'on vaut. »
PRÉVOST-PARADOL.

Mon séjour à Ecully se prolongea au delà de ce que j'avais prévu. M. le directeur de l'école d'agriculture m'offrit l'emploi de préparateur du cours de chimie agricole qui se trouva vacant fort à point. J'acceptai cette offre avec empressement, car bien que muni du diplôme de sortie, j'étais trop jeune pour trouver un emploi lucratif, et, d'autre part, en prolongeant mon séjour à Ecully, j'avais une occasion inespérée de développer mon instruction théorique et pratique.

Les deux années que je passai à Ecully s'écoulèrent avec la rapidité des années heureuses, des années qui n'ont pas d'histoire. J'étais logé à l'école, mais en dehors des heures pendant lesquelles mon service m'y retenait, je jouissais d'une indépendance absolue. J'avais un goût fort vif pour la chimie; je pus le satisfaire en travaillant tout à mon aise à l'aide du bel outillage que le laboratoire mettait à ma disposition.

Mais l'heure sonna où je dus m'arracher à ces études captivantes qui avaient fini par m'absorber tout entier.

« Tout Français, dit la loi, doit, à partir de 20 ans accomplis, le service militaire personnel. L'obligation du service militaire est égale pour tous. » Voilà comment, un beau matin, après avoir été déclaré bon pour le service, je reçus l'ordre de rejoindre à Vincennes le 4e bataillon de chasseurs à pied auquel j'avais été affecté.

Encore un départ qui fut pour moi une séparation. Je m'étais attaché à cette école d'Ecully par ces mille liens que créent les habitudes, la routine d'occupations devenues chères, la douceur des visages connus et des lieux familiers. J'avais le cœur un peu serré quand je fis mes adieux à mon excellent directeur et à cette maison à laquelle j'étais redevable de quatre années d'existence facile et de profitable travail.

L'école de nos jours est la seconde famille de ceux qui en ont une; elle est l'unique famille de ceux qui n'en ont plus. Orphelin à l'âge où l'enfant entre à peine dans la vie, je n'avais pas eu le temps de me sentir seul au monde, isolé sur la route sombre qui s'ouvrait devant moi, grâce à la chaude sympathie, aux conseils éclairés de mes maîtres de Saint-Étienne, d'Estivareilles, d'Ecully. Mais voici que je quittais l'école pour toujours. Une fois de plus j'étais déraciné. Adieu les jours faciles, adieu les occupations de mon choix, la reposante uniformité des heures qui se suivent et se ressemblent : j'entrais dans l'inconnu.

J'eus le sentiment très vif de mon isolement quand je pris à la gare de Lyon-Perrache le train pour Paris. Tout autour de moi des conscrits s'agitaient, se grisant de bruit et de paroles comme pour oublier l'approche du départ. Parents, frères, sœurs et fiancées leur tenaient compagnie. De part et d'autre, on s'efforçait de paraître brave, et c'était, entre ceux qui s'en allaient et ceux qui restaient, un brouhaha de rires qui sonnaient faux dans la tristesse du départ, des échanges de recommandations, de promesses, d'embrassades, et, sur les lèvres des mères, ce sourire timide, douloureux et contraint, qui annonce les larmes à grand'-peine refoulées, comme le pâle rayon qui perce un nuage lourd de pluie prochaine. Et j'enviais tous ces pauvres cœurs qui souffraient, moi qui m'en allais tout seul. Ah! oui, j'aurais voulu souffrir comme eux, être aimé, regretté comme eux! Moi seul je n'avais personne pour

FIG. 107. — Autour de moi, les conscrits s'agitaient, se grisant de bruit et de paroles.

me dire adieu. Oh! la tristesse de ce départ, à vingt ans, sans une poignée de main, sans un souhait, sans un sourire!... Encore la route sombre qui s'ouvre devant moi!

Et pourtant j'avais des amis, moi aussi. Mais Robert, appelé à faire son service au 104ᵉ d'infanterie, m'avait précédé à Paris depuis quelques jours déjà. Quant à Marcel, plus jeune de quelques mois, devançant l'appel et d'humeur aventureuse, il s'était engagé dans le 4ᵉ régiment de zouaves, et il venait de m'écrire qu'il allait s'embarquer à Marseille pour Bizerte, où son régiment tenait garnison.

Restaient mes amis d'Estivareilles. Je m'étais bien promis de les revoir avant mon départ, et le cœur me battait bien fort à l'idée de me retrouver auprès de mes parents d'adoption, de cette chère et bonne maman Rouergues que j'aimais comme un fils, de la petite Marie qui devait être bien grandette maintenant, et bien jolie aussi, si j'en jugeais par une photographie qu'avait faite un photographe de passage à Estivareilles lors de la dernière fête du village.

Mᵐᵉ Rouergues me l'avait envoyée, en même temps que celle de l'excellent M. Rouergues, superbe en sa blouse des dimanches, le visage toujours haut en couleur, respirant la santé et la belle humeur, avec son joyeux sourire de fermier goguenard et madré.

Et voilà qu'au moment où je me faisais une fête de retourner à Estivareilles, une lettre de la petite Marie m'avait appris qu'elle partait pour Nîmes où l'appelait avec ses parents le mariage d'une cousine. Quelle déception pour moi ! Partir sans voir ceux qu'on aime, c'est s'en séparer deux fois.

Comprenez-vous maintenant pourquoi j'avais le cœur si gros en partant de Lyon, pourquoi, faisant un triste retour sur moi-même, j'enviais la tendresse des adieux, les caresses des regards, qui s'échangeaient sous mes yeux, pourquoi je me sentais plus que jamais orphelin ?...

LXXXV (85). — Servitude et grandeur militaires.

« Je dis que dans une nation qui veut être libre, qui est entourée de voisins puissants, tout citoyen doit être soldat et tout soldat citoyen. »

(DUBOIS-CRANCÉ, Discours à l'Assemblée Constituante, 12 décembre 1789.)

Vincennes, 15 décembre.

Ma chère petite Marie,

Combien je te remercie de la gracieuse pensée que tu as eue de m'écrire un petit mot, dès ton retour à Estivareilles, pour m'exprimer ton regret de la coïncidence fâcheuse qui m'a privé de la joie d'aller à vous avant mon départ de Lyon. Ton petit mot m'a mis de la joie au cœur pour longtemps. Ç'a été si dur de partir sans vous revoir, et c'est si bon de savoir que je n'ai pas été le seul malheureux de ce départ sans adieu.

Tu me demandes si je m'habitue à ma vie nouvelle et si elle ne me paraît pas trop dure. J'ai, tu le sais, tous les goûts, tous les instincts et toute l'endurance d'un campagnard. Il ne m'en coûte nullement de me lever à cinq heures du matin, de faire l'exercice par tous les temps et d'accomplir les *corvées* réservées aux *bleus*. J'ai pour camarades quelques Parisiens mièvres des faubourgs, qui font la petite bouche quand on leur sert le *rata* de notre *popote* : j'ai trop grand appétit pour ne pas le trouver excellent. Ces mêmes camarades gouailleurs font des gorges chaudes sur notre brave sergent quand, avec un *assént*[1] qui n'est qu'à lui, il nous crie : « *Ceusse* qui sont de corvée, sortez des rangs ! » Je passe l'éponge sur ces petits détails, et je me garde de me plaindre, je me garde de railler. On ne fait bien ce que l'on fait qu'à condition de le prendre au sérieux. Je prends très au sérieux mon métier de soldat, et je m'en trouve bien.

1. Accent.

Sans doute, petite Marie, le métier militaire a ses misères. Quel est le chemin qui, dans la vie, n'a pas ses épines? A tous tant que nous sommes, il nous paraît plus naturel de commander que d'obéir, et l'obéissance passive qu'impose la discipline militaire ne va pas sans faire violence aux instincts qui bouillonnent dans une tête de vingt ans. Mais il n'y a pas d'armée sans discipline, pas

FIG. 108. — Au régiment, les lettres sont prises à la poste par l'adjudant vaguemestre qui les fait distribuer aux hommes par le sergent de semaine de chaque compagnie.

de soldat sans obéissance. Je le comprends, et je tâche d'obéir joyeusement.

Autrefois, dans le temps où la France avait un roi, l'armée, tu le sais, petite Marie, était l'armée d'un homme, l'armée du roi. Les soldats, payés par le roi, se battaient pour lui, mouraient pour lui. Ils se considéraient comme à part de la nation, presque comme en dehors et au-dessus d'elle. Il y avait une caste militaire, comme il y avait une caste des nobles, une caste du clergé. Nul ne pouvait être officier, s'il ne prouvait que sa famille était noble depuis quatre générations.

L'armée appartenait donc au monarque, non à la nation; cela est si vrai que le roi n'hésitait pas à placer à la tête de son armée des étrangers, un Allemand comme Maurice de Saxe, dont il faisait un maréchal de France, et que l'armée royale comprenait un certain nombre de régiments étrangers, spécialement affectés à la garde du roi, comme si le monarque avait eu plus de confiance dans la fidélité de ces étrangers que dans celle de ses sujets.

Aujourd'hui il n'en est plus ainsi. Notre armée est vraiment l'armée de la France, elle n'est plus distincte de la nation puisque, tout le monde étant soldat, et tous les grades étant accessibles à tous les Français, elle n'est plus autre chose que la nation elle-même, la nation armée pour la défense de son honneur et de son patrimoine. A proprement parler, il n'y a plus aujourd'hui de soldats de métier, il n'y a plus de métier militaire : le service militaire dû pour un temps égal par tous les citoyens, n'est qu'une forme du devoir civique, l'*impôt du sang* n'est qu'une forme de l'impôt, ou plutôt une contribution, la contribution de chacun au bien-être et à la sécurité de tous.

Tu vois donc, petite Marie, qu'aujourd'hui le soldat n'est plus, comme autrefois, un mercenaire, l'homme d'un homme : le soldat républicain est le soldat de son pays. Laboureur, ouvrier, commerçant, chacun est soldat à son tour, chacun sert son pays en apprenant à le défendre en cas de besoin. Pour un pays comme pour un homme, la vie et l'honneur sont les biens les plus précieux, et il n'y a pas de tâche plus sainte et plus importante que celle de l'armée, chargée de défendre ces biens.

Car il s'agit pour nous, petite Marie, uniquement de nous défendre, et non plus d'attaquer les autres. L'armée républicaine n'est pas un instrument de conquêtes comme l'est une armée monarchique. Un peuple n'est respecté que quand il est fort. Voilà pourquoi tous les Français portent les armes et pourquoi tous reviendraient sous les drapeaux au premier signal de danger commun.

Mais dans un pays démocratique où tout soldat est citoyen et tout citoyen soldat, est-ce que la paix, une paix digne et honorable, n'est pas l'intérêt, le premier, le plus précieux intérêt de ce laboureur, de cet ouvrier, de ce commerçant, soldats d'aujourd'hui, citoyens d'hier et de demain? Est-ce que leur travail, qui est, remarque-le, la source la plus importante de la richesse nationale, n'a pas besoin de la paix pour être profitable à eux-mêmes et au pays?

Une monarchie vit de la guerre, parce qu'un roi, pour se maintenir ou pour agrandir ses États, est presque toujours tenté de faire la guerre, même injustement; une république vit de la paix et des œuvres de la paix, non pas seulement parce que la paix est fructueuse en ce qu'elle facilite la tâche du laboureur, de l'ouvrier, du commerçant, mais parce qu'elle est la condition de tous les progrès et que seule elle peut préparer des hommes meilleurs et des temps meilleurs.

LXXXVI (86). — Vers la paix. L'idéal républicain.

(*Suite de la lettre de Jean*).

> **« Le patriotisme, pour être vraiment une vertu morale, a besoin d'être réglé par le sentiment de l'humanité. »**
>
> JULES BARNI.

Les vrais républicains souhaitent la paix à tous les hommes de bonne volonté. Sous la Révolution, ils chantaient :

Les Français donneront au monde
Et la paix et la liberté.

C'est pour conserver la liberté et la donner fraternellement aux peuples étrangers que, le 20 avril 1792, en réponse à la sommation insolente de l'Autriche, l'Assemblée législative votait, selon la parole d'un de ses membres, « la guerre aux rois et la paix aux nations. » Te rappelles-tu, petite Marie, les vers de Victor Hugo sur *les Soldats de l'An II* que nous récitions ensemble? On nous les avait dictés à l'école d'Estivareilles pour nous les faire apprendre par cœur. Je les débitai un soir de novembre, à la veillée, devant toi, et tu les trouvas si beaux que tu voulus les apprendre, toi aussi.

La Révolution leur criait : « Volontaires,
Mourez pour délivrer tous les peuples vos frères! »
Contents, ils disaient oui.

Telles furent ces guerres saintes, pendant lesquelles se retrouvaient dans les camps, « vierges pures dans l'imagination de l'officier et du soldat, toutes les nobles idées qui ont fait la Révolution et qui soutiennent la République : liberté, égalité, droits de l'homme, avènement de la raison. » Guerres « d'amitié », non de conquête, guerres libératrices qui brisaient les fers des vaincus et n'en forgeaient pour personne. Depuis, nous en avons vu d'autres, des guerres atroces, sans excuse, de ces guerres que les mères maudissent et qui creusent un fossé de sang entre des peuples faits pour s'estimer et s'entr'aider :

La gloire, sous ses chimères
Et sous ses chars triomphants,
Met toutes les pauvres mères
Et tous les petits enfants.

Ces guerres-là, vois-tu, petite Marie, on a beau dire, il n'est pas sûr qu'il n'y en aura plus. Mais du moins nous sommes libres de n'en plus faire : s'il ne dépend pas de nous de ne plus être victimes, il dépend de nous de ne plus être bourreaux. Aujourd'hui, en effet, la nation française est, grâce à la République, redevenue maîtresse de ses destinées. Seule, elle a le droit de déclarer la guerre par un vote de ses représentants. Il lui est permis, il lui est commandé de ne plus combattre que pour la justice.

Voilà justement ce que je trouve d'admirable dans le rôle du soldat républicain : il est le défenseur anonyme de la justice, le gardien du droit, celui qui a pour mission de garantir l'indépendance de la patrie. Certes, il est dur de manœuvrer, en cette saison d'hiver, de grand matin, les pieds dans la neige, l'onglée aux doigts ; il est pénible de monter la faction monotone aux heures de sommeil, dans le silence et dans la tristesse des nuits sans lune.

FIG. 109. — **Les soldats de l'an II.** — Mal équipés, mais pleins de courage et d'énergie, les soldats de l'an II ont repoussé l'invasion et sauvé la France que voulait écraser l'étranger auquel s'étaient joints les émigrés.

Mais quand je suis tenté de me plaindre, je me dis à moi-même : « Ami Jean, « petit pioupiou, soldat d'un sou », comme dit l'autre, si obscur que soit ton rôle, perdu comme tu l'es parmi les cinq cent mille soldats de la France, ne te plains pas. Nul ne te connaît, car rien ne te distingue des autres, et cependant c'est grâce à toi et à tes pareils que la France vit et se développe dans la paix : c'est sur elle que tu veilles quand tu veilles dans la solitude des nuits glaciales, c'est pour elle que tes pieds saignent pendant les longues marches qui brisent de fatigue ton corps qui demande grâce. C'est parce que tu travailles, parce que tu peines obscurément, que la vie nationale est active et féconde; c'est parce que tu montes bonne garde, que le paysan sème et récolte en repos ; que le marchand vend avec un bénéfice honnête ; que la ménagère revient du marché avec un panier bien garni ; que les mères sont tranquilles et heureuses avec leurs tout petits dans les bras ; que le savant poursuit, dans le calme du laboratoire, les recherches par lesquelles il agrandit le domaine de l'homme et transforme les forces de la nature, aveugles et redoutables, en instruments dociles de sa volonté clairvoyante et de son pouvoir intelligent. Petit pioupiou, soldat d'un sou, sens-tu encore le froid, la fatigue ? Es-tu encore tenté de te plaindre, ami Jean, soldat de deuxième classe ? »

Et en effet, petite Marie, l'ami Jean, quand il songe à ces choses, ne sent plus le froid ni la fatigue, et parce qu'il ne les sent plus, il lui semble qu'il comprend mieux son devoir, et il est plus content de lui-même.....

SUJET A DÉVELOPPER

La guerre. — Que pensez-vous de la guerre ? Cherchez-en la cause principale et montrez comment pourraient être résolus pacifiquement les différends entre les nations. En attendant cet avenir meilleur, dites ce que la prudence commande aux nations soucieuses de garder leur indépendance.

PLAN. — La guerre est une chose horrible. On ne peut sans frémir penser qu'il est des moments où les hommes sont mis dans l'obligation de s'entretuer.

C'est presque toujours une misérable question d'ambition qui divise deux peuples et les jette l'un contre l'autre.

Ne saurait-il y avoir un tribunal suprême jugeant les différends entre les nations et plaçant le droit là où il est ? Est-il besoin que le canon tranche les différends entre peuples et affirme le droit comme si le droit provenait de la force ? Les faibles seront-ils donc toujours à la merci des puissants ?

L'idée de la paix universelle fait son chemin. Tôt ou tard, elle pénétrera tous les esprits. En attendant qu'il en soit ainsi, il appartient à toute nation soucieuse de sa dignité comme de sa sécurité de se mettre en garde contre les agressions menaçantes. Les défaites sur le champ de bataille sont suivies de trop de misères pour qu'un peuple ne fasse tous ses efforts pour les éviter. Tant que la force seule restera l'arbitre des nations, il importe que chacune d'elles veille au bon entretien de ses arsenaux, et garde sa poudre sèche.

LXXXVII (87). — Patriotisme et solidarité.

« Ni la France ne doit te faire oublier l'humanité, ni l'humanité la France. »

Vincennes, 18 janvier.

Est-il vrai, petite Marie, que mon sermon sur l'armée et le soldat citoyen ne t'a pas endormie ? Est-il bien possible, comme tu me l'écris, que tu l'aies jugé digne d'être lu à la veillée du jour de l'an où M. Rouergues avait convié M. le maire, l'adjoint et le père Camus, ce

FIG. 110. — Marie lisant la lettre du petit soldat.

modèle des gardes-champêtres, pacifique et bedonnant, que toutes les communes du département de la Loire envient à Estivareilles ? Tu as dû bien rire quand, retirant

— quel honneur pour moi! — de sa bouche son éternelle pipe, l'excellent homme s'est écrié qu'il y avait en moi l'étoffe d'un vieux troupier et que peut-être on me reverrait un jour avec un galon de sous-lieutenant...

Tu en sais là-dessus, petite Marie, plus long que le père Camus. Tu as compris, j'en suis sûr, que ton ami Jean, présentement soldat de deuxième classe, est le laboureur d'hier et de demain, dont je te parlais l'autre jour. Quand j'aurai fini mon temps de service, je quitterai l'uniforme des « petits vitriers », et je redeviendrai paysan comme devant. Sans regret? Mais oui, petite Marie, sans regret. Chacun son métier, dit le proverbe, et les vaches seront bien gardées. J'entends garder les miennes... quand j'en aurai, et je prétends, en les gardant bien, faire acte d'homme utile à mon pays et de bon citoyen.

Écoute bien, petite Marie : le soldat n'est pas le seul à servir la France. Quiconque vit honorablement de son travail, quiconque s'acquitte consciencieusement de son métier, si humble qu'il soit, est un bon serviteur de son pays et contribue pour sa part à la prospérité et à la grandeur de sa patrie. Tant vaut l'ouvrier, ouvrier des villes, ouvrier des champs, et son patron, le cultivateur, l'industriel, tant valent l'agriculture, l'industrie, le commerce, ces trois grandes sources de la richesse nationale. Tant vaut le fonctionnaire, tant vaut l'administration qui, en maintenant le bon ordre à l'intérieur du pays, est l'abri commun de tous les citoyens. Et nos savants, ces savants dont je te parlais l'autre jour, nos inventeurs, nos écrivains, nos penseurs, est-ce qu'ils n'ajoutent pas quelque chose au patrimoine de la France, les uns par leurs découvertes, sources de nouvelles richesses, les autres par la pure lumière dont ils éclairent la route de leurs concitoyens, tous ensemble par l'avenir meilleur qu'ils préparent à leur pays et par la gloire dont ils le décorent?

Toi-même, petite Marie — ne souris pas — tu sers

ton pays sans t'en douter. Comment cela? Mais simplement en faisant bien ce que tu fais. Tendrement dévouée à tes parents, tu remplis exactement tous tes devoirs de famille. Ménagère experte et attentive, tu allèges la tâche de ta mère; d'un goût sûr tu pares le logis de tes parents, ta grâce le leur rend riant, et c'est par toi que le bonheur est entré dans leur maison. Dévouée à tes parents, tu l'es aussi à tes amis : tu sais lire dans leurs cœurs, même quand ils sont absents, et trouver de douces paroles pour les distraire de leur tristesse et leur faire oublier qu'ils se sentent bien seuls quand ils ne sont pas près de toi...

Eh! oui, petite Marie, en faisant tout cela tu payes ta dette à ton pays. Car, homme ou femme, jeune ou vieux, on le sert toujours bien quand on se rend utile aux autres, et même on ne le sert vraiment qu'à condition de mettre hors de soi-même la raison d'être de sa vie, qu'à condition de vivre un peu, et même, si possible, beaucoup, pour ceux qu'on a le devoir d'aimer, pour ses proches, pour ses concitoyens, en commençant par les plus malheureux.

Tu es infiniment bonne et douce, petite Marie. Qui, mieux que toi, peut comprendre que la patrie est une « grande amitié », qu'elle est pour chacun de nous, comme une autre et plus grande famille, qu'il n'y a de patrie que là où tous les cœurs battent à l'unisson; là où l'on met tout en commun, et la gloire et les deuils du passé, et la foi dans l'avenir, et les joies et les devoirs du présent? Qui, mieux que toi, si fraternelle à ceux qui ne te sont rien, dès qu'ils souffrent, peut comprendre que le véritable patriotisme est fait d'amour fraternel, de dévouement réciproque et d'humanité, oui, d'humanité...

Ce n'est pas toi qui croiras jamais qu'on aime d'autant plus son pays qu'on a plus de haine pour l'étranger : autant vaudrait dire qu' « avec des loups on peut faire une patrie », qu'un homme chérit d'autant plus les siens qu'il déteste davantage ses voisins, comme si le devoir et le premier intérêt d'une nation comme d'une famille, comme d'un simple particulier, n'est pas d'entretenir de bons rapports avec ceux qui l'entourent. « La République française, dit la Constitution de 1848, respecte les nationalités étrangères comme elle entend faire respecter la sienne. Elle n'entreprend aucune guerre dans des vues de conquête et n'emploie jamais ses forces contre la liberté d'aucun peuple. »

Voilà bien le vrai patriotisme dans ses rapports avec l'étranger : il n'est ni intolérant ni agressif, il ne dénonce ni ne dénigre personne, rend aux peuples étrangers ce qui leur est dû et ne voit en eux des ennemis que sur le champ de bataille. Ni la France ne lui fait oublier l'humanité, ni l'humanité la France. Il se rend compte qu'en dépit des apparences, en dépit des inévitables rivalités d'intérêts qui divisent les nations, elles sont unies par une solidarité étroite. Est-ce que l'Anglais n'achète pas au Français, le Français à l'Anglais? Est-ce que les découvertes du savant allemand ne profitent pas à la science française et, par conséquent, à tous les Français? Que la récolte du blé soit mauvaise en Amérique, l'ouvrier anglais paiera son pain plus cher; que les mineurs anglais se mettent en grève, la ménagère française paiera plus cher son charbon.

LXXXVIII (88). — L'union dans la Patrie. La Fraternité civique.

(*Suite de la lettre de Jean*).

« Ceux-là seuls sont des frères, qui veulent partager les souffrances les uns des autres, et qui dirigent leurs forces à se rendre heureux mutuellement. »

CHARLES RENOUVIER.

A plus forte raison, petite Marie, tous les Français sont-ils solidaires les uns des autres et doivent-ils agir, sentir, s'aimer en conséquence. Si tous les hommes sont nos frères, est-ce qu'un Français n'est pas deux fois le frère d'un Français ? La patrie est une « grande amitié », ou bien le mot patrie n'a pas de sens.

Qu'ils sont donc coupables ceux qui sèment la haine entre les fils d'un même pays, les Français qui injurient ceux de leurs concitoyens qui ne partagent pas leurs opinions ou qui ne pratiquent pas la même religion qu'eux-mêmes ! Toute opinion est respectable dès qu'elle est sincère, et quant à ma religion, qu'importe que je sois juif,

FIG. 111. — Le bon de la vie militaire, c'est que justement tout est en commun au régiment et qu'on s'y sent rapprochés les uns des autres.

catholique ou protestant, qu'importe même si je ne pratique aucun culte, pourvu que je sois un honnête homme et un bon citoyen ?

A l'égard de nos concitoyens comme à l'égard des étrangers, le patriotisme éclairé est fait d'amour, non de haine. Il recherche ce qui rapproche, non ce qui divise. Voilà pourquoi, comme l'a si bien compris notre cher vieil ami M. Dumoulin, l'instituteur d'Estivareilles, il y a un grand intérêt patriotique à multiplier les Sociétés de coopération, de secours mutuels, de musique, de travail ou de jeu en commun, les patronages, toutes les associations qui, en mettant de braves gens en contact les uns avec les autres, leur apprennent à se connaître, à s'estimer, à sympathiser, et unissent leurs cœurs en unissant leurs existences. Qu'il avait raison, M. Dumoulin, quand il nous disait que les membres de ces associations dans la solidarité qui les lie font l'apprentissage de la grande solidarité nationale! On devient frères en vivant comme des frères. Qui le sait mieux que nous deux, petite Marie? N'est-ce pas ainsi que nous sommes devenus frère et sœur, toi et moi?

Le bon de la vie militaire, c'est que justement tout est en commun au régiment et qu'on s'y sent rapprochés les uns des autres. Je ne te dis pas qu'il ne vaut pas mieux être riche que pauvre même au régiment. N'empêche que riches et pauvres, villageois et citadins vivent en camarades à la caserne. Je tutoie tous mes camarades et ils me tutoient tous, comme nous faisions à l'école.

C'est qu'en effet l'armée est comme une autre école, l'école où, par la vie en commun qui combat les tendances égoïstes, par l'obéissance à une règle commune, qui assouplit les plus fiers, on apprend le mieux, avec la confraternité nationale, l'égalité et aussi la vanité des distinctions sociales qui ne sont pas fondées sur le mérite personnel.

Pas n'est besoin d'avoir subi ensemble le baptême du feu pour se sentir frères d'armes, quand on porte le même uniforme. Pour cela, il suffit de se grouper autour du drapeau du régiment quand les clairons sonnent aux champs, il suffit d'avoir partagé les mêmes travaux, les mêmes fatigues, de s'être reposés, retrempés ensemble au sortir de la caserne, dans cette maison commune qu'est le *Foyer du soldat*, d'où je t'écris ces lignes.

Au fait, je ne t'ai jamais parlé, petite Marie, du *Foyer du soldat*. Ce sera pour demain, car il est tard et voici l'heure du couvre-feu.

LXXXIX (89). — Le foyer du soldat.

(*Suite de la lettre de Jean*).

« **Anathème aux victoires non remportées pour la défense de la patrie et qui ne servent qu'à la vanité d'un conquérant.** »

CHATEAUBRIAND.

19 janvier.

Ah ! le *Foyer du soldat*, qu'on y est bien, petite Marie, aux heures de loisir, quand, l'exercice fini, on a permission de sortir de la caserne sans savoir où porter ses pas. Imagine une grande salle éclairée par de larges baies, largement ventilée en été, bien close et bien chauffée en hiver.

Fig. 112. — Je puis lire, travailler, m'instruire...

Dans cette salle, des groupes de soldats sont assis autour de grandes tables : les uns se reposent en s'amusant aux jeux innocents du loto, des dominos, du tric-trac, des dames (les cartes ne sont pas autorisées), voire au jeu savant des échecs qui, avec sa tactique compliquée, avec ses cavaliers, ses tours, les mouvements enveloppants et tournants, tour à tour offensifs et défensifs, de son armée de pions, est si bien l'image en miniature de la guerre; les autres causent ou chantent, accompagnés par un camarade qui joue du piano.

Que chantent-ils ? Je vais au-devant de ta question, car je te sais curieuse, petite Marie, soit dit sans malice... Ils chantent de vieux airs populaires, des refrains disant la joie du travail à la ferme et à l'atelier, l'amour de la grande et de la petite patrie, et parmi les petits *vitriers* et *lignards*, parmi les rudes et solides artilleurs, il n'y en a pas de si brave dont la voix ne tremble un peu quand il entonne le chant de sa province, le chant qui évoque toutes les douceurs et souvenances du pays natal. L'autre jour, un de mes camarades du 4e qui est Dauphinois nous a chanté le *Chant des Allobroges*, un artilleur du 14e, qui est du Midi, le *Chant du Rouergue*, du bon poète des paysans, François Fabié, un autre qui est du Loir-et-Cher, la chanson du pays de Blois :

Bonsoir, Valois et Guise !
Vivons à notre guise !

. . . .

Jacques Bonhomme est libre sur la terre.
Dites-lui de se taire :
Il chantera !

Et moi-même, petite Marie, — ne ris pas, je t'assure que personne ne songeait à rire autour de moi, car si la voix n'était pas juste, le cœur y était — j'ai entonné de mon mieux notre chant du Forez, le *Chant des Montagnards*, et tu aurais été bien émue en entendant les camarades reprendre en chœur avec moi : *Les Montagnards sont là !...*

D'autres — et je suis de ceux-là en ce moment, petite Marie — la plume à la main, laissent leurs pensées s'envoler vers les amis qu'ils ont laissés au pays, et leur écrivent pour tromper leur ennui. Quelques-uns, pour ne pas perdre le contact avec leur métier, vont à l'atelier mis à leur disposition, à deux pas d'ici. Là, pour empêcher leur main de se rouiller, ils manient le fer, le bois ou la pierre.

Ai-je envie de lire ? Je monte au premier étage, et je choisis à mon gré dans une bibliothèque bien fournie. Le désir de m'instruire ? J'ouvre une porte : me voici dans la salle des conférences. Tantôt c'est un instituteur-soldat qui fait une leçon à une petite classe d'auditeurs volontaires, pleins d'application. Tantôt c'est un professeur connu, un écrivain célèbre qui nous fait l'honneur de nous lire et de nous commenter quelques belles pages en prose ou en vers, un récit de voyage ou d'histoire. Ou bien encore c'est un officier qui vient chez nous — car nous sommes ici chez nous — de son plein gré, par pure amitié pour nous, — faire œuvre de solidarité en nous faisant part de son savoir. Le conférencier n'a pas besoin de nous dire : « Il y a séance sur tel sujet, tel jour : service commandé, je compte sur vous. » Fi du plaisir obligatoire! il ressemble trop à une corvée. Entre qui veut au *Foyer du*

Fig. 113. — Un lieutenant d'infanterie coloniale, qui revenait de Madagascar, nous a fait voir, à l'aide de projections lumineuses, les habitants et les sites de cette grande île.

soldat, et précisément parce que chacun est libre de s'abstenir, tous y viennent joyeusement.

Ce que sont ces conférences? Un capitaine d'artillerie nous a raconté l'autre jour la conquête de l'Algérie. Avant-hier un lieutenant d'infanterie coloniale, qui revient de Madagascar, nous a fait voir — oui, fait voir — à l'aide de projections lumineuses, dans un défilé pittoresque, les villes, les habitants, les plus beaux sites naturels de cette grande île, plus grande que la France et dernière venue parmi les filles d'adoption de la mère patrie, puisque nous n'y sommes établis en maîtres que depuis 1895.

Un autre officier, le lieutenant Breton, *mon* lieutenant, s'il te plaît, car je suis fier d'être sous ses ordres, avec un zèle admirable, s'est fait notre professeur d'agriculture. Prenant la crise agricole comme point de départ, il a traité, en matière de préambule, ce sujet d'inquiétante actualité : « On ne gagne pas plus à la ville qu'à la campagne. Restez aux champs. » Puis il nous a fait une série de leçons, avec projections, sur les engrais, les machines agricoles, le bétail, la vigne, la comptabilité rurale. Dans ses dernières leçons, il nous a annoncé que le cours se compléterait par des séances pratiques de greffage qui auraient lieu sous la direction d'un caporal ayant son diplôme de greffeur. Mieux encore : non content de ce qu'il a fait pour notre instruction agricole au *Foyer du soldat,* le lieutenant Breton a, de ses deniers, acheté des tableaux muraux qu'il a fait placer dans notre chambrée à la caserne, et constitué une petite bibliothèque agricole, dont les ouvrages sont à notre disposition.

Voilà, chère petite Marie, ce qu'est le *Foyer du soldat,* voilà ce qu'on y fait.

Les petits *bleus* qui débarquent à la caserne, dépaysés et déracinés du foyer familial, retrouvent dans cette maison d'amitié un autre foyer auquel ils peuvent venir s'asseoir chaque jour. Aux heures grises où, loin des affections coutumières, ils se sentent seuls comme des orphelins, ils sont accueillis fraternellement au *Foyer du soldat.* Livres, jeux, tout ce qui récrée et tout ce qui élève, surtout visages amis, mains qui se tendent vers eux, rien ne leur manque de ce qui peut les consoler, les soustraire à l'engourdissement de l'ignorance, à l'ennui, si proche parent des distractions fâcheuses. Là, ils peuvent échanger des idées librement dans un milieu de familiarité réchauffante ; là, ils puisent un peu de réconfort moral pour supporter les fatigues quotidiennes. Et quand, leur

« temps » achevé, ils rentreront au foyer, quand ils auront fondé une famille, quelle leçon de filiale gratitude ils donneront à leurs enfants en allant se ranger aux côtés des bienfaiteurs de leurs jeunes années, pour collaborer avec eux aux œuvres nouvelles de solidarité, acquittant ainsi entre les mains et au profit de leurs cadets la dette contractée envers leurs aînés !

Voilà, petite Marie, de quoi est faite ma vie de tous les jours. Je n'ai pas le temps de m'ennuyer, d'être seul avec moi-même, et c'est heureux, car Vincennes est bien loin d'Estivareilles, de maman Rouergues et de la petite Marie... Rassure-toi, je ne suis pas à plaindre : de bons chefs d'autant plus respectés qu'ils sont plus paternels, d'autant plus aimés qu'ils comprennent mieux que leur mission est d'associer l'armée à la nation dont elle vient et à qui elle retourne ; le *Foyer du soldat*, l'école au régiment, le passe-temps qui instruit et le passe-temps qui délasse, de quoi compléter les connaissances que j'ai acquises aux années d'apprentissage, et de quoi chasser les papillons noirs qui voltigent autour de ma tête de vingt ans quand, au lieu de considérer avec reconnaissance les biens que je possède, je songe avec trop de persistance à ceux qui me manquent : en voilà plus qu'il ne faut pour que les heures s'écoulent vite, comme il arrive toujours quand elles ne sont pas désœuvrées...

Non, je ne suis pas à plaindre, car je vis ici d'une vie saine, utile à mon pays et à moi-même. Le temps est loin où la caserne était une geôle, le temps est proche où tout soldat se doublera d'un étudiant, tout officier d'un éducateur. Je suis privilégié, puisque ce temps est déjà venu pour moi, et c'est pourquoi je signe avec fierté, petite Marie,

Ton ami,

JEAN LAVENIR.

Soldat-étudiant.

SUJET A DÉVELOPPER

Le soldat. — Dites ce que vous pensez de la mission du soldat. Montrez comment on doit se soumettre sans peine à l'obligation de servir son pays, et comment, d'autre part, le soldat peut contracter au régiment quelques unes des habitudes qui préparent l'homme utile à son pays et le bon citoyen.

PLAN. — Le soldat veille à la sécurité de la nation; il protège nos libertés et nos droits contre toute surprise dangereuse; il assure à tous la tranquillité nécessaire à une vie heureuse et prospère. Sa mission est réellement noble.

Il tient au régiment la place que lui a laissée son aîné, et demain il transmettra son fusil à un plus jeune. C'est chacun à son tour qu'on vient occuper à la frontière le poste d'honneur.

Sans doute c'est avec regret qu'on quitte parents et amis pour accomplir son devoir de soldat, mais on retrouve aussitôt au régiment de nouvelles affections, de franches sympathies. On est tous camarades à la caserne: c'est vraiment l'égalité dans les droits et dans les devoirs.

On a bien quelque peine à se faire à la discipline parfois sévère; mais il est si aisé de comprendre qu'une armée désordonnée est une armée impuissante et perdue, qu'on accepte de bon cœur de se soumettre à toutes les obligations du service.

Au régiment, on n'apprend pas seulement le métier de soldat, on y complète son éducation d'homme par un contact profitable et incessant avec d'autres hommes. On y acquiert l'habitude de respecter la règle; on y devient moins égoïste, plus obligeant. On rapporte de son passage sous les drapeaux un peu plus d'énergie physique et un peu de cet esprit de sacrifice qui prépare le bon et utile citoyen.

XC (90). — Paris.

> **« Brave et cher Paris ! Il expose aux yeux du monde quelque chose qui vaut mille fois plus que toutes les merveilles de l'industrie, de la science et de l'art. »**
>
> ERNEST LEGOUVÉ.

Paris, Paris! Nom magique qui, d'un bout à l'autre de l'univers, enivre ou caresse l'imagination de celui qui l'entend. *Voir Naples et puis mourir*, dit un proverbe italien. *Voir Paris et y vivre*, soupirent les Français, petits et grands, qui ne connaissent de Paris que ce qu'ils ont entendu dire de ses 2 000 rues, de la splendeur de ses monuments, des trésors de ses musées, des richesses accumulées dans ses magasins, du luxe qu'y déploient les heureux de ce monde.

Ils ne savent pas, hélas! que la vie n'y est facile que pour le riche, que l'épargne y est, pour le travailleur, plus malaisée qu'ailleurs, s'il est vrai que toute épargne est faite moins de ce que l'on gagne que de ce que l'on ne dépense pas. Ils ne savent pas que les pauvres y sont plus pauvres qu'au village natal, les isolés plus seuls, les misérables plus ignorés. Ah! s'ils avaient vu ceux qui souffrent et ceux qui ont faim, perdus, noyés dans ce flot humain qui déferle sur la ville aux 2 500 000 habitants en roulant tant d'épaves, et dont la clameur étouffe tant de sanglots, tant de cris d'agonie!...

Et pourtant il est impossible de ne pas aimer Paris, de ne pas s'enorgueillir d'être Français, quand on l'a vu. Il est si beau Paris, si divers, si vivant des mille vies de la France qui pense, qui travaille, qui produit, qui rayonne au dehors, il est si bien le foyer où s'alimente la pure flamme qui, de la terre de France, monte vers le ciel bleu, éclairant, échauffant les peuples à la ronde!

— Eh oui! c'est ici que bat le cœur de la France, me disais-je un matin de février, en contemplant du haut du Panthéon, à 80 mètres du sol, le vaste plan en relief de la ville qui, dans ses 7 800 hectares, enferme un quinzième des habitants de tout le territoire français. Il faisait un froid clair et piquant, et, dans l'atmosphère lumineuse, nous nous amusions, Robert et moi, à nous renseigner mutuellement sur les monuments entrevus à l'horizon.

Çà et là, en trous de lumière, en grandes taches de verdure, ces places, ces jardins et ces parcs qui sont comme les poumons par où respire la ville, et partout comme un filet aux mailles inégales jeté sur elle, le réseau serré des boulevards, des avenues et des rues, où grouille la fourmilière humaine. Les bruits de Paris arrivaient jusqu'à nous en une rumeur confuse, comme feutrée par l'éloignement. Nous restâmes longtemps muets devant la beauté de l'inoubliable spectacle.

Des deux côtés, à l'horizon, la Seine déroulait son sillon d'argent, divisant la ville en deux moitiés sensiblement égales à vue d'œil. De légères fumées s'élevaient des bateaux qui descendaient ou remontaient le fleuve.

— Est-il possible, m'écriai-je, que Paris ait dû sa prospérité à ce petit ruban d'eau, si étroit et si mince quand on le compare à la Tamise de Londres, au Danube de Vienne, au Tage de Lisbonne, et, sans sortir de chez nous, à la Garonne de Bordeaux, qu'enjambe un pont de pierre de 500 mètres ?

Fig. 114. — C'est ici que bat le cœur de la France, me disais-je en regardant Paris du haut du Panthéon

— Rien de plus vrai cependant, reprit Robert. J'ai lu que les premiers habitants de Paris, au temps où Paris s'appelait Lutèce, furent de simples mariniers, des marins d'eau douce, dégourdis et habiles, si l'on en juge par leur nom de Parisiens, qui voulait dire, paraît-il, « vaillants ». Au moyen âge où les routes étaient peu nombreuses et peu sûres, presque toutes les marchandises arrivaient à Paris par la voie fluviale, et telle était l'importance des négociants de la « marchandise d'eau » que leur corporation fournit à Paris les premiers éléments de son administration municipale : le *prévôt des marchands* fut le premier maire de Paris.

— Cela s'explique en effet par la situation de Paris au centre d'un bassin, en forme de cuvette, vers lequel confluent, du Sud, de l'Est et du Nord, les rivières, ces tapis roulants qui transportent gratuitement, la Seine et ses affluents l'Aube et l'Yonne, la Marne et l'Oise.

— En effet, quand on regarde la carte, la région parisienne apparaît comme entourée d'eau de tous côtés. De là le nom si juste et si expressif d'Ile-de-France qu'on lui a donné. Sais-tu, ami Marcel, que même aujourd'hui, Paris est le premier port de France par le tonnage des marchandises qu'il reçoit? Mais c'est un port intérieur. Que sera-ce le jour où les grands navires pourront aborder, sans rompre charge, les quais de Paris devenu port de mer par la Seine approfondie ou canalisée? As-tu remarqué, d'autre part, comme les hommes ont aidé la nature? Quand on regarde la carte des chemins de fer français, on s'aperçoit qu'ils forment comme une immense toile d'araignée dont le centre est à Paris.

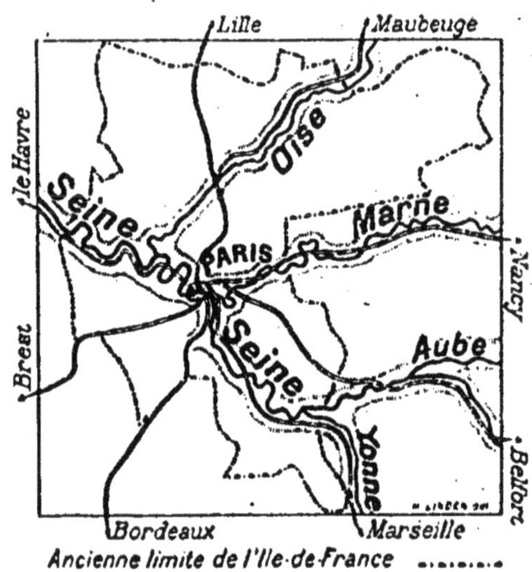

FIG. 115. — Carte de l'Ile-de-France.

— Il est très remarquable, en effet, que les grandes voies ferrées comme les voies fluviales aboutissent à Paris.

— Sais-tu pourquoi? Parce que les chemins de fer suivent les vallées des fleuves, tant à cause de la commodité qu'offrent leurs terrains plats pour l'assiette de la voie qu'à cause de leur fertilité, de leurs richesses, et des centres de population qui s'y sont groupés. Si bien que Paris, situé au point de rencontre des vallées, au grand carrefour où s'entrecroisent les routes naturelles du Nord et du Midi, de l'Est et de l'Ouest, et les chemins de fer qui les ont remplacées ou qui les doublent, est devenu le lieu de passage obligé pour la plupart des voyageurs et des marchandises qui se dirigent du Nord de la France, de la Belgique et de l'Angleterre, vers le Midi de la France, l'Espagne, l'Italie et la Méditerranée.

XCI (91). — Aux grands hommes la Patrie reconnaissante.

> « Les feuilles de l'année précédente sèchent et tombent; l'année qui suit forme de ces débris la sève nouvelle qui rajeunit les bois. Ainsi l'esprit de vos pères vit confusément en vous; ce qu'ils ont été s'ajoute à ce que vous êtes. »
>
> DOUDAN.

J'écoutais Robert avec admiration.

— Sais-tu que tu ferais un excellent professeur? Où donc as-tu trouvé le temps d'apprendre tout cela ?

— J'ai eu à ma disposition, à la Chambre de commerce de Lyon, les cartes les plus récentes et une excellente bibliothèque. J'en ai profité tant bien que mal, voilà tout.

Je ne pus m'empêcher, à ce moment, d'évoquer le souvenir des débuts pénibles de mon petit camarade Robert Ligeron, à l'école de M. Legris, alors que, toujours muet quand on l'interrogeait, rivé à son banc dans une attitude engourdie, il passait inaperçu, confondu dans la foule des élèves médiocres qui font acte de présence à la classe, sans y participer.

Brave garçon! A force de volonté, de persévérance, avec la lenteur habituelle à ceux qui apprennent difficilement, mais que compensent, et au delà, chez certains d'entre eux, l'esprit de suite, l'habitude de la réflexion et la rectitude du jugement, il avait acquis les connaissances que je m'assimilais si facilement. Puis, développant son instruction au contact de la vie et des circonstances, il avait continué à apprendre, s'enrichissant chaque jour de quelques notions précises, méthodiquement classées et mises en leur place dans son esprit.

Tant il est vrai que l'école n'établit pas un classement définitif, comme le croient quelques élèves vaniteux et trop de parents prévenus en faveur de leurs enfants. La vie est un concours permanent où les rangs changent sans cesse. Robert m'apprenait le secret du succès : il faut travailler à s'instruire, non pas à l'école seulement, mais après l'école et toute sa vie. C'est un pauvre et chétif esprit que celui qui, un jour, se considère comme n'ayant plus rien à apprendre. Quoi d'étonnant s'il cède le pas à celui qui ne cesse de se développer, comme l'arbuste rabougri, arrêté dans sa croissance, est dépassé par l'arbre qui pousse dans tous les sens les racines saines et vigoureuses par où il se nourrit. N'est-ce pas un des plus grands savants du XIXe siècle, M. Chevreul, qui, avec une modestie touchante, quand toute l'Europe savante s'unit pour fêter son glorieux centenaire, prononça cette parole mémorable : « Je ne suis qu'un vieil étudiant ! » Pour savoir un peu, en effet, il ne suffit pas d'avoir été un bon élève à l'école, il faut ne jamais cesser de l'être. Il y a un vieil étudiant, non pas seulement dans tout grand savant, mais dans tout homme instruit qui fait honneur à sa profession et à son pays.

Après avoir descendu les 424 marches de l'escalier qui conduit au sommet du Panthéon, nous allâmes visiter les caveaux où reposent, entre autres, les restes de Voltaire et de J.-J. Rousseau, ces deux grands écrivains qui firent tant, au XVIIIe siècle, pour préparer le monde meilleur où nous vivons ; du navigateur Bougainville ; du glorieux Marceau, le jeune général républicain, si juste et si bon, mort à 27 ans en combattant les Autrichiens ; de La Tour d'Auvergne, *le premier grenadier des armées de la Répu-*

Fig. 116. — Chevreul (1786-1889).

Fig. 117. — Voltaire (1694-1778).

Fig. 118. — J.-J. Rousseau (1712-1778).

Fig. 119. — Bougainville (1729-1811).

Fig. 120. — Marceau (1769-1796).

blique; de Baudin, le représentant du peuple, tué le 3 décembre 1851 en défendant la loi; de Victor Hugo, le plus grand et le plus humain des poètes du XIXe siècle.

Nous restâmes longtemps en contemplation devant les tombeaux du grand Carnot, l'« organisateur de la victoire », et de son petit-fils Sadi Carnot, le 4e président de la République française, tué par le poignard de l'anarchiste italien Caserio.

— Quelle singulière destinée, ne pus-je m'empêcher de dire à Robert en m'arrachant à une méditation douloureuse, que celle de ces deux bons serviteurs du pays! Le grand Carnot meurt en exil, obscur, oublié; son petit-fils succombe, victime de la vengeance d'une sorte de fou furieux, après avoir pratiqué toutes les vertus républicaines, application silencieuse au devoir, probité politique, simplicité et dignité de la vie privée et publique. N'y a-t-il pas dans le rapprochement de ces deux destinées quelque chose qui déconcerte, de quoi décourager la foi des plus vaillants?

Nous étions arrivés au seuil du Panthéon.

— Tiens, me répliqua Robert, lève les yeux sur le fronton du Panthéon, sculpté par David

Fig. 121. — La Tour d'Auvergne (1743-1800).

Fig. 122. — Baudin (1801-1851).

Fig. 123. — Victor Hugo (1802-1885).

Fig. 124. — Lazare Carnot (1753-1823).

Fig. 125. — Sadi Carnot (1837-1894).

d'Angers, et lis l'inscription gravée au-dessous :

AUX GRANDS HOMMES
LA PATRIE RECONNAISSANTE

Crois-tu qu'ils sont à plaindre, les bons serviteurs de leur pays que la patrie honore ainsi? Ne sont-ils pas plutôt à envier?

Oui certes, mais il y a plus. L'esprit mûri par la réflexion, j'y pense aujourd'hui en écrivant ces lignes et je me dis : qu'importe que ces deux grands citoyens, l'aïeul et le petit-fils, soient morts, l'un obscurément en exil, l'autre tragiquement? Ce qu'ils ont voulu leur survit. Pas une des pensées généreuses qui ont inspiré leurs actes, n'est perdue. La France vit par tous ceux qui ont vécu pour elle, et ceux-là ne meurent jamais tout entiers : l'inspiration qui dirigea leur vie s'incorpore au patrimoine commun, comme la semence à la terre qu'elle féconde. Ils ont mis en mouvement une force qui ne s'arrêtera pas : car tout acte de bonté, toute idée de justice se propage en ondes infinies, gagne de proche en proche comme la vague qui monte et pousse au port le vaisseau par dessus la grève stérile et les écueils noirs qu'elle recouvre peu à peu.

Qui pourrait soutenir, par exemple, que le dévouement du président Carnot à la cause de la paix a été inutile, qu'il ne reste rien des efforts qu'il a faits pour donner à ce peuple français, si longtemps amoureux de la gloire et du bruit, le respect du mérite civique et le goût des vertus pacifiques qui sont l'honneur et la raison d'être d'une démocratie? C'est pour avoir voulu la paix, pour en avoir été l'artisan infatigable à tous les moments de sa magistrature, qu'il a été pleuré par toutes les nations comme un bienfaiteur commun. A quoi bon détester, pensait-il? C'est la paix qui a rendu à la France son rang dans le monde, le respect des nations, l'estime et la sympathie universelles : la France vaincra par la paix. Cette victoire que souhaitait le président Carnot, il ne l'a pas vue et peut-être nous-mêmes ne la verrons-nous pas, mais il l'a préparée.

C'est ainsi que l'œuvre survit à l'ouvrier. L'œuvre, c'est la Patrie, les ouvriers sont les grands hommes d'abord, parce qu'ils frayent la voie, puis tous les bons citoyens. Je comprends maintenant l'inscription gravée au-dessous du fronton du Panthéon : si la Patrie est reconnaissante aux grands hommes, c'est qu'ils lui ont fait une âme de leur âme.

SUJET A DÉVELOPPER

Le Panthéon. — Faites connaître la destination du Panthéon et montrez que, si la Patrie doit glorifier les noms de ceux qui l'ont honorée, il est, à côté des services brillants, des services modestes qui méritent aussi notre reconnaissance.

PLAN. — Le Panthéon est le monument qui renferme les cendres de ceux qui ont brillamment servi la Patrie.

Il est naturel et juste que la Patrie soit reconnaissante envers les hommes qui ont ajouté à sa gloire. Leur mémoire doit être à tout jamais vénérée.

Mais que de dévouements à la Patrie sont ignorés, parce qu'ils sont modestes! Le plus humble des artisans qui, consciencieusement, s'acquitte de sa tâche, fait une œuvre utile à tous et apporte à l'édifice social une petite pierre qui contribue à en assurer la solidité ou bien la beauté. Ce sont ces petits dévouements de tous qui, réunis, créent la richesse et la force du pays.

Notre admiration comme notre reconnaissance doivent donc aller aussi à ces humbles vaillants dont les noms restent inconnus, mais dont la vie de labeur a été profitable à la société.

Il ne faut pas oublier que c'est surtout à ces modestes mais laborieux ouvriers que nous devons en grande partie ce que nous avons aujourd'hui de bien-être et ce que la France a de considération dans le monde.

Aussi, pour honorer leur mémoire, nous accorderons toute notre estime, ainsi que notre gratitude, à ceux qui, à leur exemple, continuent sous nos yeux, sans bruit comme sans ambition, à rendre la Patrie toujours plus prospère et toujours plus glorieuse.

XCII (92). — Un coin de Paris.

« La flânerie n'est pas seulement délicieuse, elle est utile. C'est un bain de santé qui rend la vigueur et la souplesse à tout l'être, à l'esprit comme au corps. »

AMIEL.

Il n'y a pas de ville où l'on puisse se distraire à meilleur compte qu'à Paris. On n'a qu'à ouvrir les yeux pour les régaler de belles choses. On flâne délicieusement et la flânerie même est profitable : on s'instruit, on s'amuse en se promenant et la joie est doublée quand, comme Robert et moi, on est deux pour faire échange d'impressions, de gais propos.

Tous les dimanches, Robert et moi, nous nous donnions rendez-vous. Pour passer notre temps, nous n'avions que l'embarras du choix. Le matin, presque toujours, nous prenions le chemin des quais. Quel bonheur de humer l'air frais des claires matinées de printemps ou d'été, en suivant la longue ligne des parapets où s'étalent tour à tour, comme dans un musée en plein vent, le pêle-mêle des « curiosités » mutilées, le bric-à-brac des antiquités au rabais et plus loin l'alignement des boîtes carrées abritant les livres d'occasion « à deux sous, pas cher », les bouquins poudreux, dépenaillés, vieux serviteurs usés au service de maîtres ingrats qui n'ont plus voulu d'eux! Et qu'il fait bon s'arrêter pour faire un brin de causette avec ce marchand gagne-petit, l'antiquaire du Pont-Neuf ou le bouquiniste du pont des Arts, un brave homme de marchand, comme on n'en voit plus ailleurs, un marchand qui est un peu votre compère, familier, bienveillant, érudit à sa façon, un marchand à qui vous pouvez marchander sans qu'il vous toise avec dédain comme le riche boutiquier qui a fortune faite et pignon sur rue!

Fig. 126. — Qu'il fait bon de s'arrêter devant les étalages des bouquinistes alignés le long du quai!

Que ne trouve-t-on pas sur les quais de Paris! Croiriez-vous qu'il m'est arrivé d'y retrouver un peu de vraie campagne? Ne souriez pas : je ne vous parle pas des grands arbres qui trempent leurs racines dans le fleuve, ni du jardinet qui, gracieusement dessiné sur la pointe de l'île de la Cité, met comme une corbeille de verdure et de fleurs au milieu de la Seine. Non, c'est sur le quai d'en face, à deux pas du Louvre que j'ai retrouvé la campagne en plein Paris, ou que j'ai cru la retrouver, hélas!... Juste de quoi tromper ma faim avec quelques senteurs des champs et quelques chansons des bois échappées des boutiques d'horticulteurs et d'oiseliers.

En ce coin de Paris plein de choses paysannes, que de longues stations j'ai faites, le long des étalages verdoyants, à contempler les pousses naissantes, gonflées de sève, des oignons de tulipes et de jacinthes, les mousses et les plantes vertes fleurant bon le terreau campagnard! Que de fois il m'est arrivé d'oublier l'heure à la porte des marchands d'oiseaux, parmi les cages où se démène bruyamment tout un petit peuple captif : les étrangers, cardinaux rouges, aras somptueux, solennels et résignés, perroquets gourmands, bavards et rageurs ; et mes chers oiseaux familiers, les oiseaux de chez nous, les chanteurs de nos montagnes d'Estivareilles, aujourd'hui sans voix et sans gaieté, mes amis le pinson, le linot, déshabitués de leurs trilles joyeux, le rossignol au grand œil noir effarouché, suspendu aux barreaux de sa cage tapissée de verdure, qui lui laisse voir juste assez de ciel bleu pour qu'il ne se console pas de la liberté perdue, tous soupirant comme moi après les grands bois, les libres horizons, l'espace illimité...

Aurais-je le mal du pays ? Serais-je moins raisonnable, plus impatient qu'autrefois? Deux ans se sont écoulés depuis mon arrivée au régiment, je suis rompu aux petites misères du métier. Je n'ai pas lieu de me plaindre, surtout... vous dirai-je mon secret? surtout quand je regarde mon galon, un beau galon d'argent tout neuf... Car votre ami Jean Lavenir est sergent, et il n'en est pas plus fier, ou du moins — il y a une nuance — il n'en est fier que pour ceux qu'il aime.

Et pourtant ce galon, je n'ai pas pu aller le leur montrer. Les grandes manœuvres, l'an dernier, les grèves cette année ont fait supprimer toutes les permissions pendant la belle saison. J'ai le cœur gros de n'avoir pu revoir Estivareilles, et ma bonne maman Rouergues, et la petite Marie. Voilà bien ce qui me manque. Le mal du pays, c'est surtout le regret de ceux qu'on y a laissés : on peut se passer de tout, excepté de ceux qu'on aime.

Allons! voilà les papillons noirs qui voltigent de nouveau autour de moi. Pour les chasser, j'accompagnerai

Robert ce soir à l'Université populaire de la rue d'Alésia. Robert, à qui j'ai fait maintes fois les honneurs du *Foyer du Soldat*, m'a dit l'autre jour : « Nous n'avons pas, au 104e, de *Foyer du Soldat*, mais nous avons l'Université populaire de la rue d'Alésia, et c'est tout comme. Viens-y mercredi soir, je te promets une surprise. »

XCIII (93). — Une lecture populaire.

> « Toutes les institutions complémentaires de l'école sont une assurance mutuelle contre le naufrage de nos libertés. »
>
> A. Fouillée.

... Je suis allé hier soir rue d'Alésia, tout là-bas, au bout de Paris, et voici ce que j'ai vu. Un préau d'école. Salle comble. Ouvriers, petits bourgeois proprets, parmi lesquels quelques soldats mettent la tache vive de leur uniforme. Il y a là tout un peuple d'assistants, douze cents personnes au moins. Et tout ce monde, assis, debout, juché aux derniers rangs sur des bancs, perché tout au fond de la salle sur les marches d'un escalier qui conduit au premier étage, est grave, recueilli.

C'est que l'on vient entendre une lecture populaire. C'est qu'on a annoncé que cette lecture serait en vers, et que rien ne fait vibrer, autant que l'harmonie des rimes, l'âme de ces travailleurs qui, tout le jour, penchés dans l'atelier sur l'outil, bercent leur misère à la musique de la poésie ou à la fantaisie du rêve, c'est tout un. C'est enfin que le principal interprète, le « lecteur populaire », comme il s'intitule lui-même — voici la surprise que Robert m'a réservée — est un poète, un poète que je connais sans l'avoir jamais vu : Maurice Bouchor, le poète de mes jeunes années, celui dont, à sept ans, à l'école de M. Legris, je chantais le *Noël*, et, plus tard, à l'école de M. Dumoulin, à Estivareilles, l'*Hymne des Temps futurs* et le *Chant de la Jeunesse*.

Pas de scène, pas de rideau, pas de coulisses. Rien de

théâtral et d'apprêté. N'oubliez pas qu'il s'agit d'une lecture, non d'une représentation. Les lectrices, les lecteurs attendent leur tour, assis sur des bancs, au bas de l'estrade. La chaire sert de rampe, avec, comme luminaire, des bougies fichées dans des appliques.

Lecteurs, lectrices n'ont pas leurs noms sur les programmes. Volontaires de l'éducation populaire recrutés par le poète, tous ces amis du peuple, jeunes filles du monde, peintres, sculpteurs, professeurs, écrivains, sont des dévoués et des laborieux qui, fraternellement, font profiter de leur savoir ce monde de travailleurs modestes que de prétendus délicats appellent le monde des petites gens, ou, plus dédaigneusement encore, le vulgaire.

Fig. 127. — **Lamartine** (Alphonse-Marie-Louis Prât de), né à Mâcon le 21 octobre 1790, mort à Paris le 28 février 1869.

Avec la simplicité, l'entrain de ceux qui mettent leur cœur dans ce qu'ils font, M. Maurice Bouchor se prodigue, est partout à la fois, tour à tour conférencier, chef de chœur, chanteur. Avant la lecture des morceaux inscrits au programme, M. Bouchor présente chaque morceau, en explique le sens à son auditoire. Il conférencie? Non... il cause... Avec bonhomie, avec familiarité, en vrai langage populaire, clair, accessible à tous, et qui s'élève naturellement à l'éloquence, il prépare ses auditeurs à entendre le *Pauvre Colporteur* de Lamartine :

C'est un Juif, disaient-ils, venu je ne sais d'où...

Et parce qu'il était Juif, quand le pauvre colporteur est mort, le forgeron refuse ses clous, le menuisier ses planches pour lui faire une bière. Alors paraît Jocelyn, le curé de campagne, qui fait honte aux villageois de leur dureté d'âme :

Allez, dis-je, et prenez les planches de mon lit!

Et comme la bonté est contagieuse, ces paysans fanatiques qui ne respectaient pas la douleur, les sanglots de la veuve et des petits enfants du pauvre colporteur, sont subitement retournés :

Et l'on se disputait les enfants et la femme.

Avec quelle bonhomie cordiale M. Bouchor dégage le sens de ce morceau, puis nous montre qu'entre braves gens l'intolérance repose sur un malentendu, puisque tous sont d'accord sur l'essentiel, ce qui est juste et bon; que si « tous les chemins mènent à Rome », comme le dit le proverbe, tous peuvent conduire à la pratique des mêmes vertus; qu'il faut avoir le cœur et l'esprit hospitaliers, les élargir au besoin pour y faire une place aux opinions des autres et qu'enfin nous devons chercher ce qui nous unit et nous y attacher. Cela suffira à notre courte tâche, au lieu de passer notre vie à rechercher avec une âpre passion ce qui nous divise.

Puis vient : *Liberté, Égalité, Fraternité,* poésie de Jean Aicard. Cette fois M. Bouchor lit lui-même le commentaire poétique de notre devise républicaine et l'explique en même temps qu'il le lit. La liberté n'est pas le pouvoir de faire tout ce qu'on veut, mais le pouvoir de faire, comme le dit la Déclaration des droits de l'homme et du citoyen, « tout ce qui ne nuit pas à autrui ».

La liberté, c'est comme une terre au soleil,
Dont chacun a sa part, un morceau tout pareil;
J'ai le mien qu'à mon gré je bêche et j'ensemence :
Ta liberté finit où la mienne commence.

Et l'égalité comment faut-il l'entendre? N'y a-t-il pas des inégalités inévitables? Est-ce que tous les hommes ont même vigueur, même intelligence, même bonté? A chacun selon son mérite, telle est la formule de la véritable égalité :

> Nous sommes tous égaux. — Jean-Pierre, il faut s'entendre :
> Un écolier d'esprit vaut mieux qu'un imbécile;
> Un fainéant n'est pas l'égal d'un homme utile.

Liberté, égalité, voilà les *droits* de l'homme et du citoyen. Fraternité, c'est le mot qui exprime leur *devoir*, le lien d'amour qui doit les unir entre eux :

> C'est un des plus doux mots qu'aient inventés les hommes,
> Fraternité...

Mais il s'agit de le comprendre. Il nous lie tous les uns envers les autres, aussi bien le riche envers le pauvre que le pauvre envers le riche :

> Aimons le faible, amis, si nous nous sentons forts...
> Aimons, même en souffrant, nos frères plus heureux.

Lectrices et lecteurs, tous lisent très bien. On ne leur a pas appris à faire ronfler les *r*, à appuyer ridiculement sur les finales, mais ils savent mettre le sens en vif relief, le sentiment à sa place, et articuler avec netteté.

La partie est gagnée. La soirée se termine par un bout de concert. Un solo de Haendel est écouté avec ravissement, le chanteur acclamé.

Puis M. Maurice Bouchor revient sur l'estrade. Il chante une belle et réconfortante chanson : *Vive la Rose!* que scande un refrain d'autrefois. Cette chanson est de lui. Il explique à ses auditeurs, comme un ami parlant à des amis, comment il l'a construite, quelle est « la recette » pour faire une chanson. Et le chansonnier a même succès que le lecteur.

Enfin nous avons le régal d'un chœur, et les choristes sont les lectrices et les lecteurs de tout à l'heure, et le chef de chœur qui donne le *la* à toute cette jeunesse, qui tient le bâton — non... la règle du commandement, c'est le lecteur, l'auteur, le chanteur, qui a rempli la soirée de son activité, de son dévouement, de sa bonté communicative : Maurice Bouchor.

Je le regarde en sortant. Il a la figure d'un homme parfaitement heureux. Et je me dis : cet homme est heureux parce qu'il se dévoue. Le secret du bonheur que tant d'hommes vont chercher si loin, il est là, écrit sur le visage de cet homme de bien. Oui, la bonté est une promesse de bonheur. Voilà un secret dont je tâcherai de faire mon profit.

SUJET A DÉVELOPPER

Le bonheur. — Où cherche-t-on le bonheur ordinairement ? Les richesses, les honneurs, les plaisirs le procurent-ils toujours ? Où le trouve-t-on sûrement et comment se manifeste-t-il chez ceux qui le possèdent ?

PLAN. — Combien cherchent le bonheur au loin, alors qu'ils pourraient le rencontrer tout à côté d'eux.

Ils courent après la richesse, les honneurs, les plaisirs, et ils ne trouvent que déceptions, amertume et dégoût.

La fortune, pas plus que les honneurs, pas plus que les plaisirs, ne procure de satisfactions durables ; on n'est d'ailleurs jamais content de ce qu'on a ; on désire toujours davantage.

Les besoins, d'autre part, se multiplient avec les richesses ; l'ambition croît avec les honneurs et les appétits grandissent avec les plaisirs. On se fait l'esclave de ses plaisirs et de ses passions.

Le bonheur est dans la vie simple et tranquille que procurent le travail continuel et le contentement d'être utile à ceux qu'on aime et aux autres hommes. Il est en nous : il ne se reflète ni dans le luxe de nos appartements, ni dans l'éclat bruyant de nos plaisirs, ni dans le faste des honneurs dont nous sommes entourés ; il s'exprime par la douce limpidité du regard, par on ne sait quoi de la physionomie qui affirme la sérénité de l'âme et la joie qu'on a de vivre.

XCIV (94). — A la Bourse du Travail.

> « **Avec la justice, la société serait fondée sur le roc... Toute la Morale n'est autre chose que la construction de la justice.** »
>
> IZOULET.

Dimanche 29 juin. — Rendez-vous hier soir avec Robert à la *Bourse du Travail*, rue du Château-d'Eau. Robert m'avait dit : « La Bourse du Travail, c'est comme la maison commune des ouvriers ; il ne faut pas manquer d'aller la visiter. Trop de gens croient que tout Paris tient dans les boulevards, les théâtres, les magasins, les promenades et les plaisirs de la capitale, et n'en connaissent pas autre chose. A la Bourse du Travail tu verras un monde nouveau, le monde ouvrier, en train de s'organiser ; tu saisiras sur le vif, une fois de plus, les bienfaits de la solidarité bien comprise et les merveilles qu'on est en droit d'en attendre pour l'amélioration du sort de ceux qui, pauvres et mal armés pour faire valoir leurs droits, peuvent le moins individuellement pour eux-mêmes. »

Nous arrivons à la Bourse du Travail à huit heures et demie. L'édifice est de belle apparence. A l'intérieur on dirait une ruche bourdonnante : c'est le samedi soir, et les ouvriers affluent, à la veille du dimanche, jour de repos : travailleurs sans ouvrage, à la figure soucieuse, creusée par les privations, qui viennent s'informer des emplois disponibles ; apprentis guillerets, à la mine éveillée, qui grimpent quatre à quatre les marches de l'escalier pour aller écouter, dans la section des cours professionnels, les explications de l'homme de bonne volonté, ingénieur, contremaître, ouvrier expert, qui s'improvise professeur pour compléter leur éducation technique ; travailleurs d'âge mûr, qui rêvent, comme faisait mon père, d'un monde mieux fait, où il y aurait moins de souffrance et plus de justice, et qui se hâtent vers la bibliothèque pour chercher dans les livres, en cette soirée de loisirs, le cordial qui échauffe et nourrit leurs convictions : tous les âges, tous les métiers sont représentés.

— La Bourse du Travail de Paris a été fondée, me dit Robert, en 1886, par le Conseil municipal. Elle a rendu de tels services aux ouvriers que la plupart des grandes villes se sont empressées de suivre l'exemple de Paris : il y a actuellement en France plus de 80 Bourses du travail.

— Et quel est le rôle de ces Bourses du travail ?

— La Bourse du Travail est d'abord un bureau de renseignements : qu'il s'agisse, pour l'ouvrier, de trouver un emploi, de s'informer jusqu'où va son droit, soit dans ses démêlés avec son patron, soit dans le cas où il est victime d'un accident du travail, l'ouvrier est assuré d'obtenir ici les indications utiles les plus précises et les mieux contrôlées. Tiens, ajoute Robert en me faisant entrer dans la grande salle, où sont assemblés des ouvriers qui causent entre eux, voici la salle aménagée pour ceux des ouvriers qui chôment : ils y sont à l'abri pendant la mauvaise saison et, en s'entretenant de leur commune misère, ils se la rendent plus légère. Tout à l'heure nous visiterons la salle des fêtes qui peut recevoir 4 000 personnes. Car la Bourse du Travail n'est pas hospitalière seulement aux ouvriers privés de travail : aux favorisés qui ne manquent pas du nécessaire, la Bourse du Travail donne un peu de superflu en organisant, les dimanches, des conférences, des concerts, des représentations. J'ai assisté à une de ces représentations : tu ne saurais t'imaginer comme ce public bon enfant, simple, cordial, s'amuse et jouit, femmes et enfants compris, du spectacle qu'on lui offre. O la bonne et saine gaieté qui fait oublier le dur métier d'hier et de demain ! C'est la halte réconfortante entre les longues et rudes étapes du chemin...

Fig. 128. — **Paris. La Bourse du Travail.** — La création à Paris d'une Bourse centrale fut votée, le 5 novembre 1886, par le Conseil municipal. Un décret du 28 décembre 1889, rendu au Conseil d'État, l'a reconnue d'utilité publique.

— Est-ce que la Bourse du Travail n'est pas, en outre, un foyer de propagande pour les œuvres ouvrières ?

— En effet, la Bourse du Travail ne se contente pas d'être accueillante aux ouvriers qui viennent à elle, elle va aux ouvriers qui restent chez eux, c'est-à-dire aux ouvriers non encore syndiqués, délègue ses secrétaires pour aller faire des tournées de conférences dans les centres industriels et semer partout la bonne parole en montrant aux ouvriers les bienfaits de l'association, ce puissant levier des faibles, et en les engageant à former des syndicats. En cas d'urgence, en cas de catastrophe ouvrière ou de grève, la Bourse prend sur ses ressources pour envoyer les premiers secours.

— Mais d'où tire-t-elle ses ressources? Elle a donc un budget?

— Oui. Ses recettes proviennent de deux sources, la subvention qui lui est attribuée par le Conseil municipal, et les cotisations mensuelles que les syndicats ouvriers versent à sa caisse. Tu sais que chaque syndicat est constitué par un groupement professionnel d'ouvriers de même métier vivant dans une même localité. Or, il ne faut pas oublier que la Bourse du Travail est avant tout l'organe, le centre de ralliement des Syndicats ouvriers, qu'elle hospitalise entre ses murs, dont elle stimule l'essor et dont elle coordonne les efforts et la propagande.

XCV (95). — **Syndicats professionnels.**

> **« Nous ne pouvons pas plus penser seuls que vivre seuls; toutes les intelligences humaines sont solidaires. »**
>
> A. Fouillée.

— Je comprends : les Bourses du travail facilitent et complètent l'œuvre des Syndicats professionnels, ces associations ouvrières indépendantes, dont le gouvernement républicain a, le premier, reconnu l'existence légale et qui ont la faculté de créer et d'administrer des Offices de renseignements, d'être consultées sur tous les différends se rattachant à leur spécialité, de constituer entre leurs membres des caisses de chômage, de secours mutuels et de retraites, de fonder des cours d'instruction professionnelle. Rien d'étonnant à ce que les ouvriers soient attachés à la République : c'est la République qui les a émancipés, qui les a proclamés majeurs, c'est-à-dire libres de toute tutelle, libres de s'associer pour mieux défendre leurs intérêts, alors que tous les régimes antérieurs les avaient tenus en défiance.

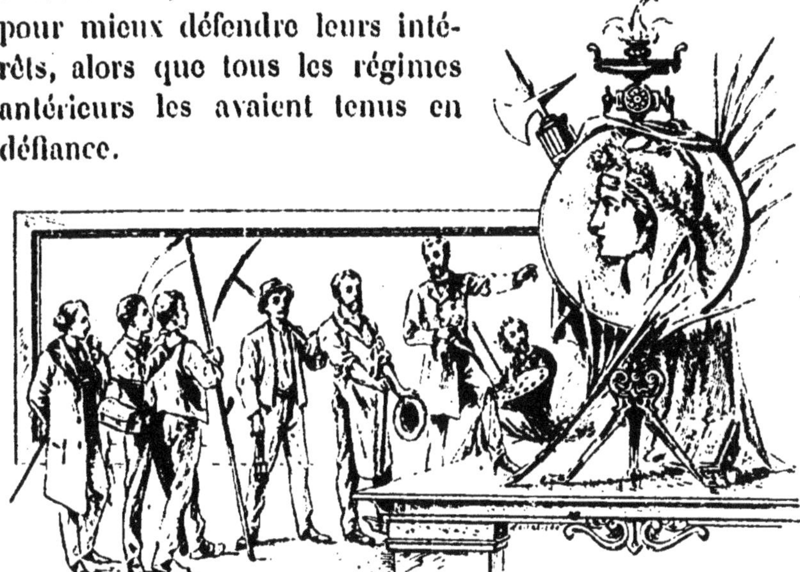

Fig. 129. — Rien d'étonnant à ce que les ouvriers soient attachés à la République : c'est la République qui les a émancipés.

— Et les ouvriers ont répondu à la confiance qu'on leur témoignait. Les Syndicats qu'ils ont formés ont puissamment contribué à améliorer leur condition et à relever leur dignité. Naguère, l'ouvrier isolé était impuissant. Si, injustement traité, soumis à un travail supplémentaire non rétribué, dans un atelier malsain, insuffisamment aéré ou chauffé, il s'avisait de réclamer, il s'exposait à perdre son gagne-pain. Aujourd'hui le Syndicat se substitue à l'ouvrier isolé pour arrêter les conditions auxquelles tout patron devra se conformer en ce qui concerne la durée du travail, les heures de repos, le salaire des ouvriers de chaque corporation, la rémunération et le nombre des apprentis de manière à éviter qu'ils soient employés indûment par les patrons à la place des ouvriers. Toutes ces conditions constituent le *tarif syndical.* Libre au patron de ne pas l'accepter, mais alors, c'est le refus du travail, c'est la grève. L'usine chôme, vide et silencieuse, et bien souvent le patron est acculé à la dure nécessité de subir les conditions de ceux qu'il paye.

— Et combien y a-t-il actuellement de ces Syndicats ouvriers ?

— Ma foi ! ami Jean, tu m'en demandes trop. Mais allons au secrétariat de la Bourse du Travail, et nous y trouverons tous les renseignements que tu pourras désirer.

— Tenez, Messieurs, nous dit l'employé du secrétariat auquel nous nous adressâmes, voici la dernière brochure publiée sur le sujet qui vous intéresse. Vous pouvez la conserver, nous la distribuons à titre de propagande. Vous y trouverez les renseignements que vous êtes venus chercher ici.

Nous apprîmes ainsi que les premiers Syndicats naquirent, en France, vers 1872, au lendemain de la naissance de la troisième République et qu'ils se multiplièrent si vite qu'au début du nouveau siècle il y en avait près de 7 000 comprenant plus d'un million d'adhérents, une véritable armée, vous le voyez, l'armée des travailleurs unis pour la défense de leurs intérêts professionnels. Armée toute pacifique, d'ailleurs, quoiqu'elle n'en soit plus à compter ses victoires, qui sont les victoires mêmes de la solidarité, car toutes les œuvres ouvrières issues des groupements syndicaux, bureaux gratuits de placement, caisses de chômage qui viennent en aide aux ouvriers sans travail pendant la morte saison, caisses de secours en cas de maladie, caisses de retraites, cours professionnels spéciaux, appartiennent au domaine de la mutualité.

Qui dit mutualité dit solidarité. Le grand bienfait des Syndicats ouvriers, c'est d'enseigner la solidarité à tous les travailleurs en les mettant à même de la pratiquer à leur profit. Ils comprennent si bien, les humbles artisans, membres de ces sociétés, la valeur morale de leur œuvre que je lus, non sans émotion, dans les brochures qui nous avaient été remises, cette admirable définition qu'ils en donnent eux-mêmes : « Par ces associations ouvrières nous entendons l'organisation du travail basée sur la philosophie nouvelle de la solidarité. »

— Tu avais raison, dis-je à Robert en sortant de la Bourse du Travail, il y a là, en effet, tout un monde en formation, un monde nouveau qui grandit, qui prend conscience de ses destinées, et qui s'élève par ses propres moyens de manière à se rendre digne de les diriger. L'essor est donné : qui peut dire où s'arrêtera l'action bienfaisante des œuvres de mutualité et de solidarité ? Aujourd'hui les Syndicats ouvriers et les Bourses du travail, demain les Sociétés coopératives de consommation qui permettront à l'ouvrier français de se procurer à bon compte, au prix coûtant, comme fait déjà l'ouvrier belge, le pain et les objets de première nécessité. Demain encore peut-être les Sociétés coopératives de production, grâce auxquelles les ouvriers seront leurs propres maîtres et recevront tout le profit de leur travail sans le partager avec personne.

— Oui, comme à la verrerie ouvrière d'Albi, véritable petite république où les travailleurs reçoivent une paye égale, les bénéfices étant consacrés à l'entretien et au développement des œuvres ouvrières.

— Précisément... Allons, Robert, le monde marche. Nous ne sommes pas à plaindre : il fait meilleur vivre maintenant qu'il y a cent ans... M'est avis que nous verrons de belles choses.

SUJET A DÉVELOPPER

Le salaire. — Comment comprenez-vous la rémunération du travail ? Indiquez ce qui fait la prospérité d'une entreprise commerciale ou industrielle, et dites comment il convient que les bénéfices soient répartis. Faites ressortir les avantages d'une entente cordiale entre patrons et employés.

PLAN. — Le salaire est la rémunération d'un travail fait pour autrui. Il est juste que chacun soit payé en proportion des forces qu'il dépense et des services qu'il rend.

La prospérité d'une entreprise est due en partie à l'initiative de celui qui la dirige, au capital qu'il avance, et, en partie, au labeur et à l'habileté des hommes qu'il occupe. Le patron est en quelque sorte le moteur principal de la machine productrice; les employés en sont les rouages actifs indispensables.

L'équité exige que les bénéfices réalisés soient répartis suivant la participation de chacun à l'œuvre commune: au patron, le revenu des sommes qu'il a engagées ainsi que le gain qui lui revient pour la direction intelligente qu'il imprime à la maison; aux ouvriers, un salaire proportionné aux efforts utiles de chacun.

Une entente honnête et cordiale est toujours désirable entre patrons et employés; elle est à l'avantage des uns et des autres. Les intérêts des deux parties sont intimement liés. Les patrons sont d'autant plus portés à la générosité qu'ils réussissent mieux, et les employés travaillent avec d'autant plus de cœur que leur bonne volonté est mieux appréciée. Les dissentiments entre eux sont aussi préjudiciables aux uns qu'aux autres.

XCVI (96). — En Tunisie. — Tunis.

« Les nations sans colonies sont des nations mortes, étant des ruches qui n'essaiment pas. »

FRANCIS GARNIER.

N'allez pas croire, parce que j'ai négligé de vous parler de Marcel depuis longtemps, qu'il me fût devenu moins cher. Nous entretenions avec lui, Robert et moi, une correspondance suivie. L'humeur aventureuse de ses vingt ans lui avait fait devancer l'appel, et il s'était engagé au 4e zouaves, en garnison à Bizerte, « pour voir du nouveau », comme il disait en riant. J'ai conservé les lettres les plus intéressantes qu'il m'écrivit pendant son séjour en Afrique. Elles respirent la bonne humeur, l'entrain juvénile qui attestent la santé du corps et de l'esprit, et je ne puis résister au plaisir de vous en citer quelques extraits.

3 octobre,

« Mon cher Jean,

Me voici débarqué sur la terre d'Afrique après une traversée de 36 heures par beau temps, belle mer, sans autre incident que l'inévitable mal de mer. J'ai essayé de tenir tête à l'ennemi (métier oblige, n'est-ce pas?), mais les petites lames courtes de la Méditerranée ont eu raison de ma résistance. J'ai dû capituler... Fâcheux début pour un soldat.

Je me suis retrouvé sur pied le jour suivant, à l'heure où nous entrions dans le canal resserré qui, de la Sicile à la Tunisie, sépare ou plutôt unit les deux rives de la Méditerranée. Nous y avons croisé de nombreux navires, barques de pêcheurs siciliens et maltais qui s'en vont à la pêche du corail sur les côtes de l'Algérie et de la Tunisie, bateaux à voiles latines qui de loin semblent comme de grands oiseaux de mer frôlant lentement les eaux bleues de leurs ailes blanches, paquebots rapides hauts comme des maisons à plusieurs étages. Je t'entends d'ici me dire, ami Jean, Jean le raisonneur : « Entre Sicile et Afrique, grande route du monde, commandée par presqu'île tunisienne, qui sépare les deux bassins de la Méditerranée : de là grand duel entre Rome et Carthage, la colonie de marchands fondée par les Phéniciens sur le cap voisin de Tunis, pour décider qui dominerait sur les deux rives du détroit, et, par là même à qui appartiendrait l'empire de la Méditerranée et du monde..., Annibal vaincu, Rome victorieuse, Carthage ruinée... » Je t'entends... et je passe, car je m'intéresse plus à ce qui est qu'à ce qui fut, et toi aussi, j'imagine.

10 heures du matin. — La Goulette, l'avant-port de Tunis. La Goulette, cela veut dire le *gosier*, c'est-à-dire le détroit. La ville est à l'embouchure d'un canal de 25 mètres de largeur qui unit à la mer le lac salé, vaseux, sans profondeur, qui sert de port, de port médiocre et insuffisant, à Tunis.

Je traverse Tunis au galop, façon de parler s'entend, car les zouaves vont à pied, tout au plus au pas gymnastique. *Tunis la Blanche*, Tunis la bien nommée : tout y est blanc, d'un blanc éblouissant, et les maisons, et les rues,

Fig. 130. — Je me sens en Orient, dans ces bazars pleins d'ombre et de senteurs.

et les places qui poudroient au soleil d'Afrique, et les burnous des Arabes, et les voiles des femmes indigènes qui ne laissent voir que leurs yeux. Je me sens en Orient, dans le dédale des rues étroites de cette grande ville plus indigène qu'européenne, parmi ces Arabes à la voix rauque, gutturale, à la démarche grave, dans ces bazars pleins d'ombre qui étalent en désordre leurs pipes turques et leurs fez rouges pêle-mêle avec les souples babouches, les cuirs brodés, les couvertures rayées de rouge, de bleu, de jaune, les tapis soyeux aux couleurs éteintes et fondues, les cuivres gravés, les flacons d'eau de rose et les pastilles noires qui brûlent avec une senteur violente à donner la migraine... si nous n'étions en plein air... »

XCVII (97). — Bizerte. Comment grandit une ville.

> « Il est dans notre destinée d'agir : d'où il suit que l'action doit être pour nous une obligation, un besoin et un plaisir. »
>
> JULES SIMON.

Bizerte, 12 octobre.

... Me voilà installé dans ma garnison, mon cher Jean, autant qu'il est permis de parler d'installation quand il s'agit d'un casernement provisoire. Car Bizerte est à peine née, elle grandit, pousse dans tous les sens, à la façon de ces villes du Nouveau-Monde qu'à cause de la rapidité de leur croissance, les Américains appellent plaisamment des *villes champignons*. A vrai dire, c'est plutôt une renaissance, car nous sommes, ici comme à Tunis, sur une vieille terre phénicienne. Comme à Tunis aussi, il y a, à Bizerte, la ville arabe toute blanche, avec sa Kasbah ou citadelle, ses rues étroites, aux maisons basses, sans fenêtres, respirant par une cour intérieure, et la ville française qui s'élève à côté et finira par rejoindre la ville arabe.

Imagine une baie immense en demi-cercle, avec plage de sable, rattachée par un chenal à un lac vaste de 150 kilomètres carrés et profond de plus de 10 mètres. C'est au débouché de ce chenal, au ras des flots bleus, que Bizerte s'est édifiée. Les navires ont accès au lac, port naturel merveilleux où pourraient évoluer tous les navires de guerre de l'Europe, par un avant-port formé de deux jetées distantes de 400 mètres l'une de l'autre et qui s'avancent jusqu'à un kilomètre en mer. L'avant-port communique avec le lac de Bizerte par le chenal ou goulet qui, sur un kilomètre, est profond de 9 mètres et large de 60. Tout au fond du lac on a construit à grands frais un immense arsenal où notre flotte, en cas de guerre, pourrait se reposer et se ravitailler en toute sûreté. Inattaquable, en effet, du côté de la mer, le nouveau port de Bizerte est protégé, par ailleurs, par une ceinture de forts et de batteries qui le rendent imprenable. La France a accompli ici

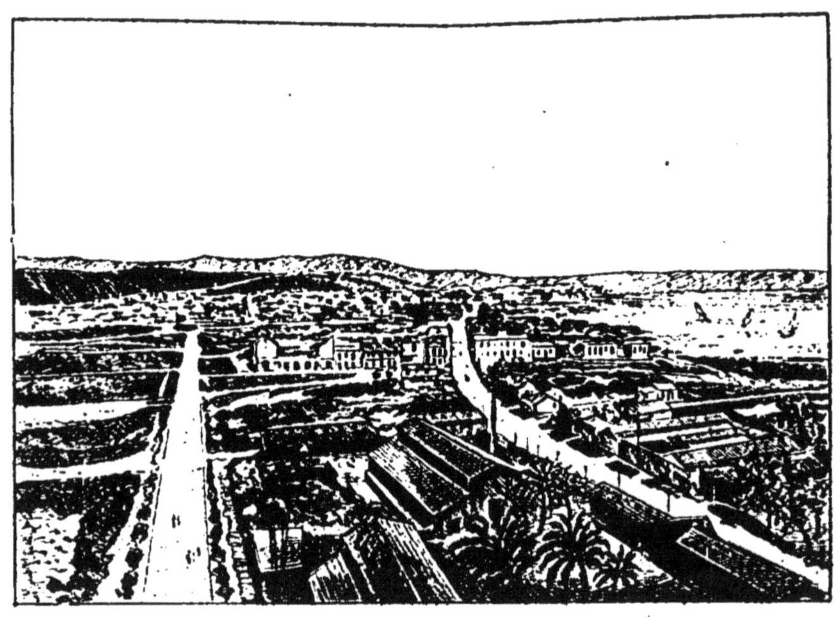

FIG. 131. — **Vue de la baie de Bizerte.** — **Bizerte** (12 000 hab.) ville de Tunisie, de fondation très ancienne, est maintenant un port militaire de première importance, qui commande le détroit de Sicile : c'est un vrai Gibraltar français.

un effort immense, mais le résultat, qui est acquis, valait certes un tel effort. Dans Bizerte nous avons désormais notre Gibraltar français qui commande le passage d'un bassin à l'autre de la Méditerranée, comme le Gibraltar anglais en commande l'entrée. Elle a cessé d'être vraie, l'orgueilleuse parole de cet Anglais qui disait : « Pas un coup de canon ne sera tiré sur mer sans la permission de l'Angleterre. » Les Anglais ne sont plus les seuls à détenir les clefs de la route des Indes : grâce à Bizerte, nous en sommes devenus, nous aussi, les portiers.

16 décembre.

... Petite promenade militaire dans la vallée de la Medjerda, le grand fleuve tunisien. Pauvre fleuve, comme tous les cours d'eau de cette région, dont les eaux inégales, tantôt se gonflent d'alluvions, tantôt se réduisent à un mince filet qui ne suffit pas à désaltérer la campagne environnante. Elle est riche cependant cette campagne. Partout où elle est cultivée, le blé, l'olivier, la vigne y prospèrent comme au temps où la Tunisie était le grenier de l'empire romain. Ce qui manque, c'est l'eau. La faute en est aux envahisseurs arabes qui, nomades ici comme en Orient, amoureux des grands espaces et insoucieux de cultiver la terre, ont dénudé la montagne en détruisant les forêts. Le reboisement rendra la vie, avec le murmure des sources, aux *djebels* (monts) teintés d'ocre. Leurs pentes sont couvertes aujourd'hui d'une maigre végétation de maquis, cactus, lentisques, buissons épineux et, çà et là, par taches rares, de pins espacés, de cèdres, et de ces curieux chênes-liège dont la peau renaît à chaque incision qui dépouille l'arbre, et dont l'exploitation est déjà l'une des richesses de ce pays.

XCVIII (98). — Une colonisation en Tunisie. Frais de première installation.

« La colonisation est pour la France une question de vie ou de mort : ou la France deviendra une grande puissance africaine, ou, dans un siècle ou deux, elle ne sera plus qu'une nation secondaire. »

P. Leroy-Beaulieu.

18 janvier.

... Aurais-tu l'intention d'émigrer ici, ami Jean ? Tu me demandes de te faire savoir quel est le capital dont un colon, qui veut s'établir en Tunisie, doit disposer. A ton intention, j'ai posé la question à un brave Franc-Comtois dont la ferme nous servit de refuge, l'autre jour, pendant que la pluie tombait à torrents, comme elle tombe quand il pleut ici. Il a quitté, il y a six ans,

FIG. 132. — Pendant notre promenade militaire l'eau tombait à torrents.

ses froides montagnes du Jura, ses champs suspendus au roc, pour venir s'établir dans les environs d'Aïn-el-Djemil sur un lot de ferme qu'il a acheté au gouvernement tunisien.

Voici les chiffres qu'il m'a indiqués et dont j'ai pris note sous sa dictée, car, en pareille matière, il faut être précis et ne pas craindre d'entrer dans les détails :

Achat du terrain (30 hectares).	3 000 fr.
Construction d'une maison (2 pièces de 3m sur 3m 40).	1 000 fr.
Hangar pour les bœufs et les taurillons, construit en bois et adossé à la maison.	300 fr.
4 bœufs de labour.	500 fr.
4 vaches et 15 taurillons de 40 francs. . .	900 fr.
1 cheval.	150 fr.
A reporter.	5 850 fr.

	Report		5 850 fr.
Basse-cour			150 fr.
Instruments agricoles	Charrette	250	606 fr.
	Harnais	80	
	Herse	40	
	Charrue	40	
	Divers	190	
Semences			250 fr.
Paille			150 fr.
Dépenses pour la nourriture et l'entretien de la famille pendant un an			1 500 fr.
Imprévu et réserve			1 500 fr.
	TOTAL		10 000 fr.

Dans les terrains couverts de jujubiers, le défrichage à la charrue à vapeur, que l'on loue à des entrepreneurs, avec labour double en croix, s'impose comme une nécessité. Dans sa ferme, qui est en parfait état et où les cultures sont appropriées au terrain et à l'exposition, mon Franc-Comtois récolte du blé, du colza, de l'orge. Ses vignes, qu'il a constituées de cépages choisis avec soin, en mettant à profit l'expérience de ses voisins, lui donnent un vin rouge bien corsé, qu'il vend directement et sans intermédiaire à une grande maison de vins de Paris, et un muscat délicieux auquel j'ai fait honneur sans me faire prier. Le brave homme m'a expliqué qu'en Tunisie le fermier doit avoir un peu de tout dans sa ferme, d'abord pour suffire à ses besoins et à ceux des siens, ensuite parce qu'en se gardant de mettre tous ses œufs dans le même panier, il évite que sa récolte tout entière soit compromise par des circonstances défavorables, comme il arriverait parfois, s'il ne cultivait que du blé, par exemple, ou que la vigne.

SUJET A DÉVELOPPER

La prudence. — Dites pourquoi la prudence est nécessaire, et montrez comment le cultivateur sage sait modérer ses ambitions et préparer ses récoltes de façon à éviter les surprises désastreuses.

PLAN. — Il est nécessaire de mettre notre existence en garde contre l'imprévu. Le lendemain ne ressemble pas toujours à la veille, et ce qui réussit aujourd'hui peut, dans la suite, tourner à notre désavantage.

Le cultivateur surtout doit compter sur les variations des saisons, et préparer ses récoltes de telle façon, que si une partie lui fait défaut, l'autre le sauve de la misère.

Il est sage de ne pas placer tous ses œufs dans le même panier. En cas d'accident, quelques-uns au moins restent intacts.

Sans doute, certaines cultures sont plus fructueuses que d'autres; on est engagé à courir la chance d'une saison propice. Mais à quels risques et à quelles inquiétudes on s'expose: un orage, une gelée peuvent en un instant anéantir nos espérances et ouvrir notre porte à la gêne.

Il est préférable de tenter un peu moins la fortune et de vivre dans une sécurité plus complète. On s'évite des préoccupations, des tourments et, finalement, on atteint les mêmes résultats. Plusieurs récoltes moyennes équilibrent aisément une moisson abondante, mais exceptionnelle.

XCIX (99). — Alger. — Le Tell.

« Aimez les métiers, le mien et les vôtres.
On voit bien des sots, point de sot métier
Et toute la terre est comme un chantier
Où chaque métier sert à tous les autres,
Et tout travailleur sert le monde entier. »

J. AICARD.

25 mars.

Salue mes galons, ami Jean. Je suis caporal depuis hier, au 1er zouaves, à Blidah, où mon capitaine, qui m'a pris en amitié, m'a fait nommer à sa suite. De Bizerte je suis venu à Alger par mer le long d'une côte élevée, rocheuse, escarpée, en faisant escale à Bône, souriante et prospère, dont le port actif sert de débouché à l'une des plus riches régions agricoles de l'Algérie et au minerai de fer des mines de Mokta; à Philippeville, construite en dépit de la nature pour donner à Constantine un port de mer; à Bougie, port naturel excellent, cerné de hautes montagnes festonnées de neige.

Vu de la mer, Alger s'élève en amphithéâtre le long de collines qui lui font une ceinture de verdure piquée de villages blancs, de maisons toutes blanches. Les rues tournantes, les ruelles en escalier du vieil Alger semblent évoquer le temps où la ville n'était qu'un nid de pirates barbaresques; par contre, les arcades de son boulevard maritime et l'architecture régulière des maisons qui regardent la mer, font à la nouvelle ville une façade monumentale : c'est une capitale plus française qu'orientale.

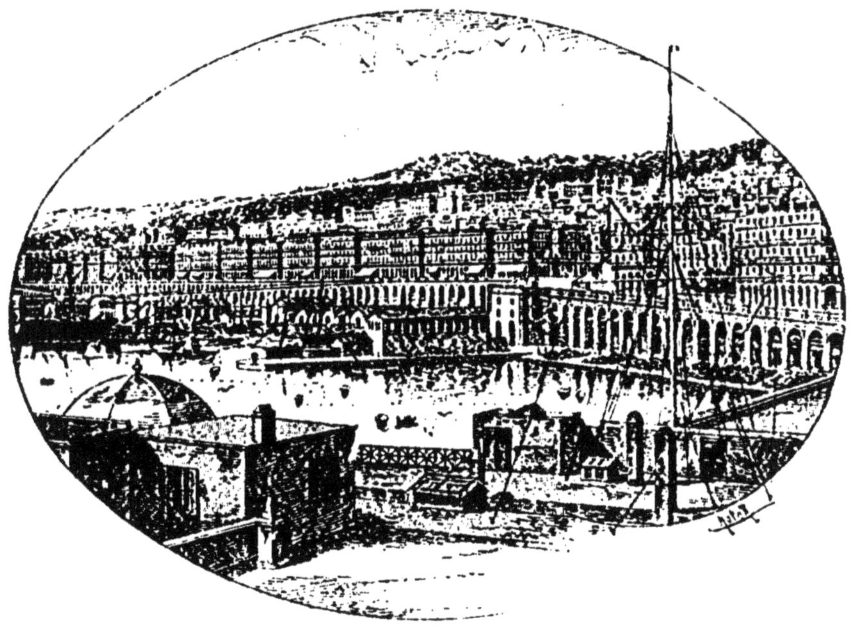

Fig. 133. — **Alger.** — (97 000 h.), capitale de l'Algérie et résidence du gouverneur général, à 800 kil. de Marseille (trajet en 30 heures environ). — Avant d'appartenir à la France, Alger était un repaire de pirates très redoutés.

26 mars.

D'Alger à Blidah, une heure et demie de chemin de fer. Nous traversons la plaine de la Mitidja, le jardin de l'Algérie. Nous sommes ici au cœur du *Tell :* c'est une région inégalement large, mais partout fertile qui, de l'Atlas à la mer, s'étend tout le long de la côte d'Algérie et de Tunisie.

L'Algérie et la Tunisie, avec le Maroc qui n'est pas encore français, forment comme les parties d'un tout. As-tu remarqué comme, sur la carte, le Maroc apparaît bien comme la tête de la petite Afrique, isolée dans la grande, nettement délimitée par le Sahara, la Méditerranée et l'Atlantique, que les Arabes avaient appelée l'*Ile du Couchant* parce qu'ils venaient de l'Orient, et dont, avec l'Algérie et la Tunisie, nous possédons le tronc et les membres?

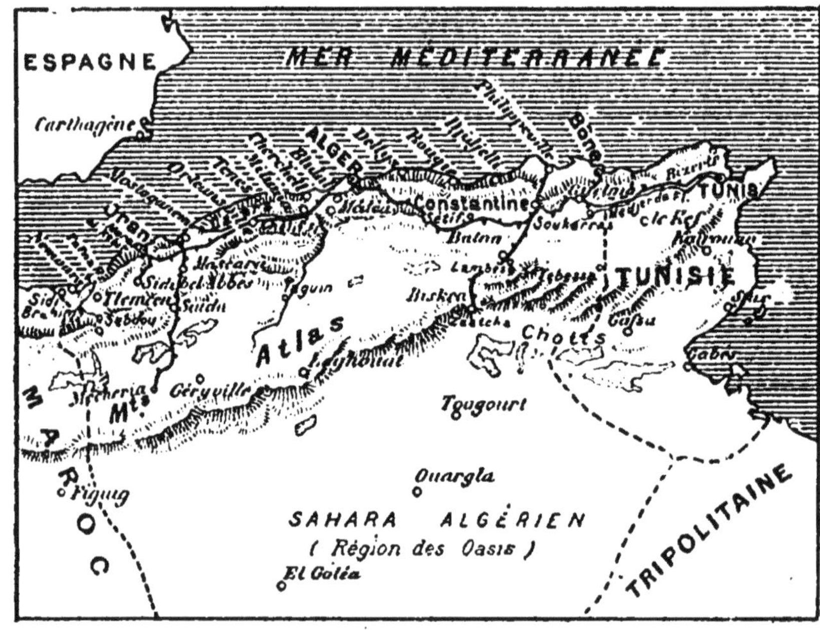

Fig. 134. — **Algérie et Tunisie**. — **Alger**, repaire de pirates qui infestaient la Méditerranée, fut pris par les Français en juillet 1830. **L'Algérie** fut conquise après de longues guerres où s'illustrèrent le *maréchal Bugeaud* et le chef arabe *Abd-el-Kader*. — **La Tunisie** est sous notre protectorat depuis 1881.

L'Algérie a près de quatre millions d'habitants (3 millions 1/2 d'indigènes *musulmans*, 500 000 Européens, dont 250 000 Français). — La Tunisie a 1 million 1/2 d'habitants. Les Européens y sont encore peu nombreux.

Principales villes d'Algérie : **Alger** (97 000 h.), **Oran** (88 000 h.), **Constantine** (48 000 h.), **Bône** (35 000 h.), **Philippeville** (22 500 h.), **Bougie** (12 500 h.), **Blidah** (25 000 h.), **Mascara** (16 000 h.), **Tlemcen** (28 000 h.); — de Tunisie : **Tunis** (150 000 h.), **Kairouan** (20 000 h.), **Bizerte** (12 000 h.).

Produits d'exportation : blé, orge, vins, moutons, laine, alfa, liège, minerai de fer.

Cette plaine de la Mitidja est une fête pour les yeux avec ses vignobles, ses riches terres à céréales, ses vergers d'orangers. L'humus, arraché par les eaux aux montagnes neigeuses de l'Atlas qui ferment l'horizon, y a recouvert le sol d'épaisses couches d'alluvions. Quand les Français arrivèrent ici en 1830, les eaux croupissaient dans les bas-fonds, l'air était empesté, et longtemps cette plaine fiévreuse, aujourd'hui si fertile, fut le tombeau de nos soldats et de nos colons. Dans les premières années de la conquête, le général Duvivier proposait d'abandonner « l'abjecte et désolée Mitidja. Nous la laisserons, écrivait-il, aux chacals, aux courses des bandits arabes, au domaine de la mort sans gloire. »

FIG. 135. — Quand les Français arrivèrent ici, en 1830, les eaux croupissaient, l'air était empesté.

Il est heureux que cet avis n'ait pas prévalu. La Mitidja assainie, cultivée, vidée de ses eaux dormantes, est devenue le paradis du colon. Et dire qu'il y a des gens pour déclarer que la France n'a pas le génie colonisateur !

27 mars.

Les Arabes appellent Blidah « la rose de l'Atlas ». Ils parlent toujours par images, les Arabes, et ils en ont parfois de bien justes et de bien jolies. La ville est charmante : c'est une oasis de fraîcheur avec ses ombrages, ses sources, ses champs d'orangers et de mandariniers. L'oranger vit de soleil et d'eau : il est servi à souhait ici.

Je suis allé à pied visiter hier les gorges de la Chiffa, une des merveilles de l'Algérie. La route monte le long des collines qui sont les contreforts des pics neigeux auxquels Blidah est adossée. Deux petites heures de marche et me voici à l'entrée du défilé où gronde le torrent. La route, taillée dans le flanc de la montagne à pic, devient un couloir. Elle tourne, monte, descend entre deux murailles qui s'élargissent ou se resserrent, tour à tour tapissées de bruyères, de palmiers-nains, de maigres pâturages. Il avait plu la veille : au-dessus, au-dessous de moi, partout le bruit de l'eau; au fond de la gorge, la voix sauvage du torrent qui précipite ses eaux avec un roulement de tonnerre; autour de moi, le murmure babillard des sources qui suintent le long de la roche noire, et la note aiguë des cascades qui tombent en bouillonnant.

Un éperon de roc barre la route qui est obligée de le contourner. C'est le *Rocher pourri*, ainsi appelé parce qu'il s'effrite, s'émiette en écailles, et tombe en ruines. Mais ses ruines ont la vie dure. On a tiré sur le Rocher pourri à coups de canon pour faire place nette. Les boulets se sont enfoncés dans le rocher comme dans de l'argile, sans lui faire de mal, et le Rocher pourri reste debout, s'écaillant un peu plus chaque année.

Près de là, j'ai vu le *Ruisseau des Singes*. La gorge est ici revêtue de bruyères épaisses où vivent et prospèrent des tribus de singes. Le soir, paraît-il, les mères, prenant leurs petits dans leurs bras, comme de tendres mamans, descendent jusqu'au ruisseau où l'on se livre en famille à de joyeux ébats et à des ablutions rafraîchissantes. Mais quand j'y suis passé, le soir n'était pas venu, et j'ai vu le Ruisseau des Singes... sans les singes.

C (100). — Les Kabyles.

« L'homme fait la terre... Des siècles durant, les générations ont mis la sueur des vivants, les os des morts, leur épargne, leur nourriture... »

MICHELET.

Tizi-Ouzou, 2 avril.

... Nous sommes en manœuvres en pleine Kabylie et je profite d'un jour de repos entre deux marches pour t'écrire. Pas commode le métier de soldat dans ces montagnes du Djurjura, tout entaillées de cols, d'escarpements à pic comme des murailles, de vallées profondes comme des fossés. Il y fait froid comme dans tes montagnes d'Estivareilles, ami Jean, et l'on ne se croirait plus en Afrique.

La Kabylie, c'est une petite Algérie dans la grande, une Algérie bien différente de celle que j'ai vue jusqu'ici. Le pays d'abord. Il est tout en contrastes : pentes verdoyantes et rocs nus, vallées riches et riantes, pics sauvages. De la neige et peu d'eau. En été le *siroco* brûlant, en hiver la bise âpre et cinglante. En haut les sapins et les cèdres, en bas les massifs de lauriers-roses et de tamaris, les champs de cistes et d'asphodèles. A mi-chemin, sur les pentes, entre des haies de cactus et de figuiers de Barbarie, des carrés de blé et d'orge, des vignes et des oliviers. Et partout, sur les crêtes, le long des précipices, des villages avec des toits couverts de tuiles rouges comme en France, avec les arbres de nos vergers, poiriers, abricotiers, pruniers, figuiers, et les légumes de nos jardins potagers, artichauts, haricots, fèves, tomates.

Nous sommes ici dans le pays le plus peuplé de l'Algérie. Il y a autant d'hommes, par kilomètre carré, sur les flancs et dans les replis de ces montagnes, que dans nos départements du Nord de la France. Aussi les Kabyles, qui s'y sentent à l'étroit, utilisent-ils les moindres parcelles du sol arable. Il n'y a pas un de nos paysans qui bêche, qui arrose, qui soigne avec plus d'amour son lopin de terre. Parfois leurs villages sont assis sur la pierre nue et stérile d'un promontoire rocheux accessible seulement par un sentier de mulet. Sais-tu pourquoi? Pour que leurs pauvres demeures, sans cheminée, sans autre ouverture que la porte, où ils couchent pêle-mêle en compagnie de leurs bestiaux, n'empiètent pas sur le sol qui les nourrit.

Fig. 136. — J'ai vu deux Kabyles se laisser glisser le long d'une corde de 15 mètres de longueur jusqu'à une plate-forme verdoyante.

Des murs en pierres sèches retiennent au flanc de la montagne les champs qui s'éboulent, et leurs patients propriétaires passent la moitié de leur vie à véhiculer du bas au haut de la montagne la terre végétale que la pluie et le vent entraînent sans cesse vers le fond des vallées. J'en ai vu deux hier, qui, accrochés à une corde d'une quinzaine de mètres de longueur, se laissaient glisser, le long de la paroi verticale d'un précipice, jusqu'à une plate-forme verdoyante qu'ils avaient ensemencée quelques semaines plus tôt à mi-chemin de l'abîme. Suspendus au-dessus du gouffre, ils allaient, venaient, vaquaient à leur besogne, aussi à l'aise dans ce nid d'aigle qu'un de nos paysans dans son enclos.

Sobre, économe, industrieuse, honnête, d'allure un peu massive, comme nos Auvergnats, cette race kabyle, âpre au travail et au gain, si voisine de la nôtre et si différente de ses conquérants arabes par son attachement au sol, ses habitudes sédentaires, la souplesse de son intelligence capable de s'adapter à tous les progrès, est l'espoir de la France en Afrique. Les Kabyles seront à nous, en un jour prochain, par l'intérêt, par la sympathie, comme ils le sont déjà, bien moins frémissants que naguère, par la conquête. Entamés lentement, mais sûrement par l'école qui les rapproche de nous, en leur enseignant le français et les moyens de rendre plus fructueux leur dur travail, ils descendent dans la plaine, font reculer l'Arabe à leur tour, et, soldats dans nos tirailleurs indigènes, ou laboureurs dans les champs de nos colons, ils travaillent pour la France de demain..

CI (101). — Une école en Kabylie.

« Allumons les esprits : c'est notre loi première. »

V. Hugo.

J'ai visité l'autre jour une de ces écoles françaises de Kabylie. Ah ! l'aimable école et les intéressants élèves ! Je passais dans une rue de village, un bourdonnement de ruche me fit tourner la tête : j'aperçus quelques *chéchias* rouges qui s'agitaient au dessus des pupitres. J'entre. L'instituteur me reçoit avec bonne grâce, heureux de faire voir à ses élèves un soldat français qui s'intéresse à eux. C'est la leçon de calcul. Un petit Kabyle, visage carré, brûlé de hâle, est en train de calculer avec des bâchettes de roseaux. C'est lui qui est chargé de faire l'opération désignée par le maître. Quel honneur ! Il faut voir comme il est fier dans ses haillons et comme ses camarades l'entourent, les yeux luisants du désir de voir et de comprendre !

Voici maintenant la leçon de conjugaison. « Qu'est-ce que je fais ? » dit le maître en levant le pouce. « Pouce ouvert, dit Ali. — Ouvert, est-ce bien cela ? — Non, re-

Fig. 137. — Une école en Kabylie.

prend Mohamed, pouce levé. — Ah ! mieux, reprend le maître, c'est cela : je lève mon pouce. Lève ton pouce, Ali. » Ali lève son pouce. « Qu'est-ce que tu fais, Ali ? — Je lève mon pouce. — Abdallah, qu'est-ce que fait Ali ? — Il lève son pouce. — Levons tous le pouce. Qu'est-ce que nous faisons ? » Tous ensemble : « Nous levons le pouce. » Ainsi se continue la conjugaison, apprise sans qu'on s'en doute, en gesticulant, en se jouant.

Enfin la leçon de morale. Faut-il prendre les oiseaux pour s'amuser ? En hiver, c'est facile... et tentant. « Tenez, dit le maître, en prenant une boîte à craie vide. Voici une boîte. Qu'en ferons-nous ? — Un piège pour prendre les oiseaux, dit Mohamed. — Et qu'est-ce que tu mettras dedans ? — Une baguette qui tombera quand l'oiseau se posera dessus et qui, en tombant, refermera sur lui le couvercle de la boîte. — Ali, est-ce que les oiseaux ne sont pas assez malheureux sans cela en hiver ? Est-ce qu'il ne vaut pas mieux mettre autre chose dans la boîte ? »

Ali réfléchit et cherche en regardant droit devant lui. Tout à coup : « Ah ! oui, je mettrai un peu de pain dans la boîte et je me cacherai pour regarder les oiseaux. — Et pourquoi te cacheras-tu ? — Pour qu'ils n'aient pas peur et qu'ils mangent tranquillement. »

— Eh bien ! mes amis, qu'est-ce qui vaut mieux, regarder le petit oiseau dans le piège, ou le petit oiseau qui mange tranquillement le pain qu'on lui donne quand il a faim ? » Tous ensemble : « L'oiseau qui mange. » — « Qui tendra des pièges aux oiseaux ? » Silence général. « Et qui pensera à leur donner à manger l'hiver prochain ? » Vingt voix ensemble : « Moi !... »

Je te le demande, ami Jean, est-ce que ces petits Kabyles ne sont pas dignes d'être Français ? Ah ! que je voudrais être tout puissant dans ce pays d'Algérie pour y multiplier les écoles qui font connaître la France et qui la font aimer !

Est-ce que la France serait la mère-patrie si elle ne traitait pas comme une mère non seulement les peuples qui sont sortis d'elle, mais aussi ceux qu'elle a adoptés dans leur enfance, si elle ne se considérait pas comme tenue de faire leur éducation, de les élever peu à peu jusqu'au niveau de la famille française dont ils font partie désormais ?

Petits Kabyles, fils de vaincus, ne maudissez pas vos vainqueurs : vous n'êtes les sujets d'aucun homme, vous faites partie de la France qui veut votre bien. Comme une mère dans un de ses derniers fils, elle place en vous une de ses plus chères espérances. Petits Kabyles, nous vous aimons pour que vous nous aimiez. »

CII (102). — Oran.

> « Le travail accumulé à l'infini sur le travail constitue le capital social de l'humanité. Ce capital, toujours grossissant d'heure en heure par le simple fait de l'activité humaine, constitue le phénomène historique du progrès. »
>
> EUGÈNE PELLETAN.

9 mai.

J'en ai vu du pays, j'en ai vu du nouveau, mon cher Jean, depuis un mois que je t'ai écrit. Par télégramme

FIG. 138. — **Oran**. La place Kléber. — Oran (88 000 h.), chef-lieu du département d'Oran, la plus grande ville commerciale et industrielle de l'Algérie.

nous avons reçu l'ordre de partir pour l'extrême Sud-Oranais — la frontière du Touat — où deux de nos convois ont été coup sur coup surpris et pillés par des bandes de Berebers. Dès le surlendemain, nous nous embarquions à Alger pour Oran.

Coupée en deux par un ravin, Oran se divise, comme Alger, en deux villes, la ville basse et la ville haute. Débordante de vie et d'activité, Oran donne l'impression d'une ville jeune qui a toutes les ardeurs et l'esprit d'entreprise de la jeunesse. Il faut regarder la haute montagne qui mure son port à l'Ouest, lever les yeux sur les forts assis par les Espagnols sur les éperons de roc massif et dénudé, couleur d'ocre, qui dominent la ville, pour se rappeler qu'Oran est une vieille cité, qu'elle fut espagnole pendant trois siècles. Encore aujourd'hui, elle est plus espagnole que française, tant les Espagnols y sont nombreux. Jardiniers, ouvriers agricoles, portefaix, petits colons, les uns retournent en Espagne dès qu'ils ont un petit pécule, franchissant en huit heures à peine le détroit qui sépare Oran de Carthagène ; les autres s'établissent en Algérie, s'y trouvant bien, vu la parenté des races et des climats, y font souche de colons algériens, de bons Français.

Il y a ici plus de couleur locale qu'à Alger ; à regarder le défilé pittoresque des costumes, Français aux vêtements ajustés, de teintes neutres, Arabes graves en burnous de laine blanche, Marocains en bottes molles de cuir rouge, Espagnols en boléros avec ceinture de laine rouge, Juives aux coiffes somptueuses, aux robes de soie de couleurs crues et voyantes, on sent qu'on est ici à l'endroit où se rencontrent deux mondes, l'Occident et l'Orient, le Nord et le Midi.

On le sent aussi à l'odeur et au goût de la cuisine que l'on fait ici. Il y a des sauces, teintes au safran, d'un jaune éblouissant, et terriblement épicées à l'ail. Car l'ail est partout, même dans l'air où flotte son parfum. Le Marseillais a sa bouillabaisse, ici comme à Marseille ; l'Espagnol son oignon cru qu'il mange sur le pouce avec une tranche de pain au coin d'une rue, et l'Arabe son *cous-*

cous... Ah! tu ne connais pas le couscous, le plat national des Arabes !... Faut-il te plaindre ou t'envier? Juges-en par toi-même : le couscous est une farine de froment, d'orge, de sorgho, cuite à petit feu, à la vapeur d'eau, en un vase de terre percé de trous et placé au-dessus d'un pot d'eau bouillante. Cela ne te dit rien ? Eh bien, goûte la sauce qui accompagne le couscous, car il y a une sauce qui fait le couscous comme il y en a une qui fait le poisson. Cette sauce est poivrée, pimentée, piquante à tirer les larmes des yeux d'un crocodile... Tu n'as pas la bouche emportée? Bravo, ami Jean, après cette épreuve décisive, je te proclame bon pour le service algérien et je déclare qu'il y a en toi l'étoffe d'un vrai zouave du premier — le premier des régiments de zouaves, comme nous disons entre nous, modestement et sans nous flatter...

Oran, 15 juin.

Je t'envoie ma photographie avec mon galon de sergent. J'ai voulu l'étrenner pour toi, fidèle ami Jean, et ma première sortie avec le galon d'or a été pour me rendre chez le photographe, à ton intention. Ordre nous est arrivé hier de partir pour le Sud par petites étapes, rien ne pressant, paraît-il.

CIII (103). — **Histoire d'un village algérien.**

« **Toutes les parcelles du domaine colonial doivent être sacrées pour nous, parce que c'est un legs du passé, une ressource pour l'avenir.** »

JULES FERRY.

Tassin, 2 juillet.

... As-tu jamais entendu parler de Tassin, le village où je t'écris ces lignes, entre deux étapes? Non, sans doute. Tant mieux, car j'aurai le plaisir de te conter son histoire qui vaut d'être connue.

Il y avait ici, en 1883, quelques pauvres *gourbis* arabes groupés autour d'un café maure construit en broussailles sèches. Le café maure se distingue des cafés de nos villes à la fois par la simplicité de son aménagement et par ce qu'on y boit. Des bancs, placés le long des murs, font tous les frais de son ameublement : les Arabes s'y accroupissent, dans une position qui le mettrait au supplice, ami Jean, si elle se prolongeait, les jambes croisées sous eux. Ainsi assis, le plus souvent silencieux et toujours graves, ils savourent, en fumant pipes sur pipes, l'arôme de leur nectar, le café préparé à la turque, c'est-à-dire de manière à ne pas séparer la boisson noire du marc qui reste au fond des tasses.

Fig. 139. — La terre est à peine égratignée par la charrue de bois.

De l'autre côté de la route, une auberge qui ne payait pas de mine, l'*Auberge du roulage,* servait d'abri aux voyageurs pendant l'arrêt de la diligence au misérable relai d'*Hassi-Zehana* — c'était son nom arabe. Or il advint qu'un beau jour de cette année 1883, un conseiller du gouvernement d'Algérie, M. Tassin, voyageant de Tlemcen à Sidi-Bel-Abbès, passa par Hassi-Zehana. Il descendit, comme les autres voyageurs, au relai pour se dégourdir les jambes pendant l'arrêt de la diligence, et, regardant autour de lui, en homme qui sait voir, il reconnut dans cette plaine inculte, à peine égratignée par la charrue de bois du cultivateur arabe, une de ces terres privilégiées, promises au colon et qui n'attendent que son travail pour donner des récoltes magnifiques. Il s'empressa de porter la bonne nouvelle au gouverneur général de l'Algérie qui décida de fonder à Hassi-Zehana un centre de colonisation ou village, auquel il donna — récompense bien méritée — le nom de *Tassin*.

Pour cela, le gouverneur procéda comme on procède toujours en pareil cas. Il acheta aux propriétaires indigènes les terres destinées aux futurs colons. Ces terres furent divisées en lots ruraux et lots urbains, puis — toujours aux frais du gouvernement de l'Algérie — l'eau nécessaire aux besoins des 110 familles prévues dans le plan de colonisation, fut amenée par une canalisation jusqu'au centre du village.

Il ne manquait plus que les colons. Ils ne furent pas longs à venir. Dès 1889, les 110 lots étaient concédés, 45 à des Français d'Algérie, 65 à des Français de France, dont neuf familles venues ensemble d'un petit village de Savoie. C'est ici justement que commence l'histoire qui mérite d'être racontée, car elle t'apprendra, monsieur l'agriculteur, dans quelles conditions et à quel prix des paysans français peuvent devenir colons et réussir en Algérie.

Dans le petit village d'Herbillon, situé dans la haute, froide et venteuse vallée de la Maurienne qu'emprunte le chemin de fer qui rattache la France à l'Italie par un tunnel de 12 kilomètres, le tunnel du Mont-Cenis, il y avait, en 1888, de braves gens se lamentant sur leur sort, sur les années maigres succédant aux années maigres, sur les moissons disputées par un rude labeur à un sol ingrat et insuffisamment mûries par un soleil trop rare. Confident de leurs plaintes, l'instituteur d'Herbillon, M. Renaud, qui, dans le village, était l'ami de chacun, leur dit : « L'Algérie est à un jour de Marseille : beau soleil, terres neuves inépuisablement fécondes, elle a tout ce qui vous manque ici. Que n'y allez-vous tenter fortune ? »

Le conseil fut entendu. A frais communs, M. Renaud et un des habitants du village furent envoyés en reconnaissance. Ils virent Tassin, en revinrent enchantés et en dirent merveilles à leurs mandataires. Quelques mois après, neuf familles d'Herbillon, comprenant 65 personnes, après avoir justifié qu'elles possédaient le capital de 5 000 fr., exigé de chaque concessionnaire par l'Administration, obtenaient les concessions qu'elles avaient demandées et se mettaient en route pour Tassin où M. Renaud ne tardait pas à aller les rejoindre.

CIV (104). — La bonne culture.

« On s'instruit dans les champs rien qu'à s'y laisser vivre,
Rien qu'à n'y pas fermer obstinément les yeux. »
V. DE LAPRADE.

Les débuts furent pénibles. A l'arrivée, pas de village. Une trouée jaune, taillée en carré, dans le maquis de jujubiers, de lentisques, de chênes verts, marque l'emplacement de ce qui sera Tassin. Quatre boulevards qui se coupent en croix, un lavoir où coule l'eau amenée à grands frais, quelques gourbis, deux baraques en bois, où se réfugie la colonie savoisienne par une pluie torrentielle, la pluie des pays chauds : voilà tout le centre de colonisation.

A l'œuvre maintenant. En quelques jours, les maisons sortent de terre dans les lots urbains. Les Savoisiens se prêtent la main les uns aux autres, le menuisier venant en aide au maçon, le maçon au menuisier, au forgeron. Le bois, la pierre sont à qui veut les prendre, presque à pied d'œuvre. Une pièce de 8 mètres de long sur 5 de large et 3 mètres 50 de haut, c'est là toute la maison ; on y fait la cuisine, on y mange. Plus tard, on verra à s'agrandir.

Il s'agit maintenant de défricher. Dur labeur en ce sol où l'épaisse brousse algérienne croise et enfonce profondément ses racines en un lacet inextricable. A défaut de la charrue à vapeur employée en Tunisie, il y faut des travailleurs acclimatés et expérimentés. Ce sera l'affaire d'une équipe d'Espagnols, habitués à défricher sous ce

FIG. 140. — C'est un dur labeur que de défricher ce sol, où l'épaisse brousse algérienne croît et enfonce profondément ses racines en un lacet inextricable.

soleil de feu. S'il faut les payer chèrement et si le petit capital de 5 000 fr. est fortement entamé, qu'importe ! Voici à nu, à vif, la riche terre rouge qui portera la première moisson. Il ne reste plus qu'à labourer et à ensemencer. Travail joyeux quand on est sûr du lendemain, qu'on peut attendre la moisson.

Voilà, mon cher Jean, comment naît un village algérien. Veux-tu savoir ce qu'il devient ? Dix ans plus tard, Tassin avait 200 maisons, 1 000 habitants, une mairie, un bureau de poste et de télégraphe, des magasins bien approvisionnés dans la grande rue, véritable avenue ombragée de platanes à croissance rapide. Tu devines que Tassin avait son école, mais tu ne devines pas que l'instituteur était l'excellent M. Renaud, toujours homme de bon conseil, écouté de ses nouveaux concitoyens comme il l'était naguère des villageois d'Herbillon. Parmi les colons savoisiens, dont M. Renaud a refusé de se séparer, quelques-uns sont déjà devenus riches, d'autres sont en train de le devenir. M. Renaud, lui, est resté instituteur, et pauvre comme devant. *Contentement passe richesse*, dit le proverbe. M. Renaud se tient pour satisfait du bien qu'il a fait, de l'aisance qu'il voit régner autour de lui, des services qu'il rend encore à ses chers colons, à leurs enfants, ses élèves. Et M. Renaud n'a pas tort : il a le vrai contentement, celui qui vaut mieux que la richesse, il a la meilleure part.

SUJET A DÉVELOPPER

L'émigration. — Le Français est-il colonisateur? Pour quelles causes reste-t-il attaché à son pays natal? Cela est-il toujours sage? Quand ne doit-on pas hésiter à partir pour une de nos colonies?

PLAN. — On n'aime guère, en France, à quitter son pays pour aller au loin tenter fortune. On parait se contenter des satisfactions dont on jouit, et on doute de rencontrer autre part plus de bien-être. Si on s'éloigne de l'endroit où l'on est né, ce n'est que pour essayer de trouver dans une de nos grandes villes, surtout à Paris, une situation plus brillante que celle qu'on occupe au village, avec l'espoir de revenir plus tard au milieu de ses premières affections.

Cet attachement au sol natal est touchant et louable. Il est cependant des circonstances telles qu'un homme sage ne devrait pas hésiter à émigrer dans une de nos colonies pour essayer de s'y créer une existence moins précaire que celle qu'il mène en France.

Sans doute, il ne faut pas, par simple esprit d'aventure ou par pure curiosité, passer de l'autre côté des mers ; mais, quand il se présente une occasion sérieuse, quand surtout vous pouvez compter sur l'assistance et l'encouragement d'un groupe d'amis bien décidés à lutter avec vous contre les difficultés des débuts, il est maladroit de regarder derrière vous.

Nos colonies sont riches : le sol en est fertile, et il en est concédé de grandes étendues à bon marché. On devient aisément, là-bas, un propriétaire indépendant et heureux.

Nos colonies devraient être le rendez-vous de toutes les familles laborieuses à qui la destinée n'a pas donné de ressources suffisantes pour vivre sans trop de difficultés dans la mère-patrie.

CV (105). — Les sauterelles. La caravane.

« Les chiens aboient, mais la caravane passe... »

Jeudi soir.

Je ne sais d'où dater ma lettre, mon cher Jean. Je t'écris sous la tente, car nous campons en pleine brousse, en route pour les Hauts Plateaux, gravissant la pente du Tell, qui monte jusqu'aux sources des eaux que l'Atlas verse dans la Méditerranée.

Fig. 141. — Les sauterelles se suivent comme des vagues, et obscurcissant l'air, s'abattent sur le sol qu'elles dévastent.

Avant-hier, nous avons assisté à un spectacle inoubliable. Le sirocco, cet accablant vent du Sud qui semble boire la vie, la tarir dans sa source chez les plantes comme chez les animaux, soufflait depuis deux jours, nous immobilisant près des gourbis d'un misérable village arabe. Le matin, le soleil nous apparut comme noyé dans un énorme nuage fauve qui, à grande vitesse et à grand bruit, avec un crépitement de pluie, un frémissement d'ailes innombrables, arriva sur nous. C'ét ' une invasion de sauterelles. Un jour, disent les Arabes, le khalife Omar lut ces mots sur l'aile d'une sauterelle qui s'était égarée sur sa table : « Je ponds 99 œufs; si j'en pondais 100, je mangerais le monde. » La sauterelle algérienne ne mange pas le monde, mais elle dévore tout ce qui est sur son chemin, et son chemin est large comme l'horizon.

En vain les Arabes avaient essayé de détourner de leurs pauvres récoltes le nuage dévastateur en menant un terrible tapage, avec des cris, des hurlements qui n'avaient

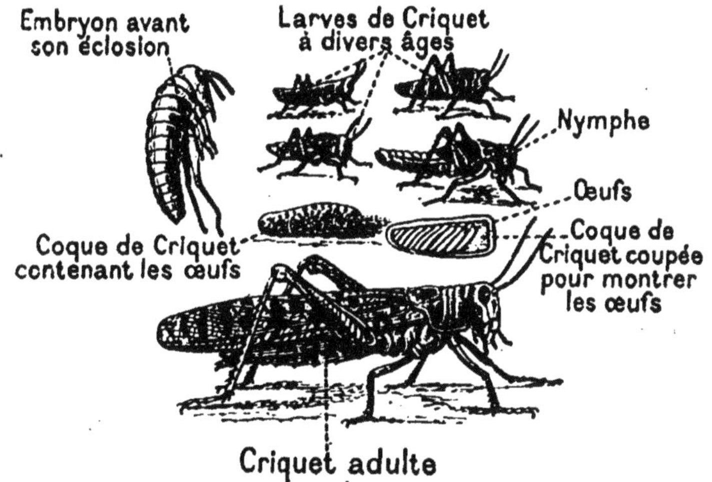

FIG. 112. — Les **trois états** d'une sauterelle (le **criquet**) *insecte à métamorphose incomplète.*

rien d'humain, à grand renfort de coups frappés sur toute leur ferraille domestique, casseroles, chaudrons, ustensiles de ménage. En vain nous-mêmes mettons-nous le feu à la brousse pour arrêter le fléau par un mur de feu. En bancs serrés, par vols successifs, les sauterelles vertes, roses et jaunes, comme se suivent les vagues, arrivent et s'abattent, obscurcissant l'air, comblant les trous, les mares, les fossés, éteignant, sous l'amoncellement de leurs corps grêles, l'incendie allumé pour leur barrer le passage. Nos tentes, nos vêtements, nos cheveux en sont remplis.

... Des myriades de cadavres de sauterelles couvrent les

plis du sol, partout où un obstacle s'est dressé devant l'innombrable armée. Et pourtant le nuage s'éloigne, aussi épais, dans l'air opaque.

Le tourbillonnant nuage est passé. A perte de vue, c'est le silence et l'image de la mort. Plus une trace de végétation, plus un brin d'herbe, plus une feuille. Dépouillés, ainsi que des cadavres, les arbres dressent, comme désolés, leurs bras de squelettes dans l'air morne qui poudroie.

Nous quittons en hâte ce pays dévasté en obliquant vers l'Est, dans le sens opposé à la direction suivie par le vol de sauterelles. Nous voici dans un défilé sauvage. Tout à coup, à un détour de la route : « Arrhi ! arrhi ! » le cri des Arabes stimulant leurs animaux. Grand remue-ménage. C'est une tribu arabe qui se déplace, fuyant son campement dévasté par les sauterelles. « Arrhi ! arrhi ! » Des enfants demi-nus, de lignes pures et de grâce svelte dans leurs haillons, pressent un troupeau de maigres bœufs. Puis viennent les faibles. les moutons, les brebis, les chèvres blanches et noires, et dans des paniers, à dos de mulets, chevrettes et agnelets bêlant après leurs mères ; sur des chameaux, sur des mulets, les femmes, les jeunes filles arabes retenant de leur main gauche le voile qui cache leur figure. Enfin, fermant le cortège, fiers et silencieux, les souples cavaliers arabes, fusil en bandoulière, sur leurs petits chevaux pleins de sang, dont la queue balaye nerveusement le sol. Je regarde la caravane qui passe. Combien différents, ces Arabes, des Kabyles subjugués par eux, il y a douze siècles ! Nomades et pasteurs, sans foyer, sans attachement pour le sol qui ne les retient qu'un temps, ils vivent sous la tente, tels que vécurent leurs ancêtres d'Arabie. Étrangers à ce qui les entoure, figés dans leurs habitudes, amoureux des grands espaces, ils fuient notre contact, nous vendent leurs terres et reculent devant nous. Cette caravane qui passe, c'est l'image de la race arabe, perpétuelle voyageuse et migratrice, qui retourne au désert d'où elle est venue...

CVI (106). — La pampa algérienne. L'alfa.

« Je n'ai pas rencontré un homme avec lequel il n'y eût quelque chose à apprendre. »
A. DE VIGNY.

Dimanche.

... Nous voici sur le sol des Hauts Plateaux, entre le Tell et le Sahara, à 800 mètres au-dessus de la Méditerranée. Journées brûlantes et nuits glacées, sur cette plateforme immense dont les ondulations, à peine sensibles, gardent captives les eaux qui, sans issue, s'accumulent dans les *chotts*, lacs ou plutôt marécages aux eaux saumâtres et terreuses, sans profondeur. Les chotts et les cours d'eau qui les alimentent sont bus par le soleil en la saison sèche, et la nappe de sel, produite par l'évaporation, s'étend à perte de vue comme une couche de neige, réverbérant le ciel, les nuages qui passent, en un mirage qui, dans ces solitudes, donne l'illusion de la fraîcheur et de la vie.

Ne va pas croire cependant que ces solitudes soient désolées. Il n'y a pas d'arbres ici, mais le steppe se couvre, aux premières pluies, d'herbages savoureux qui alimentent d'innombrables moutons. Ces moutons, nourris gratuitement par le steppe, prennent de plus en plus, tu le sais, dans la consommation française, la place de nos vieilles races ovines. La métropole et la colonie trouvent chacune leur compte à cette concurrence : le nombre des moutons français diminue pour le plus grand bien de notre agriculture qui utilise plus profitablement les vastes parcours naguère réservés à leur dent vorace, tandis que l'exportation de ses moutons est déjà l'une des principales sources de richesse de l'Algérie, appelée à devenir, si nous savons aménager la *pampa* algérienne, un merveilleux pays d'élevage, avec cet avantage sur tous les autres qu'il restera le plus voisin de l'Europe.

L'autre grande richesse de cette région, c'est l'alfa, graminée qui recouvre les trois quarts de la surface des plateaux. Encore une richesse qui nous est offerte gracieusement par la nature. Heureux pays où l'on n'a qu'à se baisser pour ramasser la fortune ! Il est vrai que si la plante pousse toute seule, la cueillette est plutôt dure. Il y faut les muscles puissants des alfatiers espagnols qui, armés d'un lourd bâton, tranchent la plante rampante d'un coup sec. Mais le bâton, trop souvent brutal, déracine la plante et finira par tarir l'exploitation, si l'on n'y prend garde. L'alfa est utilisé, en Algérie même, pour la fabrication de la sparterie, nattes, cordages, paniers et corbeilles. Deux des principales lignes algériennes de chemins de fer gagnent leur existence à charroyer les énormes balles d'alfa aux ports d'Arzeu, de Mostaganem et d'Oran. Des vapeurs en transportent des cargaisons entières en Angleterre où l'alfa, réduit en pâte, devient ce papier anglais mat ou crême que nos voisins nous revendent avec un honnête bénéfice. Pourquoi ne le fabriquons-nous pas nous-mêmes, sur place ou en France, avec notre alfa ? Tu le devines : c'est parce que les Anglais ont la houille à si bon compte qu'il n'y a pas moyen pour nous de fabriquer le papier d'alfa

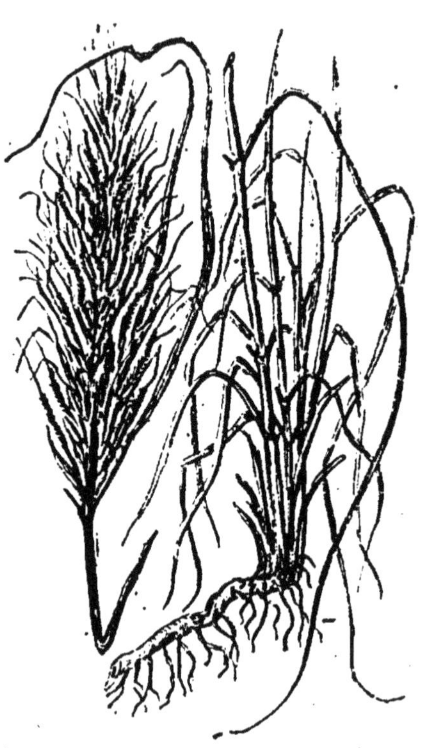

FIG. 143. — **Alfa.** — L'alfa pousse surtout sur les hauts plateaux de l'Algérie, principalement dans le sud de la province d'Oran où on en récolte de grandes quantités. Avec ses fibres on fait des cordes, des nattes, des paniers. On fabrique avec l'alfa un papier de très bonne qualité et très résistant.

à un prix de revient égal au leur. Tant il est vrai que le combustible joue un rôle capital dans l'industrie, un rôle tel que la matière première, comme c'est le cas ici, n'entre parfois en ligne de compte qu'après le combustible.

CVII (107). — L'éducation du courage. La chasse au lion.

« L'homme est né pour être un homme, à ses risques et périls... Il faut donc aller à la vie comme on va au feu, sans se demander comment on en reviendra. »

E. Bersot.

Samedi 20 juillet.

« Ne manquez pas le lion, car il ne vous manquera pas si vous le manquez », a dit Jules Gérard, le célèbre « tueur de lions », comme il s'intitulait fièrement lui-même. Prudent avis dont le malheur a voulu que je m'écartasse : j'ai manqué le lion, ami Jean, et le lion a bien failli ne pas manquer ton ami Marcel.

Nous campions, il y a trois jours, sur le revers septentrional du Djebel Ksour, un des rameaux du grand Atlas, qui vers le Sud s'abaisse brusquement vers le Sahara. Notre capitaine, pour améliorer notre ordinaire qui laisse à désirer, comme tu penses, entra en pourparlers avec le caïd d'un village indigène, à deux pas de notre campement, pour lui acheter quelques moutons. Au cours des pourparlers nos officiers apprennent du caïd que, pendant la dernière semaine, un lion s'est rapproché du village et a dévoré une douzaine de moutons et de chèvres. « Grand appétit, lion », ajoute le caïd, « s'il revient, j'irai le chasser à l'affût. » Chasser le lion à l'affût ! A ce mot, notre capitaine, qui est grand chasseur, sent l'eau qui lui vient à la bouche : « Laisse-moi avoir ma chance; j'irai à l'affût la nuit prochaine : si je manque le lion, il sera pour toi une des nuits suivantes. » Le caïd, qui ne demandait pas mieux, donne au capitaine une chèvre pour servir d'appât au lion et le conduit à cheval jusqu'à la source où, à quelques centaines de mètres du village, le lion est venu plusieurs fois s'abreuver pendant la nuit.

L'après-midi, mon capitaine, dont tu connais l'amitié pour moi, me fait appeler.

— Veux-tu venir ce soir avec moi à la chasse au lion ?

— Je crois bien, mon capitaine, si vous voulez de moi.

— Tu as bon pied, bon œil ?

— A vous de répondre, mon capitaine.

— Pas de nerfs, surtout ! Tu sais, quand on chasse le lion pour la première fois, il ne suffit pas d'être brave, il faut n'avoir pas de nerfs. Ton cœur aura beau ne pas trembler, gare à ta peau si ta main tremble !

— On peut toujours essayer, mon capitaine.

— Eh bien ! à ce soir : rendez-vous à ma tente à neuf heures.

A dix heures, par une nuit sans lune, nous étions au « puits », mon capitaine et moi, chacun armé d'une carabine Winchester à balle explosible — un joli joujou pour gibier de luxe ! J'attache, au moyen d'une longue corde, au tronc d'un pin parasol, à quelques pas du puits, la chèvre que nous avons amenée avec nous, puis nous grimpons sur l'arbre, mon capitaine et moi, et, assis chacun sur une branche, l'œil au guet, nous attendons les événements.

Onze heures. Notre chèvre donne des signes d'agitation. Elle tire sur la corde, va, vient, ne reste plus en place, chevrote plaintivement.

— Attention ! me dit mon capitaine.

Une demi-heure se passe. Tout à coup un rugissement formidable retentit. A quelle distance, je ne saurais le dire. Ah ! ce rugissement du lion dans la nuit déserte !... J'ai beau m'être juré de n'avoir pas peur, mon cœur bat si fort que ma main tremble et que j'ai peine à l'affermir sur mon fusil. Affolée, la chevrette saute et cabriole, tire de toutes ses forces sur la corde, puis, dans un galop effréné, tourne autour de l'arbre qu'elle enlace de la corde qui l'attache, rétrécissant de plus en plus le cercle qu'elle décrit autour du tronc.

Un bruit de feuilles froissées, de branches qui craquent, de cailloux s'envolant sous les muscles d'acier qui dressent des griffes puissantes, puis, tout près de nous, deux petits bonds, deux yeux brillants, brûlants, qui luisent d'une lueur fauve dans l'obscurité. Collée à l'arbre, la chevrette fait tête au lion de ses faibles cornes. Debout sur deux branches qui se touchent, appuyés au tronc, nous épaulons nos fusils, mon capitaine et moi : pas moyen de viser, dans cette position verticale, le lion qui est di-

Fig. 144. — La chevrette saute et cabriole, tire de toutes ses forces sur la corde.

rectement au-dessous de nous. Un gémissement lamentable de la chevrette, et c'en est fait... La patte du lion s'est abattue sur elle, et déjà il dévore sa chair pantelante, broyant les os avec un craquement sinistre dans la nuit silencieuse.

Nous nous gênons mutuellement, mon capitaine et moi. Je descends sur une branche plus basse. Le lion ne daigne pas lever la tête, au bruit que je fais. Accroupi, il achève son repas, puis il se redresse et subitement se roule, se vautre voluptueusement sur la peau de la chevrette qui forme un tapis sanglant, seul relief du festin.

C'en est trop... Je me mets à plat ventre sur ma branche pour essayer de viser. La branche plie. Embarrassé de mon fusil, je fais un faux mouvement, j'essaye en vain de ressaisir mon équilibre, je tombe... à deux mètres du lion. Le lion, roulé à terre, se dresse, se retourne, me regarde, comme étonné, et hésite... Bienheureuse hésitation. Un coup de feu retentit. Rugissement sourd, halètement saccadé, effroyable. Le lion veut s'élancer... Impossible, il a la patte gauche de derrière broyée. A tout petits bonds, de ses trois pattes valides, sa queue battant furieusement ses flancs, il s'en va, s'enfonce dans la nuit...

En deux secondes mon capitaine est auprès de moi.

— Tu n'as pas de mal au moins?...

— Ah! mon capitaine, je l'ai échappé belle, je vous dois la vie!...

— Allons donc, je suis furieux, j'ai manqué mon coup puisqu'il a pu s'enfuir, car il s'est enfui, le lâche... Allons, conclut-il en allumant une cigarette, après cela, j'espère qu'on ne dira jamais de moi que je suis brave comme un lion!

CVIII (108). — Dans l'oasis et dans le désert.

« Le courage est la première des éloquences, c'est l'éloquence du caractère. »
LAMARTINE.

Béni-Ounif, vendredi 10 août.

... Cette fois nous y sommes! Où donc? Mais dans le désert, ami Jean, dans le Sahara, dans « la mer sans eau », comme l'appellent les Arabes. Des dunes, et encore des dunes, des roches brûlantes, taillées parfois en architectures fantastiques, en bastions, en tours crénelées, comme l'enceinte à moitié écroulée d'une ville morte, des plaines de pierres où habitent seuls le lézard, la fourmi, la vipère à corne, le « serpent-minute », à la foudroyante morsure; des vallées sans verdure, sans eau, sans village, où s'égrènent à travers le sable, par une chaleur de 45 à 50° à l'ombre, les caravanes de chameaux qui transportent les barres de sel, marchandise principale et seule monnaie du désert, voilà le « pays de la soif ». Par compensation, il n'y a pas de lion. Tant mieux pour l'ami Marcel, diras-tu. Mais non, tant pis, car l'ami Marcel a une revanche à prendre, et il faudra bien qu'il la prenne.

Est-ce là tout le désert, ami Jean? Non, nous n'y serions pas, s'il n'y avait ici que du sable et des roches brûlantes. La « mer sans eau » est une mer qui a des îles, et ces îles sont les oasis. Qui est maître des oasis, est maître du Sahara, est maître des routes entre l'Algérie et le Soudan, puisque les habitants du désert, Berebers et Touaregs pillards, sont obligés de s'approvisionner en eau, en sel, en dattes, en poudre, dans les oasis qui jalonnent tous les chemins du désert. Voilà pourquoi on nous a envoyés tenir garnison ici, au Touat, à la porte du désert : c'est un poste d'honneur pour le 1er zouaves chargé d'en tenir les clefs, d'ouvrir la porte à nos amis, de la garder fermée pour les autres.

Toutes les oasis que j'ai vues, se ressemblent. Un puits, de l'eau, et voilà la verdure : l'oasis est née. Sous ce ciel de feu, pas d'eau sans verdure, pas de verdure sans eau. Il résulte de là qu'il n'y a pas que les oasis naturelles, que les oasis où l'eau sourd à la surface par l'affleurement des sources profondes. Nos officiers, nos ingénieurs ont, dans ces 40 dernières années, multiplié les îles de verdure arti-

FIG. 145. — A travers le sable brûlant les caravanes de chameaux transportent les barres de sel.

ficielles dans l'océan de sable. Comment cela? En allant chercher, au moyen de sondages, la nappe liquide dans les profondeurs du sol, et en l'amenant à la surface par des puits artésiens. Nous gagnons ainsi sur le désert, nous rapprochons les étapes des routes sahariennes et nous les relions entre elles. Le Sahara n'en restera pas moins le Sahara, c'est-à-dire essentiellement un lieu de passage, mais il sera plus habitable. Les mauvaises rencontres y seront moins à redouter, et un temps viendra où il sera sillonné de routes sûres qui relieront les deux rivages de « la mer sans eau ».

CIX (109). — Combat défensif. Marcel blessé.

« Qui sait tout souffrir peut tout oser. »
VAUVENARGUES.

L'oasis, c'est l'eau et le palmier-dattier. Le palmier-dattier n'est pas seulement l'arbre à pain de ces régions, les dattes fraîches ou desséchées étant le principal, et parfois l'unique aliment du sobre indigène. Dans ce pays dépourvu de tout, il est l'universelle ressource : incisé, il laisse échapper par sa blessure l'exquis *lakmi* ou vin de palme; ses noyaux, broyés et macérés dans l'eau bouillante, nourrissent les chevaux, les chèvres et le chameau, ce « vaisseau du désert »; les fibres de son écorce sont tissées en cordes et en étoffes grossières; ses feuilles, cousues ensemble, deviennent des nattes, des paniers, la toiture légère des huttes indigènes, dont son fût droit forme les murs. Enfin la vie se développe à l'ombre du feuillage épais du dattier : le froment, l'orge, la vigne, les légumes poussent sous l'abri de la palmeraie, gratifiant d'un peu de superflu l'habitant de l'oasis auquel le palmier fournit le nécessaire.

Aussi cet arbre, qui peut vivre 200 ans, est-il entouré par les Sahariens d'une vénération particulière : il faut voir avec quel soin ils l'arrosent, l'émondent, avec quelle attention minutieuse ils versent sur ses fleurs le pollen fécondant. L'indigène traite chacun de ses palmiers comme un membre de sa famille, le considère comme un être doué de sentiment, capable de reconnaître, en multipliant ses fruits, les soins qu'on a pour lui, de se venger en devenant stérile, si on le néglige. La coutume, qui dans certains cas absout ici le meurtre d'un homme, ne permet jamais de porter la main sur le palmier vivant.

« Quand on abat un palmier vivant, dit une légende arabe, l'arbre pousse des cris comme un enfant, et ses bourreaux en sont émus. »

Béni-Ounif, mardi 27 août.

... Nous partons demain pour Taghit, dans l'extrême Sud, à 190 kilomètres d'ici. Ma compagnie est chargée d'escorter le convoi destiné au ravitaillement du poste de Taghit. Mission pénible à coup sûr, et peut-être périlleuse, car les Berebers, ces pirates du désert, que nous avons affamés, par l'occupation des oasis de l'extrême Sud, en les mettant dans l'impossibilité de piller désormais les caravanes, nous guetteront et chercheront à surprendre le convoi, comme ils l'ont fait déjà maintes fois. Qu'ils essayent : ils seront bien reçus. A défaut de lion, je serai ravi de prendre ma revanche sur ces chacals » . . . .

. . . .

. . . .

Ce fut la dernière lettre, datée d'Algérie, que je reçus de mon cher Marcel. Quatre jours après qu'elle me fut parvenue, les journaux de Paris reproduisaient le télégramme suivant :

Oran, le 7 septembre.

« L'*Écho d'Oran* de ce matin annonce que la compagnie du 1er zouaves chargée d'escorter un convoi à destination de Taghit, a été attaquée le 2 septembre, à huit heures du matin, à Ben-Sadira, à 150 kilomètres de Béni-Ounif, point de départ du convoi, et à 40 kilomètres de Taghit, par un parti très important de Berebers. Le capitaine Varillot, commandant la compagnie, est tombé gravement blessé, le lieutenant Massé a été tué ; presque tous les sous-officiers ont été frappés tour à tour. Le sergent Marcel Simon a pris le commandement et, quoique blessé au bras gauche, a organisé la résistance avec une présence d'esprit admirable, luttant à outrance, en un pays découvert, pendant huit heures, sans perdre un pouce de terrain. Sur un effectif de 120 combattants au début de l'action, nos pertes étaient de 37 tués et 47 blessés, lorsque, à quatre heures de l'après-midi, le capitaine Carriot, commandant le poste de Taghit, prévenu à midi de la surprise, est arrivé, au trot de ses méharis, sur le champ de l'action, avec une compagnie de tirailleurs sahariens, volant au secours de ses camarades.

Fig. 146. — Le sergent Marcel Simon, quoique blessé au bras, organise la résistance avec une présence d'esprit admirable.

« Cette intervention soudaine a surpris et découragé les Berbers qui ont lâché pied et se sont enfuis.

« Le capitaine Carriot a fait enterrer les morts à leur poste de combat, au champ d'honneur. Les blessés, parmi lesquels le capitaine Varillot et le sergent Simon, qui a dû subir l'amputation du bras gauche, ont été dirigés sur Taghit, d'où ils seront transportés à Oran par les voies les plus rapides, dès qu'ils seront en état de supporter le voyage. »

SUJET A DÉVELOPPER

De l'Algérie au Congo français. — Appréciez l'importance de notre colonie d'Algérie; — faites en voir la prospérité toujours croissante et montrez les avantages que nos colonies africaines retireront de la pacification complète du Sahara et des communications aisées à travers le sable du désert.

PLAN. — La plus proche de nos colonies est l'Algérie. C'est comme la France prolongée au-delà de la Méditerranée. Le séjour en est sain, le climat y est doux et le ciel admirable.

La population de cette précieuse colonie devient chaque année plus dense; le sol fertile y est cultivé avec un soin extrême. Et bientôt, lorsque la sécurité sera assurée de toutes parts, lorsque le Sahara aura cessé d'être le refuge de tribus insoumises et vagabondes inquiétant sans cesse nos frontières, lorsque, à travers le désert, les colons de l'Algérie pourront sans crainte tendre la main aux colons du Sénégal et du Congo et échanger avec eux leurs produits, nos possessions du nord et du centre de l'Afrique seront vraiment parmi les colonies les plus enviables.

Il reste encore beaucoup à faire pour pacifier les populations du Sahara et tracer, au milieu des sables mouvants, des communications sûres et rapides. Mais peu à peu cette œuvre s'accomplit, grâce à la persévérante initiative du gouvernement français et aussi grâce au sentiment qui pénètre de plus en plus les peuplades rebelles que notre domination est une domination douce et fraternelle.

CX (110). — Une entreprise agricole bien comprise.

> « Le seul viatique utile pour faire la traversée de la vie, c'est un grand devoir et de sérieuses affections. »
>
> AMIEL.

— Mon petit Jean — car tu as beau avoir de la barbe et un galon d'argent, tu seras toujours pour moi mon petit Jean — puisque tu me demandes mon avis, le voici : ne cherche pas un emploi de chef de culture dans quelque grande propriété. Tu en sais assez pour donner des ordres pour ton compte, au lieu d'en recevoir des autres ou d'en donner pour leur compte. Utilise tes connaissances à ton profit, et, si modeste que soit ton indépendance au début, tâche de ne dépendre que de toi-même.

Ainsi me parlait M. Dumont, dans la chambre qu'il occupait à *l'Hôtel du Louvre*, rue de Rivoli, à Paris, un matin d'octobre, quelques jours après ma libération du service militaire. Je lui avais écrit pour lui demander conseil sur ce que je devais faire. Il profitait de son passage à Paris pour me donner de vive voix son avis.

— N'as-tu pas songé, reprit-il, à t'établir dans une ferme, à fonder une exploitation agricole ?

— Vous voulez rire, Monsieur Dumont, ou vous ou-

Fig. 147. — **Paris. La rue de Rivoli.** — Une des plus longues et la plus centrale des grandes rues parisiennes. On voit à droite la grille du *jardin des Tuileries* et l'aile nord du *palais des Tuileries* (reconstruite après l'incendie de 1871). A gauche, la rue est bordée d'arcades, où les promeneurs peuvent s'abriter quand il pleut. La rue de Rivoli est suivie dans toute sa longueur par le chemin de fer *Métropolitain* souterrain.

bliez à qui vous parlez : pour acheter une ferme, il faut être riche...

— Qui te parle d'acheter une ferme ? Quand je t'engage à t'établir pour ton compte, je veux dire qu'il serait de ton intérêt de prendre à bail une ferme.

— Cela revient au même pour moi. Où prendrais-je l'argent nécessaire pour mettre en train l'exploitation ?

— Tu te trompes ; acheter et louer une ferme, cela ne revient pas au même. Un cultivateur qui a mis de côté sou à sou 20 000 francs, par exemple, achète une ferme avec ce capital. Le voilà propriétaire. La belle affaire ! Il a mis tout son avoir dans cette acquisition. Il ne lui reste plus un sou pour améliorer l'exploitation de ses terres, pour acheter des engrais chimiques, des machines agricoles du dernier modèle. Que, malgré tout, il ait quelques belles récoltes qui lui fassent gagner un peu d'argent, au lieu d'employer cet argent à tirer un meilleur parti de son petit domaine, il n'aspire qu'à « s'arrondir » d'un lopin de terre, et, toujours à court d'argent pour l'exploitation rationnelle et fructueuse de son bien, il en trouve pour s'arrondir encore ; jusqu'à la fin de sa vie il peinera pour s'arrondir. Mauvais système et qui est d'un homme qui entend mal son intérêt. Le cultivateur qui ne dispose que d'un médiocre capital a tout avantage à affermer la terre et à consacrer son capital à améliorer le rendement de la ferme qu'il a prise à loyer.

— C'est bien mon avis, Monsieur Dumont, et je me rappelle avoir lu que c'est ce que fait le fermier anglais. Dans ce pays d'Angleterre, où la propriété n'est pas morcelée comme chez nous, et où les fermes sont parfois d'immenses domaines, le fermier n'est pas, comme trop souvent en France, un brave homme de paysan, aux mains calleuses, vêtu et vivant en paysan, honnête et dur au travail, mais un peu routinier, cultivant comme on a cultivé avant lui, comme on cultive autour de lui, et toujours à court d'avances, économisant pour remplir son bas de laine, liardant sur les dépenses même productives, de peur de reculer le moment où il aura de quoi acheter le champ qu'il convoite... Non, le fermier anglais est un véritable agriculteur, j'allais dire un agronome, qui, instruit à bonne école, débute dans la profession agricole en ayant déjà une large aisance. C'est un entrepreneur de culture qui place ses fonds dans cette entreprise, comme il les placerait dans tout autre qu'il serait capable de diriger avec compétence. S'il dispose d'un capital de 100 000 francs, par exemple, et qu'il loue une ferme de 100 hectares, il emploiera, toujours en quête de progrès, la plus grande partie de son capital à améliorer le rendement de sa ferme, et ce capital qu'il aura placé dans la terre dont il n'est pas le propriétaire, il le retirera triplé, quadruplé avant la fin de son bail. Conclusion : la culture anglaise sera intensive, l'hectare de terre cultivé en blé donnera en Angleterre deux fois ce qu'il produit en France, et, quant au fermier anglais, il se sera enrichi, tout en vivant largement, dans une habitation « confortable », parfois luxueuse, non pas en paysan travaillant de ses mains, ne mangeant de viande que le dimanche et se refusant jusqu'au nécessaire, mais en « gentilhomme-fermier », comme disent les Anglais, qui ont la manie de mettre l'aristocratie partout... Il est vrai que chez eux l'aristocratie est ouverte à tous les gens de mérite, et qu'un épicier, un épicier en gros, s'il a fait une fortune colossale en fondant une épicerie modèle, peut fort bien se réveiller un matin membre de la Chambre des pairs...

— Parfait, mon petit Jean. Mais tu vois bien que nous sommes d'accord ?...

— Pas tant que cela, monsieur Dumont. J'en reviens à mes moutons : pour louer une ferme et pour l'exploiter, je ne dis pas à l'anglaise, mais dans des conditions convenables, il faut un capital considérable que je ne possède pas.

— Parbleu, je m'en doute bien. Mais d'autres pourraient bien t'avancer ce capital...

— Sur ma bonne mine, peut-être ? ou sur mon galon d'argent ? Caution insuffisante, j'en ai peur, monsieur Dumont, et je ne vois personne...

CXI (111). — Les projets agricoles de M. Dumont.

« C'est un bon placement que le bonheur des autres. »

E. ZOLA.

— Voyons, Jean, pas de phrases : droit au but. Tu sais quelle affection nous avons pour toi, ma femme et moi : depuis le jour où tu es entré, orphelin, dans notre maison, nous n'avons pas cessé de nous intéresser à toi, de veiller sur toi — parfois à ton insu, je puis bien te le dire aujourd'hui — de loin comme de près. Nous savons ce que nous pouvons attendre de toi, car tu as fait tes preuves. Nous n'avons pas d'enfant : le moment est venu de te dire que nous voulons en avoir un en toi... Si tu continues à payer de retour notre amitié, comme tu as toujours fait, c'est nous qui serons tes obligés, car ton affection réchauffera un peu pour nous la solitude de la vieillesse, cette froide saison de la vie où nous allons entrer. Laisse-moi donc en user avec toi comme un père avec son enfant d'adoption :

Un père est un banquier donné par la nature...

« Je te fournirai la première mise de fonds nécessaire à ton installation et à l'exploitation du domaine que tu auras pris à bail. J'ajouterai ce qu'il faudra à ce qui reste de la petite somme placée en ton nom par la compagnie des mines de Saint-Étienne et dont une partie a été utilisée pour compléter ta bourse à Ecully.

— C'est trop beau, Monsieur Dumont, mais comment vous rembourserai-je ?

— Comme tu voudras et quand il te plaira. Tu me payeras l'intérêt à 3 % des 30, 40 ou 50 000 francs que je t'aurai avancés, ou bien, si tu l'aimes mieux — et la chose me sourirait assez — je serai ton commanditaire, et nous serons chacun de moitié dans l'entreprise.

— Mais, Monsieur Dumont, pour faire fructifier un pareil capital, il faut une exploitation agricole considérable dans un pays de grande culture.

— Ne sois pas en peine, j'y ai songé. J'ai, à Rouen, un vieux camarade, maître Valentin, notaire, rue Cauchoise. Je vais lui écrire, le mettre au courant de nos projets, et

FIG. 148. — J'étais avec M. Dumont dans la chambre qu'il occupait à l'hôtel.

lui demander de se mettre en quête, soit directement, soit auprès de ses collègues, de ce qui pourrait te convenir.

— Vous pensez à tout...

— Attends encore... Ton ami Robert, libéré en même temps que toi et que tu m'as présenté hier, sais-tu qu'il est parfait ce garçon-là, instruit, modeste, plein de sens? Je ne manquerai pas de parler de lui, à mon prochain voyage à Lyon, au président de la Chambre de commerce. Et si les Lyonnais sont assez maladroits pour ne pas s'attacher un garçon de cette valeur, tant pis pour eux... Je me charge de lui trouver une situation digne de son mérite... Tu as des amis qui te font honneur, maître Jean. « Dis-moi qui tu fréquentes et je te dirai qui tu es! » Ah! à propos, moi qui allais oublier!... Fais-moi lire ce télégramme que tu as reçu hier de ton ami Marcel :

« *D'Oran pour Paris, 6 octobre. — Serai à Marseille mercredi prochain. T'attends Saint-Étienne semaine prochaine. Vais bien. Amitiés.* — MARCEL. »

« Ainsi ton ami Marcel arrive à Marseille après-demain ? Sais-tu que j'ai le vif désir de connaître ce jeune héros dont tout le monde parle ? N'a pas qui veut pareille connaissance ! Que dirais-tu, si nous partions ensemble, ce soir, pour Marseille ? Quelle surprise pour notre zouave quand il te verra au débarcadère ! Tu nous présenteras l'un à l'autre, je causerai avec lui, je m'informerai de ce qu'il compte faire, car c'est notre devoir à tous, n'est-ce pas ? de songer à l'avenir de ce pauvre garçon si glorieusement mutilé, — et nous reviendrons tous les trois ensemble à Saint-Étienne, d'où tu pourras monter un de ces jours à Estivareilles... si le cœur t'en dit, ajouta-t-il en souriant malicieusement. Entendu, n'est-ce pas ? Allons, va faire ta malle, et reviens ici pour déjeuner avec moi. »

J'avais les larmes aux yeux. Vous le dirai-je ? Touché comme je l'étais de ce que M. Dumont avait fait, de ce qu'il allait faire pour moi, je l'étais plus encore du bon vouloir qu'il portait à mes amis. La suprême délicatesse, chez ceux qui nous aiment, est de nous aimer jusque dans ceux que nous aimons, de leur vouloir du bien comme à nous-mêmes, de nous suppléer auprès d'eux en épousant à l'occasion, plus efficacement que nous-mêmes, leurs intérêts, leurs misères, leurs soucis. Il faut avouer qu'il y a là, dans la pure amitié, un degré où les âmes ordinaires ne peuvent monter.

CXII (112). — Marseille. Commerce et navigation.

« Les grands travaux s'exécutent, non par la force, mais par la persévérance. »
JOHNSON.

Vingt-quatre heures plus tard, nous arpentions, M. Dumont et moi, la Cannebière, en gens de loisir, musant aux devantures des magasins luxueux, nous attardant à regarder, sans avoir la moindre tentation d'y entrer, les cafés somptueux aux terrasses encombrées, malgré l'heure matinale, de consommateurs gesticulants, parlant haut et gaiement.

Connaissez-vous la Cannebière ? Cannebière, chènevière. Vous pensez bien que ce n'est pas parce qu'il y avait ici autrefois des corderies de chanvre que la Cannebière est la gloire de Marseille, — et de la France, d'après les Marseillais. « Si Paris avait une Cannebière, disent-ils volontiers, Paris serait un petit Marseille. »

Paris a peut-être de quoi se consoler de n'être pas un petit Marseille, mais Marseille a de quoi suffire à la gloire de Marseille. N'est-elle pas — en même temps que la plus ancienne ville de France, puisqu'elle fut fondée 600 ans avant notre ère par des navigateurs de Phocée, colonie grecque de l'Asie Mineure, — notre plus importante ville maritime, le premier port de commerce de la France et des pays méditerranéens ?

Nous visitons le Vieux Port, sur lequel débouche la Cannebière et dont l'entrée, défendue par le fort Saint-Nicolas, œuvre de Vauban, et par le fort Saint-Jean, ancien château des chevaliers de Malte, est si pittoresque. Puis, revenant sur nos pas, nous parcourons la rue de Noailles, les allées de Meilhan, promenade favorite des Marseillais. Dans ces larges artères, sillonnées de tramways légers et rapides, dans les boulevards aux épais ombrages, partout une foule alerte et gaie, une confusion de tous les costumes et de toutes les races : Turcs, Grecs, Italiens, Espagnols, Indiens, Arabes, sans parler du Marseillais à la poignée de main facile, compagnon aimable et sûr, au verbe haut en couleur, avec un coup de soleil dans la voix, qui, quand il s'y met, vaut deux Gascons, et avec cela homme d'initiative et d'action.

Nous pressons le pas pour arriver au bassin de la Joliette, où l'*Abd-el-Kader*, courrier d'Oran, déjà signalé du

Fig. 149. — **Le port de la Joliette**, creusé en 1853, s'étend sur plusieurs kilomètres.

phare du Planier, doit s'amarrer vers midi. Le bassin de la Joliette est le plus grand des nouveaux bassins du port de Marseille. J'aperçois une forêt de mâts. Impossible de compter les vapeurs qui s'alignent en files pressées perpendiculairement aux quais. Sur les quais eux-mêmes l'animation est extrême. Toutes les marchandises de la terre y sont représentées, blé de la Russie méridionale, balles de soie de la Chine, bois d'indigo venu de l'Inde, vins d'Espagne en énormes futailles, arachides du Sénégal, et combien d'autres encore.

— Sais-tu combien il entre de navires dans le port de Marseille ? me dit M. Dumont.

Et sans attendre une réponse qui ne viendrait pas :

— De quarante à cinquante par jour, en chiffres ronds 17 000 par an ! C'est que, en effet, Marseille est admirablement située, au débouché de l'isthme français, à l'endroit où la Méditerranée se rapproche le plus des mers septentrionales, Manche et mer du Nord. Au temps où les Alpes formaient une barrière infranchissable à l'essor de Gênes, sa vieille rivale, Marseille était l'avant-port de Londres, la porte de sortie des Pays-Bas, de l'Allemagne occidentale et de la Suisse sur la Méditerranée. Il n'en est plus ainsi depuis que des chemins de fer, perçant la grande muraille des Alpes, ont mis Gênes en communication directe avec ces pays, naguère tributaires de Marseille. Depuis l'ouverture du canal de Suez, voyageurs et marchandises prennent de plus en plus les voies directes qui passent à l'orient de la grande route de Paris à Marseille. Gênes grandit d'année en année. Elle supplanterait Marseille si notre grand port méditerranéen n'avait derrière lui ce que n'aura jamais Gênes, la voie d'eau qui, du Nord au Sud, traverse l'isthme français. Le jour, prochain — il faut l'espérer — où Marseille sera rattachée directement au Rhône par un canal débouchant dans son port même, les marchandises lourdes, encombrantes et qui ne peuvent se passer des moyens de transport les plus économiques, viendront s'embarquer et débarquer à Marseille, dont la zone d'attraction et d'influence sera démesurément accrue, sans concurrence possible. Ce sera la revanche de Marseille sur Gênes. L'Afrique française, notre Algérie, née d'hier, en réservent une autre à Marseille, appelée à devenir un jour l'entrepôt du grand fleuve d'échanges entre la France et l'Afrique centrale, la grande gare maritime de ce qui sera peut-être une des principales routes du monde, la route de Paris au Niger et au Tchad.

— Est-ce que Marseille ne bénéficie pas déjà, dans une

large mesure, de l'essor commercial et agricole de l'Algérie et de la Tunisie ?

— Juges-en par ce simple rapprochement. En 1830, quand les Français débarquèrent à Alger, Marseille avait 75 000 habitants. Sa population atteint aujourd'hui, en chiffres ronds, 500 000 habitants et s'accroît proportionnellement plus vite que celle de Paris.

CXIII (113). — Marcel et Jean se revoient.

« Que les départs sont prompts ! Que les retours sont lents ! »
EUGÈNE MANUEL.

Trois mugissements espacés d'une sirène à vapeur interrompent notre conversation, annonçant l'approche d'un grand paquebot. Par dessus la forêt de mâts, je distingue le pavillon triangulaire blanc, à boule rouge, de la Compagnie transatlantique chargée du service postal entre la France et l'Algérie : c'est l'*Abd-el-Kader* qui arrive. Quelques coups d'hélice, des jets de vapeur qui s'échappent, un fracas de chaînes glissant contre la muraille de fer du navire, et l'*Abd-el-Kader* est à quai.

La passerelle posée, je m'élance à bord, suivi de M. Dumont. Dans le brouhaha des matelots affairés, des passagers qui prennent congé les uns des autres et se hâtent de quitter le navire, les mains encombrées de légers bagages, je cherche à droite, à gauche... Tout à coup mon cœur bat : à quelques pas devant moi, me tournant le dos, un sous-officier de zouaves, debout sur le pont de commandement, serre la main au capitaine... Mes yeux n'ont pas besoin de voir son visage, mon cœur l'a reconnu : c'est Marcel.

Je cours à lui, je l'entoure de mes bras... Sous le hâle du Sahara, qui brunit encore son teint après cinq semaines passées à l'hôpital, comme il me paraît pâle et maigri !...

— Attention à sa blessure, me dit M. Dumont qui s'inquiète avec raison de mes effusions.

Je m'arrête : la manche gauche de Marcel se balance

aplatie, inerte... le bras a été amputé au ras de l'épaule. Mes yeux se remplissent de larmes. Un sourire triste vient sur les lèvres de Marcel.

— Merci de la surprise, me dit-il. Je ne puis te rendre la pareille, te serrer dans mes bras... mais je t'aime bien, va. Quand on a vu la mort de près, on est plus attaché à ceux qu'on a failli quitter, plus heureux de les revoir... Sais-tu qu'on m'accable d'attentions, de prévenances à bord de l'*Abd-el-Kader?* Croirais-tu que le capitaine m'a fait asseoir, moi passager de 2e classe, à la table d'honneur des premières, à sa droite, s'il te plaît... Et tout le monde qui m'entourait... qui voulait avoir des détails... Je ne savais où me cacher...

FIG. 150. — Je cours à lui, mon cœur l'a reconnu... c'est Marcel.

— Ce sont là les menus inconvénients de la gloire, dit en souriant M. Dumont.

— Parbleu, Marcel, tu es le lion du jour...

— Ah ! oui, je sais, pour m'être battu comme un lion ! s'écria-t-il en éclatant de rire. Eh bien ! parlons-en du lion : ce roi des animaux, en voilà un brave !

— Mais oui, parlons-en, puisque tu as pris ta revanche.

— A propos, Jean, j'ai réfléchi, je sais pourquoi mon lion du Djebel Ksour s'est enfui au lieu de ne faire qu'une bouchée de moi.

— Et pourquoi ?

— Mais tout simplement parce qu'il n'avait plus faim, parce qu'il avait bien dîné de la pauvre chevrette...

— J'en conclus que c'est parce que tu avais le ventre creux que tu t'es battu comme un lion... qui n'aurait pas dîné. A quoi tient la gloire!

— Tiens, c'est vrai, nous n'avions pas encore déjeuné ce matin-là...

— Aujourd'hui non plus nous n'avons pas encore déjeuné, s'écria M. Dumont, et mon estomac crie famine... Allons, en route, pas de lions ici, ni de Berebers pour troubler la fête. Qu'on se le dise!

SUJET A DÉVELOPPER

L'amitié. — Comment comprenez-vous l'amitié? Distinguez l'amitié de la camaraderie. Quelles sont les qualités d'un véritable ami et pourquoi doit-on le choisir avec prudence?

PLAN. — L'amitié est une chose aussi précieuse que rare. On rencontre aisément des camarades; on trouve difficilement quelqu'un dont le caractère sympathise avec le vôtre et dont le cœur réponde à votre cœur. Un ami est dévoué et sincère; il ne désire que votre bien; il vous dit franchement vos torts. Il souffre de vos peines et se réjouit de vos succès. Son influence sur vous est considérable: c'est sur lui que vous modelez votre conduite; vous prenez toutes ses habitudes. Aussi avec quelle prudence il faut le choisir! L'ami choisi par vous doit avoir toutes les qualités que vous désirez vous-même posséder.

La pierre de touche de l'amitié est le dévouement. N'est pas un ami celui qui vous suit dans les bons jours et vous abandonne aux moments difficiles. La meilleure façon de garder une amitié, c'est d'y répondre soi-même entièrement; il faut vous comporter avec un ami comme vous désirez qu'il se comporte avec vous-même.

CXIV (114). — A Estivareilles. Reconnaissance.

> **« Les caresses n'excluent pas la discipline, elles la tempèrent, elles lui ôtent son visage farouche; c'est si doux, quand on entre dans le monde, d'y rencontrer la bonté! »**
>
> BERSOT.

Deux jours plus tard, après un séjour de vingt-quatre heures à Saint-Étienne, le premier train du matin m'emportait vers Estivareilles. Qu'il allait lentement au gré de mon désir! Pour tromper la longueur de l'attente, ma pensée allait des amis que je venais de quitter à ceux que j'allais revoir. J'évoquais le souvenir de notre arrivée à Saint-Étienne, la veille, Marcel se précipitant dans les bras de sa mère qui l'étreint, toute en larmes, en répétant ces mots, ces seuls mots : « Mon fils ! mon pauvre enfant ! », puis, toujours sanglotant, l'étreint encore plus fort sans pouvoir se détacher de lui, tandis que se lit sur le visage du vieux père, venu en uniforme souhaiter la bienvenue à son fils le soldat, une émotion complexe, où il y a de la douleur, une douleur mâle, au moment où le sourire de son accueil se glace à la vue de cette manche vide qui pend au côté de son enfant, mais aussi de l'orgueil, quand ses yeux humides se reportent sur son glorieux mutilé; puis, le soir, à la table de Mme Dumont, cette réunion où se trouve groupée ce que Mme Dumont appelle « toute une famille d'amis » : Marcel et ses parents, et nos chers maîtres, les maîtres dont la bonté enveloppa notre enfance déjà lointaine, M. Legris et M. Baron, conviés, par la plus délicate des attentions, à fêter avec nous, dans l'intimité, leur ancien élève, le héros de vingt-deux ans dont le nom est ici sur toutes les lèvres, dont la gloire rejaillit sur ses parents, sur ses maîtres, sur sa ville natale, et sur ses amis aussi — si j'en juge par ce que je sens quand je l'accompagne... O les heures délicieuses de cette journée mémorable dans ma vie !...

Encore trois, encore deux stations ! Le train n'en finit pas de gravir les lacets de la route serpentine qui l'amène à Saint-Bonnet. Nous y voici enfin, mais je ne descends pas ici.

Le chemin de fer pousse maintenant jusqu'à Estivareilles. Dix minutes de plus, et j'y suis... Quel changement ! Une jolie gare, toute pimpante et battant neuf, ici, dans mes chères montagnes ! Je suis seul à descendre du train matinal. Personne ne me reconnaît, personne ne m'attend, car j'ai tu mon arrivée pour avoir la joie de surprendre mes amis dans les attitudes où je les retrouverai dès l'abord tout entiers, dans l'intimité de leurs occupations familières, de leur vie de tous les jours...

Je presse le pas... Voici les murs gris de l'école de M. Dumoulin, de cette vieille maison où j'ai passé tant d'heures si douces à m'instruire, à apprendre tant de choses bonnes pour toute la vie. N'est-ce pas mon vieux maître, M. Dumoulin lui-même, dont j'aperçois là-bas la silhouette se détachant sur le mur où, du haut d'une échelle, il est en train de fixer la branche rebelle d'un poirier en espalier? Mais non, quelque hâte que j'aie de le retrouver, je ne veux pas traverser le village avant d'avoir revu mes amis, je ne veux pas être reconnu de peur d'être retenu... Je m'enfonce sous bois, je prends, à gauche, le sentier couvert qui débouche à la barrière du potager. Un tiède soleil d'octobre rougit les bois à demi dépouillés, fait remonter la sève des aubépines, des églantiers qui refleurissent timidement pour quelques jours, déçus par ce renouveau de l'arrière-saison.

J'approche. Mon cœur bat... Tout doucement je lève le loquet de la porte du potager. Évitant l'allée centrale où le gravier craquerait sous mes pas, j'oblique, à gauche, par la sente herbeuse qui aboutit à la porte de la cuisine, directement sous la fenêtre de la chambre de la petite Marie... Au fond du potager, près de la buanderie, un homme, en bras de chemise, la serpette à la main, est en train de tailler des échalas. Il me tourne le dos, mais je ne m'y trompe pas : j'ai reconnu M. Rouergues.

Un rayon de soleil, plus chaud, cordial comme s'il voulait s'associer à ma bienvenue, éclaire les grosses poutres noircies qui forment le plafond de la cuisine où, par la porte entr'ouverte, j'aperçois un grand feu de ceps de vigne brûlant dans l'immense cheminée. Je lève la tête : le même rayon joyeux fait étinceler les carreaux de la chambre de la petite Marie. Là, dans l'encadrement de roses trémières qui montent le long du mur, je reconnais le fin profil de la petite Marie, assise, entre les deux battants de la fenêtre ouverte, devant sa machine à coudre, la machine que je lui envoyai de Paris, l'année dernière, pour ses étrennes. Ses doigts fins poussent doucement l'étoffe sous l'aiguille de la machine, qui gronde en tournant à toute vitesse sous la pression légère de son pied. Elle s'interrompt de temps en temps pour relever les boucles blondes rebelles que la brise du matin rabat sur ses joues et sur ses yeux... Je m'arrête un instant, heureux de la voir sans être vu... Et subitement le bruit cesse : la petite Marie s'arrête aussi et, comme si elle avait senti ma présence, regarde dans ma direction. Ses yeux se fixent sur moi, elle demeure un instant comme interdite, puis se levant et disparaissant :

FIG. 151. — Là, dans l'encadrement de roses trémières, je reconnais le fin profil de Marie.

— Maman, maman... Jean !... c'est Jean !...

. . . .

CXV (115). — Jean Lavenir a une famille.

« Que la femme ne soit pas seulement la ménagère de l'homme, mais encore sa compagne d'esprit. »

PAUL GAVET.

— Ah ça ! Jean, pourquoi ne vous tutoyez-vous plus comme autrefois ? Est-ce que tu serais devenu fier ? ou n'êtes-vous plus bons amis ?

Pour rien au monde, je n'oserais répondre à M. Rouergues, lui dire que Marie n'est plus la petite Marie, que je

FIG. 152. — Le poulailler de M. Rouergues contenait des sortes bien différentes : **1. Houdan**, taille haute, plumage gris et noir, tête huppée, crête double, bonne pondeuse, chair très délicate. — **2. Crèvecœur**, taille haute, plumage noir, tête huppée, crête double, bonne pondeuse, chair délicate. — **3. Bressane**, taille moyenne, plumage noir ou gris, crête simple, grande, très dentelée, bonne pondeuse, chair délicate. — **4. Cochinchinoise**, taille grosse, plumage jaune, bonne pondeuse, chair médiocre.

me sens près d'elle tout gauche, tout troublé, que je crains presque de lever les yeux pour la regarder, tant je la trouve jolie, jolie comme une fine demoiselle, avec ses cheveux dorés et frisottants, ses yeux de pervenche, tant j'ai peur qu'elle ne s'aperçoive de mon émoi et ne s'en rie...

— Allons, allez-vous en faire un tour dans le verger

avant de déjeuner... Ah! Marie, fais-lui visiter le poulailler... J'en ai maintenant des poules, Jean, et des Houdan, et des Crèvecœur, et des Bressanes, et des Cochinchinoises! Tu ne reconnaîtras plus ton poulailler.

— C'est maintenant qu'il ferait bon d'en partager les bénéfices avec vous, monsieur Rouergues.

— Nenni, papa Rouergues est devenu gourmand, il ne se laisse plus exploiter...

Nous allons dans le verger, Marie et moi. Nous visitons le poulailler. Je fais semblant de m'intéresser vivement aux Houdan et aux Crèvecœur de M. Rouergues. Je parle avec animation de choses indifférentes comme pour m'étourdir... Je me sens malheureux comme ceux qui ont le cœur plein, sans pouvoir le décharger... Ah! si Marie savait... Mais non, à cette pensée le rouge de la confusion me monte aux joues... Tout plutôt que de lui laisser soupçonner... Hélas! n'y a-t-il donc pas un chemin pour aller d'un cœur à un autre?...

Nous sortons du verger. Le sentier grimpe en tournant, parmi les mauves sauvages, les rameaux jaunis des noisetiers aux noisettes pleines, jusqu'aux grands noyers espacés montant sentinelle à l'orée de la haute futaie, qui s'effeuille là-haut, sur la colline.

Je regarde, je reconnais l'endroit...

— Vous rappelez-vous, Marie? Cette haie... ce noyer... le soufflet... C'est ici que je passai l'une des heures les plus cruelles de ma vie d'enfant.

— Le fait est que vous aviez eu, ce jour-là, la main un peu vive.

— Savez-vous pourquoi? J'étais jaloux, Marie, atrocement jaloux de ce pauvre Dominique.

— De ce pauvre Dominique, notre valet, qui nous a quittés, il y a deux ans, pour aller faire son service dans le régiment des pontonniers, à Avignon?... Jaloux de lui, et pourquoi?

— Vous me l'aviez préféré, Marie...

Elle baissa la tête en rougissant, puis eut un petit rire nerveux, comme pour cacher son embarras.

— Oui, Marie, j'étais jaloux. On peut l'être à tout âge... Je l'étais sans m'en douter. Je sais pourquoi maintenant... Ne voulez-vous pas le savoir aussi ?

Elle rougit de nouveau, puis surmontant sa confusion :

— Mais non... La curiosité, c'est un peu l'attrait du fruit défendu : elle n'est piquée au jeu que par les secrets qui sont bien gardés...

Fig. 153. — Marie baissa la tête et eut un petit rire nerveux, comme pour cacher son embarras.

— Oh ! bien alors, Marie, vous connaissez donc mon secret ?

— Je ne sais, Jean, si vous avez un secret, mais si vous en avez un, — et sa voix se raffermit au point de devenir presque sévère — ce n'est pas à moi que vous devez le faire connaître.

Puis, d'un ton radouci, en me regardant malicieusement :

— Un secret dont on parle, c'est un oiseau auquel on ouvre involontairement la porte de sa cage : l'oiseau s'échappe pour toujours.

Elle avait repris le chemin de la ferme. Je restai silencieux. J'étais mécontent de moi-même. Il me semblait que la campagne était morne et dépeuplée, que la vie ne m'était plus rien...

J'entrai dans ma chambre. J'y étais depuis quelques minutes, plongé dans une rêverie douloureuse, la tête entre mes mains, le regard noyé dans le vague, lorsque subitement Mme Rouergues ouvrit la porte, une pile de linge blanc dans les bras.

— Tiens, tu es là, Jean, tout seul?

Puis me regardant, et passant avec douceur sa main sur ma tête :

— Qu'as-tu? Tu as le front moite, les mains brûlantes... Qu'y a-t-il, Jean?

Je me levai, et me jetant dans ses bras :

— Ah! maman Rouergues. il y a que j'ai un secret, un secret que Marie n'a pas voulu connaître...

— Et qui l'intéresse pourtant autant que toi?

— Eh! quoi, vous savez?...

— Peut-être même que je ne suis pas la seule à savoir...

— Voulez-vous dire que Marie...

— Marie a été bien honnête... Allons! veux-tu que je lui parle?...

— Ah! maman Rouergues, si vous faisiez cela!...

Le déjeuner fut sans entrain. M. Rouergues semblait préoccupé et gardait le silence, tout en coulant des regards en dessous vers Marie et vers moi. Maman Rouergues, elle, était plus loquace que d'habitude. Elle s'extasiait à perte de vue sur les mérites de son petit salé et insistait pour que j'y fisse honneur. Mais sa voix restait sans écho, et je répondais mal à son invite, tandis que Marie ne levait guère les yeux de son assiette.

Quand on fut au dessert, les petits yeux de M. Rouergues s'allumèrent tout à coup de malice en nous regardant tour à tour, Marie et moi.

— Hum! Hum! fit-il en toussant légèrement. Allons, maman Rouergues, va chercher à la cave une bouteille de mon vieux Saint-Péray mousseux, tu sais, celui de derrière les fagots. Il faut que nous fêtions le retour de l'enfant prodigue, façon de parler, s'entend, ajouta-t-il avec un sourire à mon adresse. Donne-moi ta main, Jean, et toi aussi, donne-moi ta main, Marie.

Il prit la main de Marie et la plaça dans la mienne. Marie, toute rouge, se laissa faire, et ne retira pas sa petite main de la mienne.

— Il faut, reprit M. Rouergues, que nous buvions à la santé de nos deux enfants, à leur bonheur. Allons, embrassez-vous. Un peu de courage, que diable! Qu'on se tutoie maintenant comme autrefois, et pour toujours!

SUJET A DÉVELOPPER

La récolte. — Montrez qu'en toute circonstance on récolte ce qu'on a semé, qu'il s'agisse des semences qu'on a confiées à la terre, des études auxquelles on s'est livré ou des relations qu'on s'est créées dans la société.

PLAN. — Le cultivateur sait bien qu'il ne suffit pas de jeter une graine quelconque sur un sol non préparé pour avoir une bonne et abondante récolte; il sait bien que la terre doit être soigneusement apprêtée, la graine de bonne qualité, et les semailles faites en temps opportun. Un sol inculte, si riche soit-il, une semence avariée ou confiée à la terre à un moment non propice, ne donnent point de récolte.

Il en est de même des études auxquelles nous nous livrons, ainsi que des habitudes que nous cherchons à acquérir; si nous sommes vraiment attentifs et laborieux, si nous veillons avec soin à devenir toujours meilleurs, nous serons plus tard des hommes instruits, utiles et bien élevés. Nous serons au contraire des ignorants, des inutiles, en proie aux tentations, si nous passons notre jeunesse dans l'oisiveté, si nous restons indifférents aux sages conseils et aux bons exemples.

Il est tout aussi vrai de dire que nous recueillons dans nos relations ce que nous avons semé. Nous rencontrons de la bonté à notre égard, si nous avons été bienveillants et bons, de l'estime si nous avons été justes et honnêtes, de l'affection si nous-mêmes avons su aimer franchement et loyalement. Au contraire, nous serons tenus à l'écart si nous avons été méchants, méprisés si nous avons manqué d'équité, et délaissés si nous n'avons su montrer qu'un cœur égoïste et sec. Qui sème le vent récolte la tempête.

CXVI (116). — Un herbage en Normandie.

« Il n'est pas une bonne action, si humble, si limitée, si locale qu'elle puisse être, qui ne soit une pierre ajoutée à l'édifice du bonheur humain. »

MAURICE BOUCHOR.

Connaissez-vous le vallon de Monneville, commune de Bellenssort, dans le pays de Caux, « le plus gras pays de la grasse Normandie » ? J'ai peur que vous n'en ayez jamais entendu parler, car mon vallon n'a pas d'histoire. Il ressemble à tous les vallons du pays de Caux : prairies tout au fond comme un tapis moite, taillis vigoureux sur ses flancs, et sur la lisière du plateau où il débouche en un verdoyant couloir, bouquets de vieux ormes, de frênes, de hêtres. On se croirait en Angleterre tant la verdure est fraîche, tant la campagne avec ses pâturages drus où paissent mes vaches cauchoises au lait crémeux, avec ses arbres alignés en rideau ou groupés en bosquets, a la couleur et la grâce d'un parc anglais.

Suivez la large sente herbeuse où les roues massives de mes chars à bœufs ont tracé leur ornière. Le vallon se resserre à mesure que vous montez ; il finit par devenir une gorge tapissée de mûres sauvages dont les gourmands petits gars se barbouillent le visage à l'arrière-saison. Encore quelques pas, vous voilà sur le plateau... N'êtes-vous pas ébloui ? A perte de vue, comme une mer aux flots changeants, ondoyent au soleil les blés blondissants, les colzas d'or, mêlant leur tache jaune au rouge ardent du trèfle incarnat, au mauve des œillettes, au violet des racines charnues des betteraves à moitié sorties de terre. Demandez la « ferme des Haies », l'*herbage*, comme on dit ici, car vous ne la voyez pas : elle est dissimulée par une ceinture de vieux arbres, chênes aux frondaisons superbes, aux troncs habillés de lierre, hêtres géants, aux fûts tachetés, qui la protègent non pas contre les regards indiscrets.

mais contre les vents de la mer, contre le terrible *norolt* des mois d'hiver.

L'*herbage* était abandonné quand j'en pris possession. Le fermier qui exploitait la ferme des Haies, malade depuis de longues années et mal secondé, en tirait juste assez pour ne pas mourir de faim, son fermage payé. Tout un coteau était en friche sur l'autre versant de Monneville, et la fougère et le genêt épineux gagnaient d'année en année sur les bonnes terres. En proposant au pro-

Fig. 154. — La ferme des Haies était dissimulée par une ceinture de vieux arbres.

priétaire de la ferme un bail à très long terme, un bail de trente ans, avec promesse de vente au prix fixé dans notre contrat, d'accord avec lui, pour le cas où mes moyens me permettraient un jour de devenir moi-même propriétaire, j'ai obtenu de lui des conditions plus douces que celles qu'il avait consenties à mon prédécesseur. Et j'ai trouvé moi-même mon compte à ce long bail qui m'assure le bénéfice des améliorations que je réaliserai sur mes terres sans que le fermage puisse être augmenté quand mon revenu le sera.

Il y a six ans que nous sommes arrivés ici. Vous pouvez m'en croire si je vous dis que depuis lors il n'y a plus de friche à l'Herbage. Les terrains médiocres sont utilisés, tout comme les autres. A chacun sa culture, et rien ne se perd. Mais il ne suffit pas de trouver la culture appropriée au sol, il faut que cette culture soit rémunératrice. Quand je suis arrivé ici, tous les fermiers des environs se plaignaient que la culture du blé était ruineuse au prix de vente où était descendu l'hectolitre. Et il est de fait que 16 à 18 francs par hectolitre, année moyenne, quand on déduit le loyer de la terre, les impôts, les semences, les engrais, la main-d'œuvre, vous laissent plutôt en déficit qu'en bénéfice si le rendement à l'hectare est faible.

J'ai vu tout de suite que le salut pour l'agriculteur n'est pas dans le relèvement factice et instable du prix du blé par des taxes douanières, qui pèsent sur tous les consommateurs au profit du seul producteur agricole, mais dans l'augmentation du rendement. Par le choix des semences, par l'emploi judicieux des engrais et des amendements, je suis arrivé à obtenir un rendement de 20 hectolitres à l'hectare dans les terres médiocres, et de 30 dans les terres de bonne qualité. Et j'ai gagné beaucoup d'argent tandis que, avec les mêmes terres, autour de moi, les cultivateurs, persistant dans la routine des vieux errements, n'arrivaient pas à joindre les deux bouts.

CXVII (117). — La ferme des Haies. La coopération rurale.

> « Si un pommier est né sur un sol ingrat, s'il n'a pas été bien greffé, il végètera et ne donnera que de mauvais fruits, tandis que l'homme de bonne volonté et d'initiative a la liberté de changer de milieu et de se greffer lui-même. »
>
> LITTRÉ.

Les premières années, quand mes voisins venaient me voir, ils me disaient :

— Vous, vous avez de la chance ; nous, nous sommes des malchanceux, comme votre prédécesseur.

J'avais beau leur dire :

— Faites comme moi, et vous aurez autant de chance : je vous livre mon secret, il est à vous.

Ils hochaient la tête :

— Peut-être bien que oui... mais on n'a jamais vu ça dans le pays... Il faudrait tout changer, ça coûterait gros, et sait-on jamais?...

Il y a trois ans, la sécheresse a amené une véritable disette de foin. Nouvelles lamentations de mes voisins :

— Il ne nous reste plus qu'à conduire notre bétail sur le marché, à le vendre coûte que coûte, puisque nous ne pouvons plus le nourrir.

Fig. 155. — Eh! oui, père Martin, je vends mon beurre plus cher parce que mes vaches bien soignées me donnent un lait plus crémeux.

— Venez chez moi, et je vous ferai voir comment vous pouvez franchir ce mauvais pas.

Ils viennent un dimanche matin à cinq ou six, je leur fais visiter mes étables, qu'ils s'étonnent de voir spacieuses et aérées, largement lavées à grande eau, sans trace de purin à terre, sans toiles d'araignées en l'air.

— En voilà du temps perdu, me dit le père Martin, un gros finaud qui se croit très malin en économisant deux liards au lieu de gagner cent francs en dépensant une pièce de cent sous.

« Qu'est-ce que ça vous rapporte toutes ces manigances ? Vendez-vous votre beurre plus cher parce que vos vaches ont des fenêtres dans leur maison ?

— Eh ! oui, père Martin, je vends mon beurre plus cher parce que mes vaches bien soignées me donnent un lait plus crémeux. Les bons traitements, les soins de propreté ne sont pas moins nécessaires aux animaux qu'aux personnes. C'est parce que l'air et la lumière entrent à flots dans mes étables, c'est parce que leurs murs sont badigeonnés à la chaux, leur pavé lavé à grande eau chaque matin, qu'il n'y a jamais eu d'épidémie parmi mes vaches, mes veaux et mes moutons. Regardez cette vache et son veau : est-ce qu'ils ont l'air de souffrir de la disette de foin ? Faites comme moi : au lieu de vous défaire de votre bétail à des prix de famine quand le foin vient à manquer, mettez de côté à l'arrière-saison les pommes et les poires tombées ; mélangez comme moi les marcs de pommes aux tourteaux, au son, à la paille hachée.

Ces braves gens n'en revenaient pas. Pour achever de les convaincre, je leur ai dit :

— Voyez : ça rapporte, et ça ne coûte rien ou peu s'en faut.

C'est un argument qui n'est pas négligeable. A la longue ils ont réfléchi, ils ont ouvert les yeux et ils sont revenus chez moi. Ils me demandent conseil, ou plutôt ils prennent conseil de leur intérêt qu'ils ont fini par entendre convenablement. Je leur avais dit qu'ils gagneraient gros à substituer à la betterave la pomme de terre industrielle dans l'alimentation du bétail, et ils ne m'avaient pas écouté. Mais la chose leur est revenue en mémoire quand mes moutons, gras à souhait, gros et ronds sans déformation, ont été primés au comice agricole d'Yvetot, et ils ont ouvert de grands yeux quand je leur ai expliqué que le rendement en viande nette était, pour les bœufs nourris à la pomme de terre, de 60 %, pour les moutons de 51 %, et que, tout compte fait, l'alimentation à la pomme de terre me laissait, par rapport à l'alimentation à la betterave, un bénéfice de 104 francs par bœuf et de 5 fr. 50 par mouton.

Ils ont fini par entendre mon refrain : ils ont fait comme moi, et s'en trouvant bien, ils ont eu confiance en moi et m'ont demandé s'ils ne pouvaient pas faire mieux encore.

— Oui, leur ai-je dit, mais à une condition, c'est que nous nous unissions. En agriculture, comme partout, l'union fait la force. Si vous continuez à produire et à vendre isolément, vous aurez beau faire, vous ne pourrez lutter contre la concurrence des produits étrangers, qui, grâce à la rapidité des communications et à l'abaissement des prix de transport, sont en train d'évincer nos produits des marchés étrangers, et qui, si vous n'y prenez garde, finiront par les supplanter jusque sur le marché français.

« Vous vous plaignez de constater une diminution de plus en plus considérable, d'année en année, dans l'exportation des légumes, des fruits, des œufs, des volailles, du beurre, que vous vendez aux Anglais, naguère vos meilleurs clients. Et en effet l'Angleterre n'achète plus à la France, sa plus proche voisine, que pour 2 millions de francs de pommes, tandis qu'elle en achète pour 13 millions aux États-Unis, pour 11 millions au Canada ; quant aux œufs que nous lui fournissions il y a vingt ans pour la presque totalité de sa consommation, elle ne nous en achète plus que pour 12 millions de francs, tandis qu'elle en achète pour 37 millions à la lointaine Russie, pour 34 au Danemark, pour 31 à l'Allemagne, et même pour 20 à la toute petite Belgique.

« Eh bien ! savez-vous le secret de la concurrence victorieuse que nous font les agriculteurs étrangers ? Il est dans l'Association des petits producteurs, dans la Coopération rurale. C'est en 1882 qu'a été organisée en Danemark la première laiterie coopérative : il y en a aujourd'hui 1056 avec 14 000 sociétaires qui vendent 70 millions de kilogrammes de beurre par an ; rien que dans les six dernières années, leurs ventes se sont accrues de 50 millions de francs. Ne vaut-il pas mieux vous coaliser, vous organiser comme eux de manière à accroître vos bénéfices tout en améliorant la qualité de vos produits, que de vous lamenter, de jeter le manche après la cognée, de parler, comme font les plus découragés d'entre vous, de quitter la ferme pour l'atelier, vos champs ensoleillés, le libre et sain travail de la terre pour la captivité que réserve à l'ouvrier la ville enfumée ? »

CXVIII (118). — Beurrerie coopérative. L'association au village.

> « L'association n'additionne pas les efforts individuels aux efforts individuels ; l'association multiplie les efforts individuels par les efforts individuels, et là où l'on est dix, on a la force de cent. »
>
> LÉON BOURGEOIS.

Je les ai convaincus : ils m'ont donné carte blanche. Pour commencer, nous avons fondé une Beurrerie coopérative, ne recevant que les produits de la localité. Chaque associé apporte son lait lui-même, aussitôt la traite, le matin et le soir, et emporte son petit-lait pour l'élevage des porcs. Notre Coopérative est, à l'heure actuelle, en pleine prospérité. Elle a rendu le mouillage et l'écrémage impossibles, grâce à de sérieuses vérifications. Elle obtient un maximum de rendement et de finesse, grâce à l'achat d'une écrémeuse modèle. Elle a réduit au minimum les frais d'installation et les frais généraux. Elle vend bien son beurre, elle le vend jusqu'en Angleterre, et se le fait payer avec exactitude. Elle remet le petit-lait qui, n'ayant pas d'acidité, peut être employé à l'élevage des veaux et permet à chaque sociétaire d'avoir sa petite porcherie. Elle paie le litre de lait, en moyenne, 0 fr. 12, soit cinq centimes de plus qu'on en n'offrait auparavant.

Et les résultats pour le village? En trois ans, le nombre des vaches s'y est accru de 140 à 480. L'élève des génisses est prospère. Le nombre des porcs a décuplé. Il y a trois fois plus de fumier et, à l'heure actuelle, on y joint les engrais chimiques : 217 000 kilogrammes en trois ans. Nous achetons ou nous louons en commun les machines agricoles qui simplifient le travail et diminuent la main-d'œuvre. L'assurance mutuelle contre la mortalité du bétail a été organisée par une retenue de quelques centimes prélevée sur chaque litre de lait vendu.

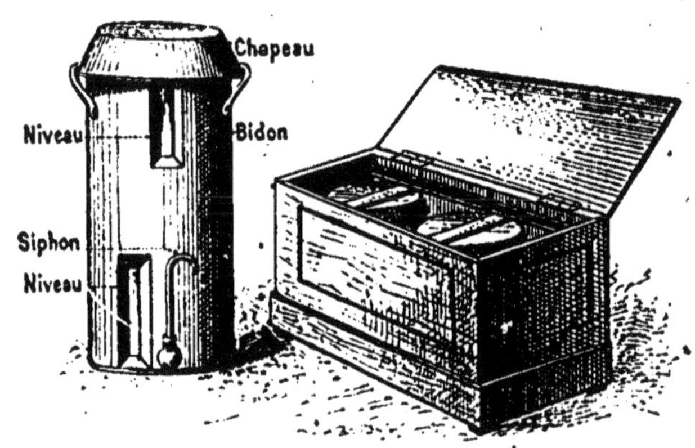

FIG. 156. — **Écrémeuse à froid.** — Le lait est placé dans le *bidon* fermé par le *chapeau*, les *niveaux* permettent de voir la hauteur du liquide à l'intérieur. Les bidons sont ensuite placés dans la caisse qui est remplie d'eau froide. Le *siphon* sert à faire écouler le lait.

De l'Association coopérative au Syndicat agricole il n'y a qu'un pas : il a été vite franchi. Nous avons fondé un Syndicat pour l'achat en commun des engrais, pour la vente coopérative des fruits, et déjà notre Syndicat bénéficie de tarifs de faveur sur la compagnie de l'Ouest et sur les compagnies de transport anglaises.

Le mouvement est donné, le courage est revenu, la gène a disparu. D'ici cinq ans, les revenus de la commune auront décuplé, et tout le monde, vieillards, adultes, enfants, connaît les années des vaches grasses, — et cela plus de sept ans.

J'ai bien d'autres projets en tête. Je songe à de nouveaux groupements coopératifs, notamment pour l'exportation des œufs et des oignons, dont l'Angleterre fait une consommation prodigieuse; je songe à une fédération des syndicats de la région, qui sera plus puissante encore pour le bien de chacun qu'un syndicat isolé ; je songe à l'acquisition de wagons frigorifiques pour le transport de nos fruits et de nos primeurs.

Mais, entre tous mes projets, il en est un que je caresse particulièrement, parce que j'y trouverai mon compte personnel... Honni soit qui mal y pense! Ne vous scandalisez pas de cet aveu... Attendez, vous allez voir... Nous connaissons mal en France, — et c'est notre grande infériorité commerciale par rapport à nos concurrents allemands — les pays avec

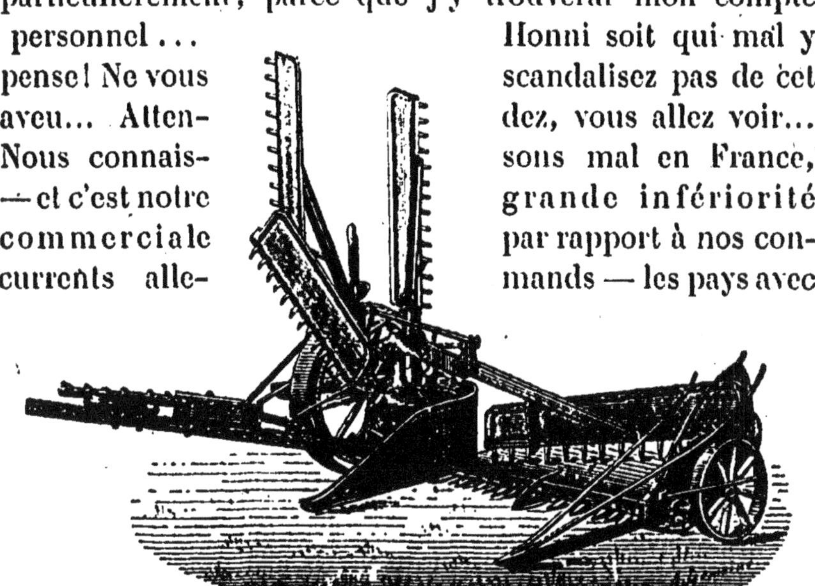

Fig. 157. — **Moissonneuse à râteaux automatiques ou à grand travail.** — Cette moissonneuse est d'un prix très élevé (1000 à 1200 francs). Les petits cultivateurs avisés s'associent afin de se procurer en commun les machines et outils perfectionnés dont ils se servent à tour de rôle.

lesquels nous sommes en relations d'échanges, leurs besoins, leurs préférences, les points sur lesquels devrait porter notre effort. Comment savoir tout cela ? Quel moyen de nous tenir au courant d'éléments d'information qui varient d'année en année avec les goûts de nos clients et les conditions consenties par nos concurrents ?

J'ai songé à faire représenter notre syndicat et, plus tard, le groupement des syndicats de la région, à Londres, notre principal marché d'exportation, par un agent de confiance qui serait un homme instruit, au fait des habitudes commerciales anglaises et qui aurait pour mission : 1° de parcourir les principaux centres anglais, en quête de débouchés nouveaux pour nos produits ; 2° de venir chez nous pour nous faire la leçon en quelque sorte, pour nous signaler, dans des entretiens, dans des conférences, les lacunes ou les vices de notre organisation, les raisons de la hausse ou de la baisse de nos exportations, de la hausse ou de la baisse des exportations de nos concurrents étrangers, bref, pour nous tenir sur le qui-vive, pour nous stimuler, pour nous montrer le chemin du mieux, qui n'est certes pas ici l'ennemi du bien.

Voilà mon projet. Et savez-vous pourquoi il m'est si cher? C'est que j'ai sous la main l'homme de confiance, l'homme instruit, qui, seul, peut faire aboutir un tel projet, réaliser pleinement les avantages que j'en attends. Et cet homme, vous ne devinez pas...? C'est mon ami Robert, aujourd'hui secrétaire de la Chambre de commerce de Lyon, mais qui n'hésitera pas à répondre à mon appel, à échanger sa brillante et lucrative situation actuelle contre l'emploi modeste que je lui réserve, si je lui dis qu'il y a un peu de bien à faire ici et que je trouverais mon compte (vous comprenez comment, maintenant?) à l'avoir près de moi comme le cher ami qu'il est, et aussi comme le meilleur des seconds.

SUJET À DÉVELOPPER

La parole et l'action. — Montrez qu'il est prudent d'attendre des actes pour juger les gens ; les promesses seules ne sauraient toujours suffire. Nous devons nous méfier de différentes sortes de gens qui promettent afin de nous tromper ou sans avoir la ferme intention de tenir leur parole. Les vrais sentiments se traduisent dans la conduite.

PLAN. — Les discours sont souvent trompeurs ; nous nous laissons aisément séduire par les belles paroles, les fallacieuses promesses des fourbes et des hypocrites, et nous devenons ainsi leurs victimes volontaires. Nous devrions attendre pour juger les gens qu'ils aient réellement manifesté par des actes leurs sentiments ou leurs intentions ; jusque là, il paraît prudent de se tenir à leur égard sur une sorte de défensive.

Les fanfarons, les vantards se présentent à nous toujours à leur avantage. Ils ont tout vu, ils connaissent tout : ne croyons pas ce qu'ils nous disent si nous voulons nous éviter des déceptions; n'ajoutons foi à leurs paroles qu'après qu'ils auront fait la preuve des sentiments dont ils se targuent, par des actes qui les traduisent dans leur conduite.

On rencontre parfois des gens honnêtes qui ont, comme on le dit, le cœur sur la main et la promesse facile, mais qui, le moment venu, se trouvent toujours dans l'impossibilité de tenir leur parole ; ils ont d'excellentes intentions, mais sont incapables de les réaliser. On ne peut non plus compter sur de telles personnes.

En général, les paroles seules n'offrent aucune garantie si elles ne sont suivies d'actes qui les confirment. C'est à l'œuvre qu'on apprécie l'artisan ; c'est au pied du mur qu'on connait le maçon.

CXIX (119). — Jean Lavenir, maire. Réformes pratiques.

« Soyez utile, que votre vie soit un effort joint à l'effort de tous. »

LÉON BOURGEOIS.

L'année dernière, un grand honneur m'est échu. Conseiller municipal depuis les dernières élections, j'ai été élu maire en remplacement de l'entrepreneur de maçonnerie Tirvert, qui administrait la commune de Bellenssort depuis de longues années. C'est un honneur dont mes vingt-neuf ans, qui venaient de sonner tout juste, se seraient bien passés. Outre qu'avec mes multiples besognes j'ai déjà les mains pleines, il n'est jamais prudent d'aventurer son activité sur un terrain qui ne lui est pas familier.

Mais je ne suis pas de ceux qui reculent devant les responsabilités. J'ai fait remarquer au Conseil municipal que la charge que j'assumais était bien lourde pour moi, que, si j'avais l'activité de la jeunesse, j'en avais aussi l'inexpérience; que cette activité même n'allait pas sans inconvénients, car si elle se promettait de s'employer avec zèle pour la défense des intérêts communaux, elle exigerait beaucoup peut-être des habitants de Bellenssort et de leurs représentants au Conseil municipal, en leur demandant de rompre avec de fâcheux errements, de marcher avec leur temps, de marcher à l'avenir en secouant cette espèce d'engourdissement, mortel pour les communautés comme pour les individus, où finissent par s'éteindre ceux qui vivent au jour le jour, sans souci du lendemain, sans l'inquiétude sacrée de quelque chose de meilleur pour eux et pour ceux qui viendront après eux.

Et j'ai tenu parole : j'ai beaucoup demandé à mes administrés. En ma qualité de maire, je ne me suis pas borné, comme tant d'autres qui n'acceptent la fonction que pour ce qu'elle rapporte d'honneur, à enregistrer les déclarations de naissance et de décès; à proclamer unis par le mariage les gens du village quand ils avaient dit le *oui* solennel qui les liait l'un à l'autre; à servir d'intermédiaire entre le préfet et la commune; à présider le Conseil municipal, à préparer le budget, à ordonnancer les dépenses et à renouveler les arrêtés de voirie ou de police municipale pris par mes prédécesseurs et dont quelques-uns datent d'il y a soixante ans. J'ai pris au sérieux mes fonctions et j'ai tâché de ne pas être un maire fainéant. La besogne ne m'a pas manqué, car tout était à faire, surtout en matière d'hygiène publique.

FIG. 159. — Le Conseil municipal discute et décide sur toutes les questions intéressant la commune. Il vote les fonds nécessaires pour l'entretien des rues, des chemins, pour l'acquisition, la construction des édifices communaux.

Mon premier soin a été de prendre un arrêté réglementant l'emplacement des fosses à purin et à fumier et interdisant de les établir dans le voisinage immédiat des habitations, notamment dans les cours des fermes : pratique détestable, aussi malsaine que malpropre et qui a été la cause première d'innombrables épidémies par la dissémination des miasmes à travers l'air et par l'infiltration des germes pestilentiels jusqu'à la nap liquide des puits, qui leur sert de véhicule.

La chose n'a pas été sans peine. Les vieilles gens du pays, surtout, étaient contre moi. « En voilà des histoires! Est-ce que de respirer le prétendu mauvais air et de boire l'eau de leurs puits, cela les avait empêchés de se bien porter, d'arriver à un âge auquel ils me souhaitaient de parvenir? Est-ce qu'on ne mourrait plus au village quand il n'y aurait plus de fosses dans les cours d'habitation? On verrait bien!... »

J'ai tenu bon, et doucement, peu à peu, j'ai obligé les plus récalcitrants à se conformer à mon arrêté, non par la menace, mais en allant causer avec eux, par la seule force de la persuasion, sans avoir fait dresser un seul procès-verbal.

Ensuite je me suis attaqué à la grosse affaire de ces pays, à la question de l'eau potable, qui intéresse au premier chef la santé publique. Dans ce pays cauchois si verdoyant, l'humidité est partout, dans le sol où circulent d'abondantes nappes d'eau souterraines, dans l'air chargé des vapeurs de l'Océan, partout, excepté à fleur de terre. Cela revient à dire que ce pays humide manque d'eau. Des puits mal couverts et, par conséquent, suspects, par où l'on a accès jusqu'aux sources profondes; des citernes, trop rarement nettoyées, où l'on recueille l'eau de pluie chargée des poussières des routes et du village; au centre du bourg, — devant la mairie, s'il vous plaît, — une vaste mare carrée, couverte de cette moisissure verdâtre qui dénonce les eaux stagnantes et corrompues :

c'est, ou plutôt c'était la mare communale, orgueil du village, la plus belle mare communale à quatre lieues à la ronde. Elle servait d'abreuvoir aux bestiaux, en temps de sécheresse, et, pour célébrer la Fête nationale, on s'y livrait, le 14 juillet, à des joutes nautiques qui désopilaient la rate des bons villageois, surtout lorsque le candidat aux prix du mât de cocagne d'un nouveau genre, placé horizontalement au-dessus de la mare, perdait son équilibre à mi-chemin du mât et tombait dans l'eau malpropre, pour en sortir, l'instant d'après, aux applaudissements de l'assistance, piteux et couvert d'une boue nauséabonde.

CXX (120). — L'eau pure à la ferme.

« L'eau est à la peau ce que l'air est aux poumons. »

Comment remédier à un état de choses aussi désolant? J'ai cherché et j'ai fini par trouver. A 300 mètres du village, l'énorme falaise crayeuse s'abaisse brusquement et un sentier étroit, véritable sentier de chèvres, permet de descendre à une plage de galets que la mer laisse à découvert à marée basse. Sur cette plage, deux sources d'eau douce jaillissent. L'une d'elles, la plus rapprochée de la falaise, est utilisée de temps immémorial par les laveuses du pays qui, le lourd baquet de bois rempli de linge sur la tête, les mains sur les hanches, descendent et vont s'agenouiller sur ses bords pour laver et battre le linge.

L'idée me vint de faire analyser l'eau de ces sources. L'analyse établit que l'eau qui se perdait ainsi dans la mer était absolument pure. « Pourquoi, me dis-je, ne pas capter une de ces sources pour l'amener jusqu'au village? »

Quand je m'ouvris de mon projet à mes collègues du Conseil municipal, aux sourires discrets qui accueillirent ma proposition, je vis qu'ils avaient peine à la prendre au sérieux : aller puiser de l'eau dans la mer pour en

21

abreuver un village, cela avait-il le sens commun ? Bah ! j'en ai vu bien d'autres ! Je n'en démordis pas.

Quelques jours plus tard, je fis venir, à mes frais, de Rouen, un ingénieur à qui je fis visiter les sources et le village, et que je chargeai d'établir un devis de la dépense qu'entraînerait l'installation de la canalisation, d'une pompe à vapeur qui élèverait l'eau et d'un réservoir qui la distribuerait aux habitants.

Quand j'eus mon devis, sachant à quel prix je pourrais vendre l'eau, je m'en allai quêter des abonnements chez les notables de Bellenssort. Dès que j'en eus recueilli un nombre suffisant pour garantir l'intérêt du capital engagé dans l'affaire, je fis capter la source la plus éloignée du rivage, pour ne pas déranger les habitudes de nos laveuses.

Mon devis, établi par un homme de mérite, avait fait merveille. Il y avait toujours des incrédules, mais les railleurs s'étaient tu, se réservant et attendant les événements. Dans tout le pays à la ronde, il n'était question que de l'entreprise inouïe tentée par ce maire « qui ne faisait rien comme les autres ». On en parlait sous le chaume, et même ailleurs, si j'en juge par la visite inopinée qui amena sur la plage, un après-midi de juillet, pendant que je m'y trouvais, les châtelains de « l'Hermitage », la somptueuse et aristocratique résidence construite au XVIIIe siècle, sur les confins du village, pour je ne sais quel financier.

Grande fut ma surprise en voyant s'avancer vers moi, tandis que j'étais en train de surveiller les travaux de captation, M. Rouchot, le propriétaire de l'Hermitage, gros homme d'aspect assez vulgaire, enrichi, paraît-il, dans la fabrication des fausses baleines pour corsets (il n'y a pas de sot métier, c'est le cas, ou jamais, de le rappeler), accompagné de Mme Rouchot, chétive et plaintive personne qui passait sa vie à gémir avec des soupirs ponctués de « Ah ! » sur l'inclémence de la température, ou brûlante ou glacée, jamais à point, « dans ce pays de sauvages », sur l'ingratitude des gens de Bellenssort, « ces gens que nous faisons vivre, ma chère » ; de Mlle Emma Rouchot, bouche pincée, taille de guêpe, serrée à éclater dans un corset du bon faiseur, un corset en fausses baleines premier choix, et escortée de son inévitable cavalier, M. Albert Vignot, son cousin-germain, un délicieux garçon, vêtu à la dernière mode, pantalon clair, retroussé à l'anglaise, badine en main, monocle à l'œil et, sur les lèvres, le sourire heureux, complaisant, de l'homme qui aperçoit le monde à travers lui-même et le trouve bien fait.

— Eh bien, Monsieur le maire, où en sont vos travaux? Pourra-t-on bientôt déguster chez soi l'eau pure de votre source?... A propos, quel nom lui donnez-vous?

Fig. 159. — Eh bien! monsieur le maire, demanda M. Rouchot, où en sont vos travaux?

— Parbleu, papa, la source de Lavenir, puisque M. le maire attache son nom à cette grande œuvre.

— Pourra-t-on enfin boire de l'eau fraîche dans ce malheureux pays? s'écrie Mme Rouchot de sa voix dolente. Mais j'y songe, Monsieur le maire, cette eau qui sort de la mer, est-ce que ce sera vraiment de l'eau douce?

— Mais oui, ma tante, il n'y aura de salé que la note que M. le maire présentera à ses administrés...

— Ah! très joli, votre mot, Albert. Je le retiens pour le redire à mon oncle Alfred, qui l'ajoutera à sa collection de bons mots.

Pauvres gens! Ils n'ont pas eu le temps de goûter à la « source de Lavenir ». Voilà un an que l'eau est distribuée dans le village; un an qu'il n'y a plus d'incrédules; un an que la mare est comblée, remplacée par un abreuvoir de granit rempli, nuit et jour, d'eau courante; un an que les deux auberges de Bellenssort portent fièrement la plaque d'émail à lettres blanches sur fond bleu qui attire de loin l'œil du voyageur, la plaque sur laquelle j'ai fait mettre ces mots : *Eau de source.* Voilà un an que j'ai cédé mon entreprise à la commune qui a été trop heureuse de me la racheter à prix coûtant. M. Rouchot, seul parmi les notables, n'est pas, ne sera jamais au nombre de nos abonnés, car M. et Mme Rouchot ont quitté pour toujours « ce malheureux pays ». Le fabricant de fausses baleines a fait de mauvaises affaires : il a été déclaré en faillite et l'Hermitage a été vendu, il y a un mois, par autorité de justice.

Mais « ce pays de sauvages » ne perdra rien au départ de M. et de Mme Rouchot. Car l'Hermitage a été acheté..., vous ne devineriez jamais par qui..., par M. Dumont, qui prend sa retraite à la fin de l'année et qui doit venir s'établir ici à demeure l'automne prochain. M. et Mme Dumont, ici, à Bellenssort!... Pensez un peu... Quelle joie pour nous, quelle joie de tous les jours, et quelle aubaine pour le pays! C'est pour le coup qu'il y aura du nouveau ici, c'est pour le coup qu'on va faire de bonne besogne. Qui vivra verra, vous dit l'ami Jean Lavenir en se frottant les mains...

SUJET A DÉVELOPPER

L'hygiène. — Pourquoi devons-nous veiller à garder notre santé? Indiquez les conditions essentielles pour se bien porter. Montrez combien la qualité de l'eau que nous buvons, ainsi que la pureté de l'air que nous respirons importent à notre santé. Faites ressortir la nécessité d'habiter une maison bien aérée, bien ensoleillée et sans humidité.

PLAN. — Il est souvent plus aisé de prévenir une maladie que de la guérir. Aussi devons-nous essayer de conserver le mieux possible nos forces et notre santé. Il ne suffit pour cela que de suivre les règles de l'hygiène.

La première condition pour se bien porter est d'être sobre, de ne se nourrir que d'aliments sains et de ne respirer qu'un air parfaitement pur.

Il est préférable de manger une petite quantité d'une nourriture substantielle que de se gorger d'aliments lourds et sans valeur nutritive.

La boisson surtout doit être l'objet de notre plus sérieuse attention. La meilleure est, sans contredit, l'eau; encore convient-il qu'elle soit bonne. Les pluies, en entrainant toutes les impuretés de la surface du sol, contaminent aisément la nappe d'eau souterraine qui alimente nos puits et nos fontaines. Dès que nous avons quelque crainte, il est sage que nous fassions bouillir l'eau dont nous nous servons, même pour les soins de notre toilette.

L'air dont nous vivons doit être pur et fortifiant. Il ne contiendra pas de poussière dangereuse; nous le renouvellerons souvent dans la maison que nous occupons, en ouvrant toutes grandes les fenêtres, de manière que les rayons du soleil viennent assainir les pièces que nous habitons.

L'humidité dans les appartements est un poison dont il faut se garder. L'air humide s'approprie les germes des maladies ; il débilite d'ailleurs à lui seul les organes, nuit aux fonctions vitales et provoque les rhumatismes de toutes sortes, entre autres le plus douloureux et le plus cruel, le rhumatisme déformant.

CXXI (121). — Suite des réformes de M. le maire de Bellenssort.

« Quelle ne doit pas être notre reconnaissance pour les efforts qui nous ont faits ce que nous sommes ! Mais quelle n'est pas, d'autre part, notre responsabilité ! Et combien, ayant tant reçu, ne sommes-nous pas tenus de laisser davantage après nous ! »

FRÉDÉRIC PASSY.

Voilà, mes amis, quelle a été la première grande victoire du maire de Bellenssort. Il en rêve une autre... Au fait, pourquoi ne vous mettrait-il pas dans la confidence ? Vous êtes discrets, n'est-ce pas? Et vous garderez la chose pour vous, car il est ridicule de vendre la peau de l'ours avant de l'avoir tué... Eh bien ! voici ce dont il s'agit.

Vous savez combien la plupart des maisons laissent à désirer dans nos villages. Les riches y ont des habitations d'un luxe prétentieux et criard, où tout, même à l'intérieur, est en façade, des habitations mal comprises, mal distribuées, faites, non pour que l'on y vive, mais pour être vues, comme certains vêtements trop beaux et mal commodes.

Quant aux maisons des pauvres gens, ce qui coûte le moins à la campagne — ou ce qui devrait y coûter le moins — l'espace, l'air, la lumière, est précisément ce qui s'y trouve mesuré avec le plus de parcimonie. Sous le chaume inflammable qui leur sert de toit, une ou deux pièces, où parents et enfants s'entassent pêle-mêle. Une

FIG. 160. — Dans nos villages la plupart des maisons laissent à désirer.

porte basse et étroite, une ou deux fenêtres plus étroites encore, qui font penser à ces ouvertures percées de distance en distance dans les souterrains et qu'on appelle des regards, des fenêtres qui ne laissent passer qu'un jour rare, douteux et blafard comme celui qui filtre jusqu'à une cave.

Pensez que j'en ai vu de ces fenêtres qui étaient faites pour n'être jamais ouvertes, des fenêtres sans châssis mobile, où les petits carreaux de verre étaient scellés directement dans le mur, si bien que la masure qu'elles éclairaient ne s'aérait que par la porte... quand la porte était ouverte, c'est-à-dire quand il ne faisait ni trop chaud ni trop froid et jamais pendant la nuit.

Et pourtant l'air était pur au dehors, embaumé de toutes les bonnes senteurs des champs, et la vive lumière du jour, dont s'enivre l'alouette au matin, ne demandait qu'à entrer pour apporter son rayon de joie à ces sombres intérieurs! Qu'importe au rude travailleur des champs? Las de son dur labeur, il est bien partout pour dormir. Qu'importe si l'on repose mal, si l'on étouffe en son gîte étroit, qu'importe si les fenêtres sont closes à jamais? Il en coûte moins pour se chauffer en hiver, et l'on n'a pas à payer au gouvernement l'air et la lumière qu'il taxe par l'odieux impôt des portes et fenêtres!....

Pauvres gens, que vous payez cher votre misère et votre ignorance! Que j'en ai vu passer de convois sur le sentier qui descend au cimetière, à mi-chemin du creux de la falaise! Sur la pente rapide ils semblaient se hâter, les pauvres morts, et ils avaient raison, car les morts vont vite dans ces maisons où tous les vivants se touchent et respirent le même air, et dans les temps d'épidémie le fossoyeur ne chôme pas.

Que faire pour réagir contre de telles pratiques? J'ai commencé par prêcher d'exemple en transformant, dès mon installation à l'Herbage, les vieux bâtiments d'habitation de la ferme. J'ai fait élargir les fenêtres, et j'en ai fait percer de nouvelles là où les ouvertures étaient insuffisantes. Quelques cloisons abattues ou déplacées ont assuré une distribution plus commode des pièces.

Sur les murs, plus de papiers peints : un simple badigeonnage à la chaux fréquemment renouvelé. Aux fenêtres, plus de ces tentures, aux lits plus de ces immenses rideaux qui privent d'air les dormeurs et les malades, et qui retiennent en leurs plis les poussières et les germes pernicieux. Proscrites les « couates de plume », d'un nettoyage difficile et dispendieux, qui donnent au corps une chaleur moite et malsaine, proscrites et remplacées par des sommiers métalliques, aux ressorts visibles, d'accès commode au linge qui déloge la poussière ; proscrits les tapis et les parquets : partout de simples carreaux en briques vernissées. Tout est sacrifié à la propreté et à l'hygiène, rien n'est donné au luxe, et cependant rien ne manque chez moi de ce qui est nécessaire au bien-être. On se sent à la campagne dans ma maison, et néanmoins elle a toutes les commodités d'une maison de la ville.

Ne croyez pas, en effet, qu'elle soit nue, parce que je proscris impitoyablement le vain superflu et ces accessoires encombrants qui flattent la vanité du propriétaire aux dépens de sa santé. Pas besoin de luxe pour qu'on sente, à l'Herbage, la douceur de vivre. Au dehors, les belles fleurs du jardin qui sont une caresse pour l'œil; à l'intérieur, quelques vieux meubles du pays, armoires normandes aux panneaux sculptés, bahuts ajourés aux fers brillants; sur les galeries du dressoir, quelques anciennes faïences de Rouen; dans la cheminée de la grande pièce du bas, une paire d'antiques chenets de fer aux torsades curieusement ouvragées, en voilà plus qu'il ne faut pour que, dans cette demeure inondée d'air et toute ensoleillée, le maître de céans goûte, en paix et en bonne santé, l'intimité du chez soi et toutes les joies du foyer fait à l'image des êtres chers et charmants qui viennent s'y asseoir.

CXXII (122). — L'habitation rurale à bon marché.

« Plus on a de lumières, plus on a de devoirs à remplir. »

DUCLOS.

Les bonheurs partagés sont les meilleurs, n'est-ce pas? Ces joies exquises du foyer modeste et sain que pare de grâce une ménagère active et souriante, pourquoi n'essayerais-je pas de les procurer à quelques-uns à qui elles ont été refusées jusqu'ici? N'est digne d'être heureux que l'homme qui se fait pardonner son bonheur en travaillant à celui des autres. Oui, mais le moyen? J'ai pu, par mon exemple, convertir quelques propriétaires, les amener à modifier l'aménagement de leurs maisons, à comprendre que les hommes, comme les plantes, vivent d'air et de lumière. Mais ceux qui sont trop pauvres pour posséder une maison, comment leur venir en aide?

J'ai longuement réfléchi, et tout à coup l'un des souvenirs marquants de mon enfance m'est revenu à l'esprit. Je me suis rappelé le soir où mon père m'annonça qu'il avait décidé d'acheter une des maisons ouvrières construites par la Société stéphanoise des habitations à bon marché, et la joie que j'éprouvai à cette nouvelle, comme si c'eût été moi-même qui allais être propriétaire, qui allais m'installer chez moi.

Je me suis frappé le front, en homme qui a trouvé. Ce que les Sociétés des habitations ouvrières à bon marché font, dans les villes ou leur banlieue, au profit de l'ouvrier de l'usine ou de la mine, pourquoi ne pas le faire pour l'ouvrier des champs qui vit, lui aussi, au jour le jour, de son salaire? Pourquoi ne pas lui constituer un foyer, pourquoi ne pas lui procurer une demeure saine et riante par le simple payement d'une annuité qu'il prélèvera sur son salaire pendant quinze ou vingt ans, comme il prélève sur son salaire le montant du loyer de son misérable taudis?

Je vous l'ai dit, j'ai l'enthousiasme facile. Dès que ce projet eut pris corps dans mon esprit, je passai plusieurs semaines à le mûrir, à l'étudier sous toutes ses faces. J'en causai longuement avec mon ami Marcel, « le financier », comme nous l'appelons aujourd'hui. Eh quoi, Marcel, le zouave, Marcel, le héros d'El Moungar? Eh, oui, lui-même : un héros qui a mal tourné, comme je le lui dis quelquefois en riant. L'excellent M. Dumont a tenu parole : il s'est intéressé à Marcel et le gouvernement de la République s'est honoré en donnant au soldat mutilé au service de la patrie le moyen de la servir encore dans une fonction civile : entre nous, le gouvernement a fait une bonne affaire en même temps qu'un acte de justice, en s'assurant le concours d'un tel serviteur. Marcel a été nommé d'abord percepteur dans le Loiret, puis il a été, il y a trois ans, appelé à la perception d'Ornoy (4e classe), à deux stations de chemin de fer d'ici. Inutile de vous dire que le couvert de Marcel est mis à notre table tous les dimanches et même tous les jours, quand le cœur lui en dit.

Vous pensez bien que Marcel est le confident de tous mes projets. Sa compétence en matière financière m'a fait trouver en lui un collaborateur très précieux. C'est ainsi que je préparai avec son concours toute la partie de mon projet relative « aux voies et moyens », comme on dit en langage administratif, emprunt à contracter par la commune, ressources à affecter à cet emprunt, mode et durée de l'amortissement, etc. Quand je jugeai notre projet à point, je présentai hardiment au Conseil municipal un devis de construction de six maisons ouvrières à bon marché.

FIG. 161. — Chaque maison ouvrière avait un jardin et comprenait trois pièces.

Chaque maison, construite sur cave, avait jardin attenant et comprenait trois pièces avec cheminée ; l'occupant devait en acquérir la propriété par le paiement, pendant vingt années, d'un loyer de 200 francs. Je croyais avoir tout prévu : en cas de mort de l'occupant, la maison était acquise de plein droit à sa veuve ou à ses enfants comme si les vingt annuités avaient été versées. Dans le cas où l'un des occupants, à un moment quelconque de la période de vingt ans, interrompait ses paiements, la moitié des loyers qu'il avait versés lui était restituée, l'autre moitié faisant retour, avec la maison, à la commune qui se trouvait ainsi largement garantie contre tout risque de perte.

Cette fois mon projet ne fut pas accueilli par des sourires; on le discuta, on l'éplucha, et l'on fut forcé de reconnaître qu'il conciliait l'intérêt de la commune, puisqu'elle était assurée, dans tous les cas, de rentrer dans ses débours, avec les intérêts de braves gens, modestes artisans vivant du travail de leurs mains, que nous aidions à devenir propriétaires, c'est-à-dire capitalistes, sans qu'il nous en coûtât rien. Finalement il fut voté à l'unanimité.

Je me croyais au bout de mes peines, quand le préfet refusa, « du moins jusqu'à plus ample informé », d'approuver la délibération du Conseil municipal. Vous devinez ce que je lus à travers les lignes de sa lettre d'une politesse un peu sèche : toujours ce petit maire de campagne qui ne fait rien comme les autres... De quoi se mêle-t-il, au lieu de se contenter de donner des signatures, des visas, de revêtir, aux grands jours, sa belle écharpe tricolore?... Son projet va à l'encontre de tous les précédents; c'est un empiètement intolérable sur un domaine réservé jusqu'ici à l'initiative privée. Où ira-t-on si l'on entre dans cette voie? Après les maisons ouvrières municipales, pourquoi pas les restaurants municipaux, et ainsi de suite à l'avenant?...

Les choses en sont là. Mais je suis bien tranquille. Je connais le maire de Bellenssort : il aura le dernier mot, parce qu'il a raison. Dût-il aller voir le préfet, à Rouen, pour le convaincre; dût-il, faute de l'avoir convaincu, payer de ses deniers la construction des six maisons, avant quatre mois, six familles d'honnêtes travailleurs de Bellenssort auront échangé leur chaumière étroite et malsaine contre une maison salubre, toute neuve et toute riante, où le père aimera à rentrer le soir, où il se plaira le dimanche à cultiver son jardin, et où entreront à flots l'air et la lumière qui font les joues roses des petits.

CXXIII (123). — Le progrès au village.

« Nous sommes nés pour vivre en commun ; notre société est une voûte de pierres liées ensemble qui s'écroulerait si l'une ne soutenait l'autre. »

SÉNÈQUE.

Je ne m'en fais pas accroire à moi-même. Je ne suis pas un empereur au petit pied, parce que je suis maire d'une commune d'importance moyenne dans un coin de province, et je n'ai pas la sottise de jouer au personnage. Mais ces modestes fonctions de maire de campagne confèrent à celui qui en est investi un pouvoir bien précieux : tout maire n'est-il pas, dans sa commune, le protecteur des travailleurs, le tuteur des faibles ?

Aucune partie de ma tâche ne m'a trouvé plus pénétré du désir de bien faire, aucune ne m'a été plus douce. Comme patron et comme maire, je puis me rendre ce témoignage que je n'ai rien négligé pour l'amélioration du sort des travailleurs qui, directement ou indirectement, ont dépendu de moi. Tous les ouvriers de ma ferme, tous les agents de notre coopérative agricole et de notre syndicat ont une part dans les bénéfices de l'entreprise commune. Nous avons fondé, pour tous les travailleurs de la commune, sans distinction d'âge, de sexe ni de métier, des Caisses de secours mutuels et de retraites, qui rendent déjà d'appréciables services. L'assistance médicale gratuite à domicile a été organisée au profit des malades qui en font la demande.

Enfin, me souvenant que le peuple ne vit pas seulement de pain, mais d'idéal, après avoir essayé, dans la mesure de mes faibles moyens, de rendre les pauvres moins pauvres, les malheureux moins malheureux, j'ai voulu les rendre meilleurs. Je me suis efforcé d'éveiller ou de former leurs consciences, d'élargir leur horizon nécessairement borné, en organisant pour eux, de concert avec le jeune et distingué instituteur de Bellenssort, mon excellent secrétaire de mairie, des cours ou plutôt des entretiens du soir où tout de suite les auditeurs ont afflué. Et vous savez ce que signifie cette affluence : l'école du soir pleine, ce sont les cabarets vides.

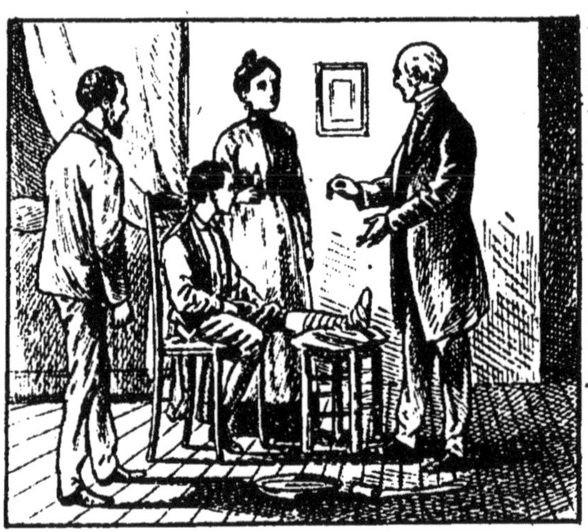

Fig. 162. — L'assistance médicale gratuite à domicile a été organisée au profit des malades qui en font la demande.

Dans ces entretiens sont traités les sujets les plus divers. Moi-même, payant de ma personne, j'ai exposé cette année à mes auditeurs, pour la plupart petits fermiers et ouvriers agricoles, mes idées sur ce que doivent être les rapports entre patrons et ouvriers. J'ai essayé de leur montrer qu'il n'y a pas guerre, mais harmonie et solidarité entre les intérêts bien compris des patrons et des ouvriers, puisque, si le capital ne peut se former sans le travail de l'ouvrier, il n'y a pas, sans capital, de rémunération pour les travailleurs.

Êtes-vous curieux de savoir comment j'ai conclu, hier soir, cette série d'entretiens? J'ai dit à tous ces braves gens : « Il n'y a plus aujourd'hui d'autorité venant d'en haut qui s'impose et prétende faire la loi aux faibles, mais il y a, entre patrons et ouvriers, un contrat librement débattu, librement consenti de part et d'autre, auquel tous doivent rester fidèles jusqu'au terme fixé d'un commun accord, en honnêtes gens qui ont le respect de la parole donnée. Justice réciproque, respect mutuel, telle est la formule de la règle qui doit présider aux rapports de ceux qui payent un salaire avec ceux qui le reçoivent, puisqu'ils ne peuvent se passer les uns des autres. »

Je travaille ainsi, dans mon petit coin, pour la pacification sociale, et il me semble que mes efforts n'ont pas été vains, que des deux côtés j'ai été compris, qu'il y a moins de rudesse, moins d'exigences chez ceux qui commandent, plus de bonne volonté et aussi un sentiment plus vif de leur dignité chez ceux qui travaillent pour gagner honorablement leur vie.

SUJET A DÉVELOPPER

Patrons et ouvriers. — Comment comprenez-vous les obligations des patrons envers ceux qu'ils occupent. Montrez les dangers des grèves prolongées ou répétées, et dites ce qui, à votre avis, assure la prospérité d'une entreprise et le bien-être des employés qu'elle occupe.

PLAN. — Les patrons ont envers ceux qu'ils occupent des obligations particulières. Non seulement ils doivent leur payer exactement et régulièrement le salaire convenu, mais ils sont tenus de faire tout leur possible pour sauvegarder leur santé, leur vie, leur liberté, leur moralité.

Les patrons, de même que les ouvriers, peuvent s'associer entre eux, se syndiquer afin de mieux soutenir leurs intérêts. Le droit de grève est légitime. Mais combien ici la prudence est nécessaire ! Les patrons ne sauraient pas plus, sans danger pour eux-mêmes, s'entendre afin d'obliger leurs employés à travailler à des conditions dérisoires, que les ouvriers ne sauraient, sans compromettre leurs propres intérêts, mettre leur patron dans l'impossibilité de remplir ses engagements. D'un côté comme de l'autre, les grèves répétées ou prolongées sont désastreuses : elles troublent le commerce et les échanges, elles découragent les commandes qui finissent par s'adresser à l'industrie étrangère au détriment de l'industrie nationale.

La prospérité d'une entreprise et la tranquillité de tous ceux qui y travaillent dépend surtout de l'entente cordiale des chefs et de leurs collaborateurs.

Les patrons doivent témoigner à ceux qui sont à leur service une bienveillance toute paternelle en même temps qu'un zèle toujours en éveil pour leur assurer le bien-être dans le présent et la sécurité pour l'avenir.

Quant aux employés, ils doivent à leur patron : 1° une fidélité absolue aux engagements qu'ils ont contractés à son égard; 2° en tout temps un souci scrupuleux de ses intérêts, si étroitement liés aux leurs.

CXXIV (124). — La Solidarité sociale. En famille. — La vie heureuse.

> « Donner du bonheur et faire du bien, voilà notre lot, notre ancre de salut, notre phare, notre raison d'être. Toutes les religions peuvent s'écrouler : tant que celle-là subsiste, nous avons un idéal et il vaut la peine de vivre. »
>
> AMIEL.

En mêlant ainsi ma vie à celle de mes concitoyens, je crois l'employer utilement, et c'est pourquoi je vous en parle. Nous ne vivons pas, en effet, mes enfants, pour nous seuls, à l'écart des autres hommes, et ils ne vivent pas, chacun pour soi, sans contact avec nous. « Nous sommes ce que vous fûtes, nous serons ce que vous êtes », disait le chant spartiate. Par là les jeunes gens de Sparte marquaient la solidarité qui unit les générations. Des centaines de millions d'hommes, depuis des milliers d'années, ont travaillé pour nous faire ce que nous sommes. C'est par eux, grâce à eux, que nous valons, que nous pouvons quelque chose. Pas une de nos pensées qui ne représente ce que d'autres ont pensé avant nous, comme le total représente la somme des chiffres additionnés; pas un des progrès dont nous sommes si fiers qui ne soit dû aux connaissances thésaurisées par le labeur patient de centaines de générations. Tout ce qui contribue à l'amélioration de la vie de l'humanité, civilisation, science, art, et la beauté, et la bonté, tout cela représente un effort collectif fait d'une multitude d'efforts individuels.

De cet effort collectif nul n'a le droit de se désintéresser, à commencer par vous, mes amis. Si jeunes que vous soyez, vous avez des devoirs, vous avez une grave responsabilité. Vous êtes l'avenir, cela dit tout : l'avenir est à vous, il sera ce que vous le ferez. Vous rappelez-vous le gros sou de la mutualité? Vous avez vu quelles merveilles on réalise avec ces sous que chacun apporte au fonds commun. Il s'agit maintenant pour vous d'apporter à la vie collective de la patrie et de l'humanité votre obole, l'obole de votre travail, votre quote-part d'efforts, de bon vouloir dans l'œuvre commune à tous les hommes. Si chacun de vous travaille, si chacun de vous cultive ce qu'il y a de meilleur en lui, la France sera plus riche, la patrie plus glorieuse, et l'humanité plus heureuse. Au

FIG. 163. — Si chacun de vous travaille, si chacun de vous cultive ce qu'il y a de meilleur en lui, la France sera plus riche, la patrie plus glorieuse, et l'humanité plus heureuse.

contraire, je vous le demande : que deviendrait un pays où tous les écoliers, pendant quelques années, se donneraient le mot pour faire l'école buissonnière? Avant qu'ils fussent morts, ce pays serait rayé de la carte du monde.

Ainsi, mes amis, c'est faire tort à votre pays que de bouder au travail, ni plus ni moins qu'un serviteur fait tort à son maître, quand il ne fait pas ou quand il fait mal la besogne dont il a le devoir de s'acquitter. C'est faire tort à l'humanité, qui ne serait pas ce qu'elle est sans la France, que de perdre en occupations frivoles ou mauvaises le temps précieux de la jeunesse qui prépare la vie, comme la semence prépare la moisson, que d'être égoïste dès l'école, que d'oublier les autres ou de s'aimer plus qu'eux.

Car c'est à cela que je voulais en venir ou plutôt en revenir. Voyez-vous, mes enfants, « la plus grande maladie de l'âme, c'est le froid ». On n'est bon que quand on aime, et on n'aime que quand on est capable de se dévouer, de vivre dans les autres, de marcher avec eux la main dans la main. Ne dites pas un jour, comme le poète :

> J'ai perdu ma force et ma vie...
> Le seul bien qui me reste au monde
> Est d'avoir quelquefois pleuré.

Mais qu'arrivés au crépuscule de la vie, vous puissiez vous dire en regardant derrière vous : « Il me reste d'avoir aimé, d'avoir creusé, d'avoir élargi le sillon où d'autres passeront après moi, d'y avoir semé un peu de grain pour eux. »

Je vous entends : vous me dites : « Je suis trop petit... je suis trop pauvre... je suis trop mal doué... Que puis-je? Qui me connaît, qui me connaîtra jamais? Je suis la goutte d'eau perdue parmi les autres... »

Écoutez : il y a, à l'Herbage, tout au bas du verger qui escalade le coteau au revers de mon vallon, un ruisselet jaseur qui glisse en babillant sur un lit de clairs graviers. Il est si petit, ce ruisseau, que nul ne s'est avisé de lui donner un nom. Pourtant j'ai fait aménager ses eaux. Une partie actionne la grande roue de mon moulin; le reste, divisé en minces filets, engraisse de son humidité mes prairies.

Il ne chôme pas, ce petit ruisseau, qui n'a pas de nom; il travaille en chantant...

Comprenez-vous? Ne regrettez pas d'être goutte d'eau. La goutte d'eau fait le ruisseau. Rendez-vous utiles comme mon ruisselet bienfaisant. Qu'importe que, comme lui, vous n'ayez pas de nom, qu'importe que nul ne vous connaisse, pourvu que vous passiez en faisant un peu de bien, pourvu que vous rendiez à l'humanité un peu de ce que vous avez reçu d'elle à votre berceau, pourvu que vous léguiez à ceux qui viendront après vous un patrimoine accru et meilleur. « Que ta part soit taillée dans la meilleure des parts ! » dit le souhait arabe. A vous, mes chers enfants, de tailler la part des générations à venir dans la meilleure des parts.

Fig. 164. — D'une main rapide, la maman taille des tartines.

. . . .

. . . .

. . . .

Ici je suis interrompu par des éclats de voix scandés de battements de mains. Je me dirige, pour mettre le holà, vers la porte qui fait communiquer la chambre où j'écris avec la salle à manger de l'Herbage, et voici ce que, par l'entre-bâillement, je vois sans être vu. Mes deux bébés, Marcel, qui a eu six ans il y a dix jours, et Robert, qui aura quatre ans dans un mois, — Marcel et Robert nos 2, comme nous les appelons pour ne pas les confondre avec mes amis Marcel et Robert nos 1, quand ils sont près de nous, — sont debout, le cou tendu, leurs petites mains goulues levées vers leur mère qui, montée sur un escabeau, est en train de saisir un pot de gelée de groseilles sur la plus haute étagère du buffet... (Elles sont exquises, les confitures de la fermière, limpides comme un cristal rose. Ne viendrez-vous pas en goûter quelque jour? Elles seules vaudraient le voyage.)

La maman redescend et, d'une main rapide, taille les tartines, sur lesquelles elle étale bien également la couche fine de gelée transparente. Trois, quatre tartines s'empilent avant qu'elle permette d'y toucher : supplice exquis pour les gourmands qui dévorent des yeux, faute de mieux.

La maman s'amuse de leur impatience, puis en a pitié, et distribue à chacun ses tartines.

— Fi, les vilains gourmands, vous n'avez pas honte...

Marcel, frimousse blonde de petit diable éveillé, la bouche à moitié pleine et sans perdre un coup de dent :

— Dis donc, maman, est-ce que papa était gourmand quand il était petit?

— Papa aimait les confitures, mais il n'était pas gourmand.

Silence. Réflexion. Nouveau coup de dent ; la tartine diminue à vue d'œil. D'une voix zézayante, Marcel reprend :

— Dis, maman, c'est donc pas la même chose d'aimer les confitures et d'être gourmand?

— Cela dépend...

— Alors moi, c'est comme papa, j'aime bien les confitures, mais je ne suis pas gourmand.

Je n'y tiens plus, j'éclate de rire. Deux petits minois ébouriffés, les lèvres barbouillées de sucre rose, se tournent vers moi, et la maman s'avançant :

— As-tu achevé ton histoire?

— Oui, et c'est heureux, car avec ce tapage...

— Enfin!... s'écrie la maman.

Le soupir qui accompagne ce mot en dit long...

Mes chers enfants, vous doutiez-vous que vous aviez fait des jaloux?... Mais non, vous pensez bien que ma chère Marie, la petite Marie qui est pour moitié dans mon histoire, vous aime autant que moi. Comment ne vous aimerait-elle pas puisqu'elle est la meilleure des mères et puisqu'elle partage tous mes sentiments!... Non, vous n'avez pas fait de jaloux, mais vous avez fait un heureux, celui qui, en prenant congé de vous, a plaisir à signer, comme à la première page de ce petit livre,

Votre ami, votre ami pour toujours,

JEAN LAVENIR.

TABLE DES MATIÈRES

Chap.		Pages.
	Lecture préliminaire	5
1.	En famille	7
2.	Un père	9
3.	La lecture en famille	12
4.	L'accueil du maître	15
5.	En classe	16
6.	L'école et la famille	20
7.	L'école et la famille (*suite*)	22
8.	Ce qu'est la mutualité	24
9.	Une petite Cavé	28
10.	Vers la prévoyance	31
11.	L'aide à la maison	34
12	L'assistance dans le ménage	37
13.	Le Noël de Jean	40
14.	Fraternité	42
15.	Fête à l'école. — Le bienfait rendu	45
16	Jeux et joies d'enfants	48
17.	Désobéissance	52
18.	L'amitié	56
19.	Visite à la mine	57
20.	L'industrie houillère. — La bonne leçon de choses	59
21.	La vie des mineurs	62
22.	La ville souterraine	66
23.	Le grisou	69
24	En colonie scolaire	73
25.	Les enfants à la montagne	75
26.	Amour de la nature	77
27.	Suite de la lettre : Dans la prairie	81
28.	Tristesses et deuils	81
29.	Jean a du chagrin	86
30.	Le retour. — Projets d'avenir	88
31.	La mort du père	91
32.	Orphelin !	93
33.	Jean chez M. Dumont	98
34.	Le choix de la carrière	100
35.	Nouvelle famille	102
36.	Camaraderie scolaire	105
37.	Sans argent	107
38.	Coopération	109
39.	Jean Lavenir métayer	112
40.	Que vaut l'argent	114
41.	L'emploi des économies	117
42.	La troisième part de l'argent	120
43.	L'émulation au bien	122
44.	Le programme de M. Dumoulin	125
45.	Le livre d'or de l'école	127
46.	Un mouvement regrettable	130
47.	Accès de colère	132
48.	Repentir	134
49.	Le retour à la maison	137
50.	Certificat d'études	139
51.	L'amour des arbres	142
52.	Les sociétés scolaires forestières	144
53.	L'amour des bêtes : Histoire d'Arlequin et d'Arlequine	147
54.	Comment finirent Arlequin et Arlequine	149
55.	Deux amis	151
56.	Au cours d'adultes	155
57.	Les étudiants populaires	157
58.	Le chant	159
59.	Le chant et la jeunesse	161
60.	La conférence agricole	164
61.	Théorie et pratique	167
62.	Pasteur	169
63.	L'œuvre de Pasteur	173
64.	Séparation	178
65.	A l'école d'agriculture	182
66.	Expériences agricoles. — Les engrais	184
67.	Le tissage du lin	186
68.	Syndicat agricole	188

Chap.		Pages.
69.	Amis perdus, amis retrouvés	192
70.	La société de tir	195
71.	Exercices pratiques	197
72.	La fête villageoise	200
73.	L'ivrognerie	203
74.	La famille de l'ivrogne	206
75.	Guerre à l'alcool	211
76.	Ce que coûte l'alcoolisme	216
77.	Réhabilitation	219
78.	Lyon et la soierie. — Travail et industrie	224
79.	Fabrication et commerce	227
80.	A travers Lyon. — Guignol	230
81.	Au Palais de justice	232
82.	Le bon juge	235
83.	Le jugement. — La bonté dans l'équité	239
84.	Départ pour le régiment	242
85.	Servitude et grandeur militaires	246
86.	Vers la paix. — L'idéal républicain	249
87.	Patriotisme et solidarité	253
88.	L'union dans la patrie. — La fraternité civique	256
89.	Le foyer du soldat	259
90.	Paris	264
91.	Aux grands hommes la patrie reconnaissante	268
92.	Un coin de Paris	273
93.	Une lecture populaire	276
94.	A la Bourse du travail	280
95.	Syndicats professionnels	283
96.	En Tunisie. — Tunis	287
97.	Bizerte. — Comment grandit une ville	290
98.	Une colonisation en Tunisie. — Frais de première installation	292
99.	Alger. — Le Tell	295
100.	Les Kabyles	300
101.	Une école en Kabylie	302
102.	Oran	305
103.	Histoire d'un village algérien	307
104.	La bonne culture	310
105.	Les sauterelles. — La caravane	313
106.	La pampa algérienne. — L'alfa	316
107.	L'éducation du courage. — La chasse au lion	318
108.	Dans l'oasis et dans le désert	322
109.	Combat défensif. — Marcel blessé	324
110.	Une entreprise agricole bien comprise	327
111.	Les projets agricoles de M. Dumont	331
112.	Marseille. — Commerce et navigation	334
113.	Marcel et Jean se revoient	337
114.	A Estivareilles. — Reconnaissance	339
115.	Jean Lavenir a une famille	343
116.	Un herbage en Normandie	348
117.	La ferme des Haies. — La coopération rurale	350
118.	Beurrerie coopérative. — L'association au village	354
119.	Jean Lavenir maire. — Réformes pratiques	358
120.	L'eau pure à la ferme	361
121.	Suite des réformes de M. le maire de Bellensort	365
122.	L'habitation rurale à bon marché	368
123.	Le progrès au village	372
124.	La solidarité sociale. — En famille. — La vie heureuse	375

Paris. — Imp. A. Picard et Kaan, 192, rue de Tolbiac. 81904. K. P.

www.ingramcontent.com/pod-product-compliance
Ingram Content Group UK Ltd.
Pitfield, Milton Keynes, MK11 3LW, UK
UKHW020301230726
13925UKWH00001B/154